PPT逻辑呈现

咨询顾问的高效汇报秘诀

段小鹏 著

電子工業出版社
Publishing House of Electronics Industry
北京 · BEIJING

内 容 简 介

带着“让职场人士写出有逻辑的PPT”的使命，笔者结合自己近10年的外资咨询公司经验以及1000多份PPT实战经验，引入知名咨询公司顾问课程，聚焦汇报型PPT的逻辑呈现。本书从“构思有逻辑”“提炼有重点”“呈现有逻辑”“对标上市公司优秀报告”等方面展开讲解，力求帮助职场人士全面提升逻辑思维及PPT逻辑呈现能力。

本书适合中高层管理者、各职能部门经理/主管、骨干员工，以及经常为领导编写PPT或用PPT向领导汇报的读者。PPT只是一种工具，逻辑思维才是本书的核心。因此，如果你正在致力于提升逻辑思维能力，那么本书将是不错的选择！

图书在版编目（CIP）数据

PPT逻辑呈现 ： 咨询顾问的高效汇报秘诀 / 段小鹏著. -- 北京 ： 电子工业出版社， 2025. 9(2025. 11重印).
ISBN 978-7-121-51266-7

Ⅰ. TP391.412

中国国家版本馆CIP数据核字第20252YD097号

责任编辑：张慧敏
印　　刷：固安县铭成印刷有限公司
装　　订：固安县铭成印刷有限公司
出版发行：电子工业出版社
　　　　　北京市海淀区万寿路173信箱　　邮编：100036
开　　本：720×1000　1/16　印张：14.25　字数：287.3千字
版　　次：2025年9月第1版
印　　次：2025年11月第3次印刷
定　　价：89.00元

凡所购买电子工业出版社图书有缺损问题，请向购买书店调换。若书店售缺，请与本社发行部联系，联系及邮购电话：（010）88254888，88258888。

质量投诉请发邮件至zlts@phei.com.cn，盗版侵权举报请发邮件至dbqq@phei.com.cn。

本书咨询联系方式：faq@phei.com.cn。

推荐序

逻辑为骨，呈现为翼：职场精英的思维决胜之道

在过去二十多年的职业生涯中，我见证过价值千万咨询项目的 PPT 深刻改变了企业的战略方向，也目睹过内容堆砌、逻辑混乱的演示如何让项目组数月心血付诸东流。二十余年的咨询生涯让我明白，商业世界的决策并不依赖事实的堆砌，而取决于思想的穿透力。这位曾效力于 IBM、埃森哲的员工把书稿寄给我后，我一口气读完，立刻意识到，这种“逻辑赋能”的咨询精髓，将成为数字时代职场人的必备生存技能。

一、痛点叩击：为何 90% 的职场演示陷入“无效勤奋”

在信息超载的时代，我们常掉入两大认知陷阱：一是“美学至上”，把炫酷动画、高清图片当成演示的全部，却忽略了观点本身的逻辑与深度；二是“数据堆砌综合征”，用海量数据证明专业，却未能揭示数据背后的决策洞见。

本书的价值在于教会读者用“战略思维”重构演示：以清晰的逻辑支撑每一个观点，让受众不仅“看见”，更能“认同并采纳”。

二、方法论解构：名企淬炼的四大核心方法

1. 战略构思：以终为始的目标锚定

第 2 章的“构思提纲的方法论”堪称“汇报破冰指南”。书中提出的“明确目的—明确对象—分析资料—人机协同构思—优化和完善”五步法，直指汇报前的核心工作，尤其值得一提的是“人机协同”理念：在 AI 工具普及的今天，本书没有否定技术的价值，而是强调“AI 可辅助，逻辑框架必须由人掌控”。这种清醒的认知让读者在技术浪潮中守住核心竞争力——毕竟，AI 能生成文字和图表，却无法替代汇报人对业务本质的理解和汇报目标的把控。

2. 逻辑提炼：从信息泥潭中淘金

第 3 章的“提炼重点”是汇报的“点睛之笔”。面对信息过载的职场环境，书中提出的“113”原则——结合电梯法则、短时记忆效应和逻辑推理，将复杂信息精准提炼，成为高效汇报的“黄金准则”。无论是数据图表的“标题即结论”，还是长文本的“二八法则”萃取，或多条信息的“分类归纳”，每种方法都配有通用案例和行业案例，让不同岗位的读者都能直接套用，真正做到“学即能用”。

3. 逻辑呈现：“一图胜千言”

第 4 章的“逻辑呈现”则是本书的“核心武器库”。作者以“底层逻辑决定呈现逻辑”为原则，拆解出手段和目标型、问题和措施型、战略屋型等逻辑类型，并配套咨询公司经典逻辑图。书中提出“文不如表，表不如形”，强调图形化不是目的，真正的目的是让逻辑一目了然。比如在“问题和措施型”案例中，某公司销售问题的分析从“现象罗列”到“问题—原因—措施”的结构化呈现，清晰展示了逻辑如何让汇报从“自说自话”变为“精准触达”。这些方法不仅适用于 PPT,更能迁移到日常沟通、会议发言等场景，让逻辑思维成为职场人的通用语言。

4. 对标学习：用行业标杆的最佳实践武装自己

最具价值的当属第 5 章的“上市公司标杆案例”。书中精选平安集团、三大电信运营商等头部企业的业绩发布会 PPT，从“提炼重点”和“呈现逻辑”两个维度深度解析。这些标杆报告之所以优秀，是因为它们将复杂的业务数据、战略规划转化为大众能理解的逻辑语言。通过对标学习，读者能直观感受到“优秀的汇报从不依赖华丽的包装，而是靠逻辑的力量打动听众”，这种沉浸式学习比单纯的理论讲解更有冲击力。

三、基因优势：顶尖咨询公司的“内部秘籍”公开

本书的价值在于把顶尖咨询公司的方法论本土化，既提炼了麦肯锡、埃森哲等公司的方法论，又融入了作者在华为及多家国内大中型企业的实战经验，形成可直接套用的方法，并以大量真实案例的对比，让抽象理论真正落地。

四、结语：数字时代的思想货币铸造指南

本书不仅授你以“鱼”（咨询公司常见的逻辑图形模板），更授你以“渔”（麦肯锡顾问的思考基因）。无论你是职场新人，还是经验丰富的高管，翻开本书，便踏上从“混沌表达”到“精准赋能”的进化之路。愿你以此为起点，掌握逻辑思维

的钥匙，让每一次汇报掷地有声，让每一份努力被真正看见——这既是作者的初心，也是我对所有职场人的期许。

乔鲁诺
百望云帆管理咨询有限公司创始合伙人
美世（中国）有限公司前中国区副总裁、
麦肯锡（中国）咨询有限公司前全球副董事、
埃森哲（中国）有限公司前大中华区副总裁

前言

1. 本书初衷：用逻辑撬动 PPT 高效汇报的杠杆

当领导一次又一次让我们修改工作方案 PPT、客户一次又一次拒绝我们的技术方案 PPT、评审专家一次又一次否定我们的项目评审 PPT……这些悲剧反复上演时，我们都在努力寻找破解之道，却忽略了问题的核心：一份真正优秀的 PPT，其核心在于逻辑。因为只有逻辑清晰的 PPT，才能成为撬动高效汇报的有力杠杆。

本书的写作初衷，正是希望构建一套符合中国人认知规律的 PPT 逻辑呈现体系，借助逻辑的力量，让 PPT 汇报更加高效、更具说服力。目前市场上关于 PPT 逻辑思维的图书寥寥无几。笔者带着"让职场人士写出有逻辑的 PPT"的使命，结合自己近 10 年的外资咨询公司经验以及 1000 多份 PPT 实战经验，力求帮助职场人士全面提升 PPT 逻辑呈现能力。

2. 本书定位：打造 AI 无法取代的个人生产力

近年来，AI 技术的飞速发展催生了众多 AI 工具，这些工具能够辅助制作 PPT 或撰写文章。这使得很多人开始担心自己的工作会被 AI 取代。然而，本书所分享的 PPT 逻辑呈现技巧，正是 AI 难以复制的个人核心竞争力。

在第 1 章中，我们通过幽默诙谐的四大"奇葩"现象和打油诗，带领读者亲身感受制作 PPT 过程中的种种困扰与无奈。这些生动的段子、有趣的"梗"和幽默的笑料，让不少学员为我冠以"PPT 培训界的段子手""脱口秀演员"等称号。随后，通过一个具体的业务发展规划案例，详细讲解了汇报型 PPT 的 4 大要素：重点突出、表达形象、逻辑清晰和展示专业。

在第 2 章中，我们借助 AI 工具进行人机协同构思报告提纲，不仅提供了人机协同共创的相关技巧和方法，还提供了丰富的案例供读者参考。随后，通过翔实的案例，重点阐述了如何优化报告的标题和目录的方法与技巧。如果你想让你的报告在标题和目录结构上快速抓住听众的眼球，本章总结的方法、技巧与实战案例均凝结着宝贵的经验与智慧，值得读者仔细研读，从中汲取构思有逻辑的最佳实践。

在第 3 章中，针对信息过载的不同场景，分别阐述了提炼重点信息的方法与技巧。具体包括：如何将数据分析图表从数据罗列转变为结论清晰，如何将长文本从长篇大论提炼为突出重点，以及如何将多条信息整合为精准观点。如果你想让你的 PPT 报告言简意赅、重点突出，本章总结的“113”原则将能很好地帮助你提炼精准的核心重点。

在第 4 章中，本书基于“底层逻辑决定呈现逻辑，呈现逻辑决定演讲逻辑”的核心原理，详细阐述了如何拆解一页复杂 PPT 内容的底层逻辑，以及如何借助图形化手段形象地呈现这些逻辑，实现“逻辑胜美颜”。为了帮助读者更好地理解常见逻辑的图形化表现形式，本书重点对手段和目标型、问题和措施型、战略屋型、对比分析型、象限分析型等逻辑进行了详细阐述，并配合丰富的实战案例进行解析说明。此外，本章还介绍了咨询公司常用的经典逻辑图形，不仅详细讲解了每种图形的适用场景和注意事项，还提供了相应的真实案例进行展示。

在第 5 章中，本书阐述了对标学习的四大技巧以及上市公司业绩发布会 PPT 的下载方法和路径。基于对上千家上市公司业绩发布会 PPT 的研究，精心挑选了平安集团、平安银行、三大电信运营商、中国人寿、华润、蒙牛等大型上市公司的优秀报告案例，并结合前面各章提到的提炼重点方法和呈现逻辑技巧，对这些案例进行了详细讲解和点评。

本书适合中高层管理者、各职能部门经理 / 主管、骨干员工，以及经常为领导编写 PPT 或用 PPT 向领导汇报的人阅读。PPT 只是一种工具，逻辑思维才是本书的核心。因此，如果你正在致力于提升 PPT 逻辑思维能力，那么本书将是不错的选择！

3. 本书特色：行业最佳实践与丰富实战案例融合

（1）最佳实践总结：基于三家世界 500 强公司经历及上千份报告实战

笔者从北大毕业后，曾在 IBM 咨询部门、埃森哲咨询公司及华为工作，且工作内容都与 PPT 紧密相关，尤其在咨询公司，服务的客户多为超大型央国企、外资企业和国内行业头部企业，项目金额从几百万元到上千万元不等。然而，这些项目的最终核心交付成果均以 PPT 报告形式为主。这些报告背后是咨询顾问们的数据收集与研究、行业市场洞察、访谈调研、对标研究、方案设计，以及逻辑思考、分析、呈现与表达，还有高效的沟通与协作……这些要素共同构成了报告中最精华的部分。本书的理论方法与技能技巧正是基于外资咨询公司顾问撰写 PPT 报告的最佳实践，以及笔者上千份 PPT 报告的实战经验。

（2）大量实战案例：从上千家大型企业上万个案例中精挑细选的案例

过去近 10 年的培训经验，让笔者接触了上千家大型企业的数万名学员，从而更加深刻地理解了职场人士在 PPT 逻辑呈现方面的痛点和需求。本书的上百个案例均是从过去多年收集到的上万个案例中精心挑选出来的，这些案例构成了本书的精华部分。同时，考虑到读者群体的多样性，书中案例涵盖通用类、战略类、管理类、人力类、技术类、营销类和党建类。针对每一个知识点，书中都尽量选用不同类型的案例进行阐述和说明。

（3）对标行业标杆：以顶尖咨询公司和世界 500 强上市公司报告为标杆

顶尖咨询公司与世界 500 强上市公司的报告堪称商业 PPT 报告的典范，是值得深度钻研和学习的行业标杆。这些报告通常汇聚了全球顶尖智库的资源，由具备深厚行业背景的精英团队运用严谨的逻辑精心编制而成。对标这些行业标杆报告，能够帮助读者更直观地理解优秀报告 PPT 背后的逻辑呈现原理、方法和技巧。

（4）思维启迪转换：通过案例多维度和多角度剖析引发读者思考

通过对同一个案例进行多维度、多角度的拆解剖析，本书不仅让案例与方法和技巧摆脱了孤立的经验总结,更将其转化为激发读者深度与广度思考的催化剂。例如，在 1.6 节的案例中，本书列举了 7 种常见的做法，并对每一种做法的利弊进行详细解析。这种全方位、立体式的思维拓展能够更有效地启迪读者的思维转换。

4. 学习建议：从理论学习到实战演练，再到刻意练习

理论先行，夯实基础： 首先系统阅读全书，深入理解 PPT 逻辑呈现的核心理论与方法和技巧。针对每一个案例,建议读者先独立思考:修改前的 PPT 存在哪些问题,以及如何进行修改完善。之后再仔细阅读书中的详细讲解，最后对比自己独立思考的结果与书中讲解的差异，找出自己的不足之处。

实践演练，深化理解： 每学习完一个章节或掌握一个技巧后，立刻结合自己之前的实际 PPT 案例，参考书中的理论和方法，先尝试找出问题，再运用新的方法和技巧进行修改、完善和优化。可以从简单的技巧（如提炼重点）入手，逐步过渡到复杂的技巧（如逻辑呈现）。也可以先模仿书中的优秀案例，再尝试创造自己的优秀案例。通过实践，将 PPT 逻辑呈现的理论转化为实际技能。

刻意练习，持续提升： 尝试运用书中的方法或技巧指导同事修改完善 PPT 报告，将书中的知识转化为自己的实战经验。同时，与同事分享自己的经验和方法，互相

学习，共同进步。定期回顾自己的 PPT 报告，总结进步与不足，持续优化 PPT 呈现逻辑能力。

5. 致谢：感谢每一个为本书贡献智慧和力量的贵人

出书的初衷源于我从咨询行业转向培训行业的经历；正是这一转变，激发了我写书的灵感。在此，向一路支持我的各位领导、同事、同行、客户伙伴、学员及朋友们致以诚挚谢意。特别感谢 vivo 逻辑呈现讲师特训营班主任黄罗杰老师及各位老师——你们在理论重构、案例迭代等方面给予的宝贵指导，不仅带来了创作灵感，更成为我持续前行的动力，我定不负所望。同时，衷心感谢所有提供精彩案例的学员，因人数众多，无法一一列举，但你们的贡献是本书不可或缺的精彩部分。

感谢电子工业出版社策划编辑张慧敏老师对本书的悉心指导和大力支持！在写书过程中，我投入了大量时间，这占用了陪伴家人的时间。在此，我要特别感谢我的家人，是他们的理解、支持与鼓励，让我能够全身心投入到写作中，最终完成此书。

由于本人水平有限，书中难免存在不足之处，恳请广大读者批评、指正。如有任何建议或反馈，欢迎通过公众号（logicppt）与我联系。

段小鹏（Jeff Duan）

目录

第1章 新知：重新认识汇报型PPT

PPT 作为 Office 办公软件的重要组件之一，已经被广泛应用于日常工作中，是很多职场人士的常用工具。本章主要从汇报型 PPT 的角度来重新认识 PPT 的使用特点。

1.1 大中型企业汇报 PPT 的 4 个“奇葩”现象

1.1.1 现象 1：写 PPT 的人没资格汇报，而汇报的人不亲自写 PPT

在中国的大型企业中，向上级领导汇报工作时通常采用 PPT 报告的形式，尤其是向高级别领导汇报。一般而言，有资格进行 PPT 汇报的人员至少是基层管理者及以上级别，他们通常负责管理多个下属部门。然而，在实际工作中，这些管理者的 PPT 报告通常是由他们的下属代为撰写的。这就导致了一种现象：真正撰写 PPT 报告的人没有资格进行汇报，而真正负责汇报的人并不亲自撰写 PPT。产生这种现象有多方面的原因。

第一，领导没时间写。领导每天忙于各种会议、各种汇报，一天可能要准备几份 PPT 材料，根本没有时间亲自撰写 PPT，尤其在一些大中型企业中，开会是一种重要的沟通和管理方式。领导可能倾向于通过会议来传达指令、收集信息、协调资源或解决冲突，导致他们每天不是在开会的路上，就是在准备开会材料的路上。

第二，领导对业务细节不了解。领导虽然具备综合管理能力，但不可能精通所有的业务领域。此外，领导对于具体的工作细节有时也不太了解，很多具体信息需要依靠下属员工提供。而下属通常在具体的业务工作中有更深入的知识和技能。例如，在一家科技公司，领导可能擅长战略规划和市场拓展，但对于软件开发的最新技术细节了解有限。而软件研发部门的下属则可以凭借自己的专业知识，为领导在产品技术升级、技术创新方向等方面提供专业的建议。

第三，领导有更重要的工作要做。领导有权将任务分配给下属完成，尤其在PPT汇报文化较为盛行的公司，帮助领导完成PPT是一项重要的工作任务。下属帮助领导撰写PPT，可以分担领导的工作压力，使其能够专注于更重要的决策和管理工作。

第四，领导有决策影响力。汇报工作往往是一种向上沟通、争取资源或展示成果的重要途径，通常由在组织中有相应层级和决策权力的人来进行。他们代表的是整个团队或项目，需要凭借汇报来影响上级领导的决策，为团队争取更多支持。撰写PPT的人员通常处于执行层，缺乏这种决策影响力，所以即便他们对内容熟悉，也不一定有汇报的资格。例如，部门里普通员工制作的营销方案PPT，一般由部门经理向公司高层汇报，因为部门经理能够站在部门整体营销战略的角度，结合公司资源等情况进行阐述和争取支持。

如果由下属帮领导代写PPT报告，那么对于写PPT的人来说，难度就会加大。因为他们不仅要帮助领导掌握PPT报告的详细内容，还要帮助领导梳理PPT汇报的重点和逻辑。

> **应对策略：**不要错过任何一次领导让你写PPT的机会，要把帮领导写PPT报告当作自己所有工作中最重要的一件事情来做。因为领导既然安排你来负责写PPT，要么就是看中你的专业能力和才华，要么就是想借此机会锻炼和培养你。一定要从“领导虐待你”的消极心态转变成“领导赏识你”的积极心态。如果每一次报告都能让领导看到你的专业能力、业务洞察力、战略思维和全局观念，那么在领导提拔人才时，你就会脱颖而出。

1.1.2 现象2：领导自己没有思路，就让下属先写PPT

大公司每天都有很多会议，比如常见的战略规划会、经营分析会、项目立项会、项目沟通会、方案评审会、项目总结会、年度总结会、竞聘述职会、转正述职会等。很多时候，领导开完一个重要会议后，可能自己都还没有思路，甚至获取的信息也不全面，就会让下属去写PPT报告。

下属在接到任务时经常一脸蒙，但他又不能直接问领导有什么思路或者想法。毕竟，作为下属，他们牢记的一句话是：不能给领导简答题或论述题，而应该给领导出选择题或判断题。这无疑增加了写报告的难度。

应对策略：对写 PPT 的人来说，不仅要揣摩领导想要什么，还要揣摩领导的上级想要什么。这一能力被称为升维思考，即不仅要读懂领导的意图，还要理解领导的上级的意图。只有这样，PPT 报告的思维高度和格局才能达到领导的期望和要求。

1.1.3　现象 3：领导也不知道自己要什么，只知道自己不要什么

下属甚至整个团队的人好不容易加班加点熬夜做出一份几十页的 PPT 报告，发给领导看完之后，领导却告诉下属这不是他想要的 PPT 报告。下属重新修改了一稿又发给领导，领导又说这不是他想要的……这样反反复复折腾几个回合。领导想要什么样的报告呢？其实他也不知道："你们回去再想想吧！"

这种情况在大中型企业中确实时有发生。领导可能对于 PPT 的具体需求或目标没有明确的想法，但对于不希望看到的结果或情况却有着清晰的认识。

应对策略：下属要明确领导拒绝或反对的内容，这有助于避免触碰"雷区"。同时，下属要尝试从领导的"不要"中推断出他可能的期望或偏好，虽然这并非绝对准确，但可以作为参考。切忌没有独到的见解或想法就去找领导沟通或交流。

1.1.4　现象 4：领导不知道什么时候定稿，只有开会的那一刻才知道

领导的思路频繁改变，一天一个思路，一天一个版本。下属好不容易加班加点熬夜做出一份几十页的 PPT 报告，最后被领导全盘推翻，只能重新再做一份。于是，根据上一次讨论的结果，下属又重新做了一份 PPT 报告，再一次被领导推翻。这样反反复复，一次又一次地"摧残"下属的内心。

为什么大中型企业的 PPT 会被反复修改无数次？因为企业中复杂的管理问题是没有绝对答案的，需要不断思考和探索，反复推敲和验证，尤其要考虑对企业未来的影响。因此在制作 PPT 的过程中，领导的思路会频繁改变，这是因为他们可能有新的思路或方法，也可能是对既有思路的否定。

应对策略：下属应保持积极乐观的态度。即使面对领导的严格要求、批评指责甚至是不合理对待，也要始终尊重领导，保持敬业精神，避免将负面情绪转化为对抗或消极怠工。这种态度有助于维护良好的职场人际关系，防止因冲突而陷入不利的工作局面。长期保持这种韧性，可能会逐渐赢得领导对其工作态度的认可，为后续的职业发展创造机会。

在制作 PPT 时，应遵循“聚焦内容，淡化形式”的原则。在形式上，尽量保持简洁，避免在版式、图片、模板、配色等外在形式上花费过多时间。

1.2 打油诗：PPT“十全十没”稿

“十全十没”稿

作者 Jeff Duan

一稿二稿，纯白搞；

三稿四稿，痛苦搞；

五稿六稿，绝望搞；

七稿八稿，崩溃搞；

九稿十稿，回一稿！

不知道大家有没有遇到过这种情况：一份报告来回修改了多个版本，最后又回到第一稿。这种现象在很多大公司都普遍存在，为什么又回到第一稿呢?

第一，初始要求模糊。一开始下达报告撰写任务时，并没有明确阐述报告的具体用途、核心内容、目标受众，以及期望达到的效果等关键要素。例如，只是笼统地说要写一份关于新产品推广情况的报告，却没说明是用于内部管理层决策参考，还是面向外部合作客户展示，这就使得撰写者只能凭借自己的理解去构思框架、填充内容，后续随着对需求理解的不断深化，自然需要反复调整或修改。

第二，需求频繁变更。在撰写报告的过程中，由于各种原因，领导会不断改变想法，提出新的要求或对已有要求进行大幅调整。比如，先要求报告重点突出新产品在某个区域市场的销售数据，后来又觉得应更关注用户反馈情况，接着又觉得要加入竞争对手对比分析，如此频繁变动，让撰写者不断推倒重来，改到最后，可能发现最初的思路反而更贴合最终的需求，于是又回到了第一稿。

第三，忽视核心内容的稳定性。在修改报告的过程中，过于关注细枝末节的调整，而忽略了报告核心内容和主旨的稳定性。为了迎合各种修改意见，有时会加入一些原本不必要的内容，或者把关键内容改得面目全非，从而失去了报告的核心价值。最终才意识到，第一稿所围绕的核心观点和关键信息才是最准确、最需要呈现的，于是又回归到最初的版本。

1.3　反对 PPT 内卷的几大公司

1. 华为

在华为内部，PPT 通常被称为“胶片”。华为创始人任正非曾对公司内部的“胶片文化”提出批评，认为这种文化过于烦琐和形式主义，不利于公司的长远发展。他强调要关注客户需求，找出痛点并解决问题，而不是追求华丽的 PPT。

为了纠正过度依赖 PPT 的问题，华为内部出台了一系列规定和措施。

- 2012 年发布《聚焦价值创造，减少会议，减少胶片》（电邮文号〔2012〕20 号）。
- 2015 年发布《关于聚焦价值创造，减少会议，减少胶片的决议》（华为 EMT 决议〔2015〕015 号）。
- 2016 年 8 月 11 日，华为以总裁电邮〔2016〕074 号文发布了《华为干部的二十一条军规》，其中第 5 条明确提出：“胶片（PPT）文化让你浮在半空，深入现场才是脚踏实地”。
- 2019 年发布《转发〈胶片、胶片、还是胶片！ SP、BP、战略解码、重点工作、述职、管理评审，数不清的胶片〉》（电邮其他〔2019〕002 号）。

2. 京东

京东创始人刘强东对 PPT 的滥用提出了批评。他认为，一些高管在演示中沉迷于 PPT 的华丽词汇和形式，而忽视了对执行力和实际工作的关注。刘强东曾在某次内部会议上大发雷霆，直接用“骗子”这种粗话将“PPT”和京东内部出现的低效问题联系在一起，并撤换了以“善做 PPT 闻名”的某高层。这一事件引起了广泛讨论，也反映了京东对 PPT 使用的严格态度。

3.360

360 创始人周鸿祎对 PPT 的滥用持批评态度。他认为 PPT 是忽悠人的最好工具，因为它可以通过精心设计的图像和富有感染力的金句，掩盖内容和思想的不足。周鸿祎曾多次强调，员工应该更加专注于真实的内容和思考，而不是过度依赖 PPT 的形式。这种对 PPT 使用的严格把控，虽然在行业内较为少见，但也体现了 360 对内容质量的高度重视。

4. 阿里巴巴

2020 年 7 月，阿里巴巴正式对内宣布：公司周报逐步取消，只需要团队的一把手发月报，且不超过 1000 字。此外，阿里巴巴发言人还对外表示，阿里巴巴不仅取消了周报，还要杜绝形式大于内容且没有思考的 PPT，而且不鼓励低效加班。阿里巴巴方面称：“我们追求工作效率，无谓的形式只会增加负担”。

5. 字节跳动

字节跳动的员工们明确表达了对 PPT 的反感。他们中绝大多数表示，只有在对接客户时才会使用 PPT。即使需要向时间有限的领导汇报工作，他们的首选仍然是飞书，其次是 Word 文档。这反映了字节跳动在工具使用上的灵活性和务实态度。

6 亚马逊

亚马逊创始人杰夫 · 贝索斯早在 2004 年就禁止高管在会议中使用 PPT。他提倡用不超过 6 页的叙述文来替代 PPT，强调对事情本身及其相互关联的深入思考和理解。贝索斯认为，PPT 演示文稿通常只包含要点和不完整的想法，难以让观众获取全部信息。相比之下，6 页叙述文需要作者进行深入思考，确保信息的完整性和逻辑性。

亚马逊的会议通常以“自习”时间开始，与会者一起阅读会议组织者准备的 6 页以内的叙述性文档。这种文档以文字形式全面阐述会议内容，确保每个人获取的信息是全面的。贝索斯指出，PPT 对演讲者来说容易理解，但对观众来说难以完全理解，而 6 页叙述文则相反，它对作者来说是艰巨的任务，但对读者来说则更容易理解。

此外，贝索斯还强调，会议的目的是寻求真相，而不是说服他人。PPT 作为一种营销工具，往往难以达到这一目的。通过 6 页叙述文，团队可以进行更深入、更有质量的讨论，从而做出更明智的决策。

7. 招商银行

2019 年 11 月 14 日，招商银行正式发布了“清风公约”，引发了全行的热烈反响。“清风公约”是招商银行刀刃向内、自我革新，从文化层面反对“大企业病”的一剂良方，开启了招商银行管理变革的新篇章。如图 1-1 所示，“清风公约”第二条明确提出：“我们不是美工，别把时间花在做 PPT 上。”

图 1-1

8. 美的

据新浪科技消息，2025 年 1 月 22 日，美的集团董事长兼总裁方洪波在公司内部签发了《关于简化工作方式的要求》的文件。该文件显示，美的要求全员简化工作方式。“任何不以用户为中心、不以业务为中心、不以一线为中心，不产生价值、不增加收入的工作都属于表演式工作，需要全员果断简化，把节约的时间用于做对用户有价值的事。”文件具体要求如下：

- 美的内部沟通严禁使用 PPT，包含工作沟通、总结规划、述职、答辩、评优等（除技术方案、财务通报、集团和事业群 / 部年会外。其他如用 PPT，要求白底黑字在一页以内）。
- 严禁让他人代写材料，董事长和总裁也不能例外。
- 下班时间禁止开会和形式主义加班。
- 减少微信群数量，并禁止各类喊口号等形式主义行为。
- 减少手工报表和作业，在管理上推广数字化看板。
- 内部严禁送礼及非规定团建活动。

此文件适用于美的集团中国境内，并接受全员监督。

9. 名创优品

2025 年 2 月 5 日晚间，名创优品集团公众号发布了题为《叶国富：让简单成为我们的灵魂》的推文。公司创始人叶国富在文中表示，唯有简单，才能高效；唯有心无杂念，业务才能打透打穿、直击目标，才能应对当前局面。他强调："我们的文化价值观始终将'简单'置于首位。""简单是一切价值观的灵魂，也是我们的制胜法宝。"叶国富提出了与组织管理相关的六大要求，旨在提升管理效率，实现战略聚焦。文中所提及的具体要求如下：

- 严禁形式主义。
- 简化沟通形式：内部沟通严禁使用 PPT，含工作汇报、总结规划、述职答辩等，对外沟通根据工作需要自行决定。总体以解决问题为导向，用简单高效的方式表达观点、传递信息。
- 坚持会议"333"原则：少开会、开短会、开有用的会，内外部会议以 30 分钟为宜，最长不超过 1 小时；汇报资料不超过 3 页；重大事项若经 3 次讨论无果，则及时叫停。
- 精简决策环节：内部任何决策，参与决策者不得超过 3 人，提升各级管理者专业力、领导力、判断力，快速响应市场变化，严禁事事汇报、层层汇报。
- 提升审批效率：秉承"今日事今日毕"与"事不过夜"原则，各项 OA 审批流程实现一日三批，确保全球化工作协同高效顺畅。
- 坚持数字化提效：全面拥抱人工智能大潮，借助先进的数字化工具和平台，实现业务流程的自动化、标准化和可视化。

从上述例子可以看出，大公司对 PPT 的使用态度因公司文化和业务需求而异。但无论哪种态度，都体现了大公司对 PPT 使用的严格把控和务实精神。他们更注重 PPT 的实际效果和价值，而不是过分追求形式和外表。这也为其他公司提供了有益的借鉴和启示。

1.4 从使用场景认识 PPT：4 种常见类型

PPT 的全称是 PowerPoint，是一款用于制作和播放演示文稿的软件。利用它，用户不仅可以在投影仪或计算机上现场演示，还可以将演示文稿打印成胶片，以便应用到更广泛的领域。除传统展示外，PPT 还可以通过互联网召开面对面会议、远程会议，或在网上向观众展示演示文稿。

从要素的角度分析，任何一份 PPT 报告都涉及两个核心要素：一是面向的对象，即观众；二是表现的内容，即文字。这两个要素共同决定了 PPT 的使用场景和展现形式。通过象限分析法（也被称为田字分析法或矩阵分析法）进行分析，我们可以概括总结出 PPT 的 4 种典型使用场景，如图 1-2 所示。

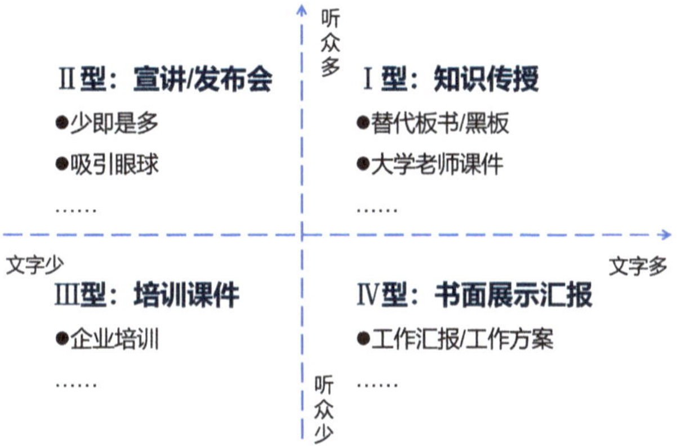

图 1-2

1.4.1　Ⅰ型：知识传授

知识传授型 PPT 的特点是观众数量较多且文字内容丰富。这种场景最典型的是大学老师的授课 PPT，其主要作用是代替板书，尽可能全面且详细地呈现授课内容。例如，展示某个经济模型的数学公式和推导过程。这类 PPT 的文字量大，信息密度高，因此观众需要具备较强的知识接受能力和注意力集中能力。

1.4.2　Ⅱ型：宣讲 / 发布会

宣讲 / 发布会型 PPT 的特点是观众多而文字少。这种场景最典型的是宣讲会和产品发布会。在这类场景中，受众类型广泛、数量众多，但接受能力和聚焦能力相对较低。因此，这类 PPT 更多地依赖视觉冲击效果来让观众产生共鸣，而文字只是起到点缀和提示的作用，遵循“少即是多”（Less is more）的原则。在大型产品发布或宣讲现场，演讲者常常会借助一些感性的且具有冲击力的图片来表达某个观点。

大型企业的产品发布会 PPT 通常会请专业的广告设计公司来设计。例如，华为的大型产品发布会 PPT 都是由外部的专业广告公司设计的。人们习惯性地将发布会型 PPT 的制作者称为“PPT 设计师”。宣讲 / 发布会型 PPT 对 PPT 设计师的美工设计能力要求非常高，他们在制作一页 PPT 时可能需要花费几天的时间才能完成。具体包括以下 3 大能力。

- 色彩搭配和协调能力：PPT 设计师在选择色彩方案时，需确保其与产品品牌形象和发布会主题相契合。例如，如果产品定位为高端且科技感强，则色彩方案通常以冷色调为主，如蓝色和银灰色；而针对年轻消费者的时尚产品，则倾向于使用明亮活泼的色彩。此外，设计师还应注意色彩的对比度，以确保文字在背景色上清晰可见。具体而言，深色背景上的文字应使用浅色，反之亦然。

- 图形设计能力：PPT 设计师能够制作高质量的图形元素，如产品示意图、数据图表等。对于一款软件产品，他们可以制作简洁明了的功能流程图，直观地展示软件的操作逻辑。此外，设计师善于运用图标来辅助传达信息，增强视觉效果。例如，在介绍产品的不同功能模块时，使用对应的功能图标，让观众能够迅速理解。
- 创意构思能力：PPT 设计师要能够根据不同的主题和客户需求提出独特的创意设计方案。例如，对于科技产品发布会 PPT，设计师可以构思充满未来感的设计风格，采用星空、光线等元素来营造科技氛围。他们会从产品的特点、目标受众、发布场合等多个角度出发，寻找灵感。创意还体现在动画和交互设计上。设计师可以通过巧妙的动画效果来吸引观众注意，如让产品图片以旋转、缩放等动画方式进入画面，或者设置交互按钮，让观众可以自主选择查看不同的内容模块，增加 PPT 的趣味性和参与感。

这种类型的 PPT 对演讲者的演讲能力要求非常高。一方面，演讲者需要对演讲内容非常熟悉，由于文字较少，因此所有的细节和台词都必须牢记在心，PPT 仅作为辅助工具和提示；另一方面，演讲者的演讲逻辑必须非常清晰，从开场到结尾，演讲者需要提前设计好演讲的逻辑框架，并在临场中准确呈现。

对大多数职场人士而言，本职工作并非“PPT 美工”，因此在大型企业中，能够接触到这种高要求 PPT 类型的人相对较少。然而，由于宣讲 / 发布会型 PPT 通常具有较好的视觉效果，并且通过互联网媒体的放大效应，很多人误以为所有的 PPT 都应该像产品发布会 PPT 那样炫酷、漂亮。

1.4.3 Ⅲ型：培训课件

位于图 1-2 中第三象限的 PPT 特点是：观众数量较少且文字内容简洁。这类 PPT 通常适用于各类培训场景，例如消防培训、礼仪培训、面试培训等。这些培训场景的目标受众虽然规模较小，但针对性强。与纯文字解释相比，直观形象的图表展示更有助于受众对专业知识的理解和吸收。例如，在针对幼儿和小学生的英语培训教学中，教师会使用 PPT 配合卡通图片和视频，使教学过程更加生动有趣，从而提高教学效果。

1.4.4 Ⅳ型：书面展示汇报

书面展示汇报型 PPT（又称管理型 PPT）是企业管理中最常见的报告形式之一，包括述职报告、经营分析、项目总结、年终总结、方案汇报、投标演示等。这类 PPT 通常文字较多，受众较少。与知识传授型 PPT 面向较多受众不同，书面展示汇报型 PPT 更关注少数关键的相关人。同时，与宣讲 / 发布会型 PPT 和培训课件型 PPT 的文字较少相比，书面展示汇报型 PPT 更注重文字间的理性思考和逻辑推理。

书面展示汇报型 PPT 有以下 4 个特点。

1.PPT 汇报对象层级较高

在企业管理中，一般用 PPT 向企业高级管理者或者股东 / 投资者汇报相关的工作，比如，年 / 季度工作计划、工作思路、工作方案等，这种习惯尤其以外资企业、国内大型央企 / 国企居多，而且越是重要的汇报，汇报对象的管理级别越高。你觉得这些高级管理者是更关注汇报型 PPT 的内容，还是形式呢？

2.PPT 汇报内容复杂

在企业管理实践中，所涉及的问题往往都是非常复杂的管理问题，例如，公司未来战略方向、未来业务发展方向等。这些复杂的管理问题需要通过强有力的数据和事实作为支撑，并且要采用清晰的逻辑进行展示和表达。高层管理者会重点关注汇报内容的逻辑合理性。例如，针对销售目标增长 10% 的情况，他们会关注你计划采取哪些措施、手段或方法来应对，这些措施、手段或方法是否能够保证完成目标，是否具备可行性，以及是否存在挑战和风险。所有这些问题都聚焦于内容的逻辑合理性。

场景 1：某公司 HRD（人力资源总监）为了说服公司高层领导提高公司整体薪酬水平，需要从各个角度或维度来证明公司的整体薪酬水平低（和同行竞争对手的薪酬水平比较、市场平均薪酬水平比较等），以及薪酬水平低带来的负面效果等。

以上都需要借助可靠的数据事实、强大的逻辑推理论证。

场景 2：某公司派 HRD 去华为参观学习先进的人力资源管理经验，基于公司人力资源管理现状，以及华为先进的管理经验和做法，需要写一份人力资源管理改进建议的 PPT。在这份 PPT 中，至少应该包括三部分内容。首先，客观阐述公司现有人力资源管理的现状和问题；其次，详细阐述华为在人力资源管理方面好的经验和做法；最后，结合公司现状和华为先进做法提出有针对性、可落地执行的改进建议和措施。

以上三部分内容都需要借助大量的数据或事实，以及强大的逻辑推理论证。

3.PPT 汇报思路经常变

企业复杂的管理问题是没有绝对的答案的，需要不断思考、反复推敲和验证，尤其要考虑对企业未来的影响。因此，在编写汇报型 PPT 的过程中，领导的思路会频繁改变。大多数情况下，领导可能不清楚自己具体想要什么，但他们通常清楚自己不想要什么。当下属提交 PPT 初稿时，领导首先会关注汇报内容是否符合其意图。如果内容未能达到领导的期望，就需要进行反复修改。因此，在这种情况下，编写汇报型 PPT 的人员应将更多的时间和精力投入到内容创作上，确保内容能够精准地契合领导的意图。

4.PPT 制作时间有限

在企业管理中，汇报型 PPT 大多属于临时性、突发性任务。例如，可能突然接到通知，上级领导即将前来视察。即使是常规性的年度总结报告或年度规划报告，尽管有提前准备的时间，但领导的思路可能频繁变动，甚至全盘推翻之前的方案，最终留给 PPT 编写人的时间依然有限。因此，汇报型 PPT 制作者应重点关注内容，而非形式。特别是面对“善变”的领导，PPT 的形式必须能够高效地修改，以确保其高可复用性，否则一切努力都可能付诸东流。

特别声明：本书主要解决汇报型 PPT 的逻辑呈现问题。此类 PPT 以顶尖咨询公司的报告为标杆和典范，这些报告以强大的逻辑性著称。

1.5 汇报型 PPT 的 6 大痛点

在撰写汇报型 PPT 时，我们通常会面临 6 大痛点：没思路、没逻辑、没重点、没高度或没格局、重形式和套模板。接下来一一分析每个痛点。

1.5.1 没思路

每次接到撰写 PPT 的任务时，一些人常常感到一头雾水，不知从何下手，尤其是在没有任何背景信息的情况下，更是感到无从下笔。针对不同类型的 PPT，如何快速打开思路并构建其框架结构，是大家普遍遇到的一个痛点。在写 PPT 时没有思路，可能有以下 3 个方面的原因。

首先，可能对报告的要求理解不充分。不清楚报告的用途、汇报对象、传递的价值和重点内容等。例如，不知道报告是用于向上级汇报工作成果，还是用于向外部合作伙伴介绍项目情况，也不了解是要写成详细的研究报告，还是简洁的工作总结，更不确定重点是要突出数据、分析原因，还是提出解决方案。

其次，可能缺乏足够的信息储备。如果对所写报告涉及的业务没有足够了解，就很难打开思路并组织内容。例如，要写一份关于市场调研的报告，但对该市场的行业动态、竞争对手、消费者需求等情况都知之甚少，自然无从下笔。

最后，可能是数据和资料不足。报告通常需要一定的数据和事实来支撑其观点。如果没有收集到足够的数据，如统计数字、案例、调查结果等，就会感觉内容空洞，没有可写的内容。例如，写产品质量分析报告时没有产品检测数据和客户反馈信息，就很难对产品质量进行有效的评估和分析。

1.5.2　没逻辑

一份完整的报告不仅包括整体的构思逻辑，还包括单页的呈现逻辑。报告整体的构思逻辑和单页的呈现逻辑不清晰，主要体现在以下 4 个方面。

第一，结构混乱。没有提前规划报告的结构，想到哪里就写到哪里。例如，在一份市场调研报告中，一会儿写市场现状，一会儿又写竞争对手分析，然后又返回去讲市场趋势，缺乏清晰的章节划分和内容顺序安排。

第二，内容堆砌。只是简单地把收集到的信息罗列在一起，没有对这些内容进行分类和整合。比如，在项目总结报告里，把项目过程中的所有邮件、会议记录、数据等不加筛选地全部放入报告，没有按照工作阶段、工作类型等进行归类，导致报告内容繁杂，逻辑关系不明确。

第三，因果关系不明。在分析问题或阐述观点时，没有清楚地说明原因和结果。例如，在分析销售业绩下滑的报告中，只提到了销售额下降的事实和一些可能相关的因素，如市场竞争加剧、产品质量问题等，但没有具体说明每个因素是如何导致销售业绩下滑的，各因素之间的相互关系也不明确。

第四，缺乏连贯性和有序性。章节、页面、段落、句子之间的衔接不自然。比如，上一段在讲产品的功能和特点，下一段突然就开始说产品的市场推广策略，中间没有任何过渡性的语句来表明两者之间的联系，使报告读起来很生硬。

1.5.3　没重点

汇报型 PPT 承载着大量的数据和文字等重要信息，这些信息通常不能随意删减。

然而，许多人习惯性地将 Word 文档中的文字直接复制到 PPT 中，从而导致 PPT 缺乏重点。当 PPT 缺乏重点时，可能会让观众感到困惑，难以理解核心内容和关键信息。

具体问题主要体现在以下 3 个方面。

首先，内容堆砌。在制作 PPT 时，将大量未经筛选的信息全部放入页面，试图涵盖所有相关的内容，而没有对这些内容进行提炼和整理。例如，在一个关于市场调研报告的 PPT 中，把收集到的所有数据、调查问卷的每一个问题及答案、各种市场案例等全部罗列在页面上，使得页面信息过载，观众无法快速分辨出重点内容。

其次，缺乏层次结构。PPT 的页面布局和内容组织没有清晰的逻辑层次结构。各板块之间的顺序随意，没有按照重要性、因果关系或时间顺序等进行排列。例如，在介绍一个项目时，一会儿讲项目的最终成果，一会儿又跳回项目的起始背景，然后又穿插项目过程中的某个小细节，这种混乱的结构让观众难以把握重点内容的脉络。

最后，设计元素会分散注意力。过度使用复杂的图表、绚丽的色彩、繁多的动画效果等设计元素，这些元素反而掩盖了内容的重点。例如，使用了一个设计极为复杂、颜色过于鲜艳且数据标记不清晰的图表，观众的注意力被图表的外观吸引，难以关注到图表想要传达的数据重点；或者在页面上使用过多的动画效果，如文字逐字飞入、图片旋转闪烁等，而忽略了页面实际要表达的核心信息。

1.5.4 没高度或没格局

当 PPT 的内容呈现出“没高度或没格局”的问题时，往往难以给领导或客户留下深刻且有价值的印象，也难以在特定的向上汇报或方案介绍等情境中发挥有效作用。这类问题通常源于以下几个方面。

第一，视角局限于细节。在构思 PPT 时，过度聚焦于具体的事务性内容或微观数据，而缺乏对整体局势、宏观趋势和长远影响的考量与呈现。例如，在一份企业市场战略 PPT 中，通篇只罗列近期各个地区的销售数据、促销活动细节和个别客户的反馈，却未从行业发展趋势、市场竞争格局演变，以及企业未来战略布局的高度去分析这些数据背后的意义，使得 PPT 内容显得琐碎而缺乏深度。再如，某行政人员在制作汇报型 PPT 时详细描述了办公用品采购的每一个步骤、与供应商的每一次沟通，但没有提及采购效率提升对公司整体运营成本和工作效率的影响。

第二，缺乏战略思维整合。未能将零散的信息和观点进行有效的战略思维整合，以形成具有系统性、前瞻性和指导性的内容框架。比如，在一个项目规划 PPT 中，只是简单地介绍了项目的各个任务模块、时间节点和人员分工，而没有站在项目整体价值、对组织战略目标的贡献，以及在市场环境中的独特定位等高度去阐述项目的意义和预期成果，导致 PPT 给人一种机械地执行任务清单的感觉，而非具有战略眼光的规划蓝图。

第三，未体现公司战略目标。没有将所阐述的主题与公司的战略目标、领导的关注点、业务价值等联系起来。例如，公司的战略方向是向高端市场转型，但员工在汇报日常生产工作时，仍只关注产品的产量，而不提及产品质量提升和品牌形象塑造方面的工作，这是因为他们没有理解公司战略方向对自身工作的新要求。

第四，语言表达平实无升华。文字表述较为直白、平铺直叙，缺乏能够提升高度和格局的商业词汇、语句以及修辞手法的运用。比如“抄袭、参考、学习、借鉴”等词语就比较普通，而“对标”一词就显得“高大上”。因为对标主要是指企业或组织为了提升自身的产品、服务、管理水平等，将自己与同行业内的优秀企业、标杆企业或者竞争对手进行对比分析，找出差距和不足，学习对方的先进经验，从而改进自身的一种活动，它更强调有针对性地比较和学习。

1.5.5　重形式

在制作 PPT 时，一些人过于注重形式，将大量时间和精力投入到排版、图片选择、模板应用和配色等外在元素上。虽然 PPT 的“颜值”确实重要，但对于汇报型 PPT 而言，内容的深度和价值更为关键。毕竟，真正能打动领导或客户的是 PPT 的核心内容、内在逻辑和深刻见解，而非仅仅是外在的装饰。然而，许多职场人士却常常忽视这一点，本末倒置，过度关注 PPT 的形式，甚至沉迷于使用无关紧要的图片来掩盖内容的空洞。具体表现在以下几方面。

第一，内容被忽视。当 PPT 被过度美化时，华丽的视觉元素会分散观众的注意力，导致他们难以聚焦于核心内容。例如，过多的动画效果，如页面元素频繁地闪烁、旋转或跳跃式地出现，会使观众的目光在这些动态效果上徘徊，而错过重要的文字信息或数据图表。

第二，制作效率问题。过度关注美化会花费大量时间在 PPT 设计细节上，如寻找完美的图片、调整复杂的图形效果、精心设计每一个动画过渡等。这会导致 PPT 的制作周期延长，对于一些有时间限制的任务，如紧急的工作汇报或临时的项目提案，可能会影响整个工作的进度。

第三，风格与主题不符。过度美化可能会使 PPT 的风格与主题或场合不匹配。例如，在一个严肃的商务会议上，使用带有卡通形象、过于活泼的色彩和夸张字体的 PPT，会给人一种不专业的感觉，让观众对演讲者或展示内容产生误解，认为演讲者没有认真对待这种场合或者内容缺乏深度。如果 PPT 的美化风格与主题不协调，就会降低内容的可信度。比如，在一份科学研究报告的 PPT 中，若采用了过于花哨的设计，如闪亮的背景和艺术字标题等，则可能会让观众质疑研究的严谨性和专业性，从而影响他们对报告内容的信任程度。

第四，可维护性和可拓展性差。被过度美化的 PPT 往往包含大量复杂的设计元素，如自定义的图形、嵌入的特殊字体、独特的动画组合等。另外，当需要对内容进行修改或更新时，这些复杂的元素也会增加修改的难度。例如，想要增加或者删减一个模块内容，但由于其与周围的装饰性图形有复杂的排版关系，可能需要重新调整整个页面的布局。

1.5.6 套模板

很多人一想到写 PPT，第一时间就去网上找各种模板。虽然使用 PPT 模板可以节省时间和精力，但过度依赖模板可能会带来一些问题。

首先，过度依赖模板会阻碍能力提升。长期依赖模板可能会让使用者形成固定的思维模式，缺乏自主设计和创新的能力。他们可能不再去思考如何根据内容和受众来设计独特的页面布局、选择合适的色彩和图形元素，而是习惯性地套用模板中的既有设计。例如，在面对一个需要突破常规的创意主题时，习惯套用模板的人可能会感到束手无策。

其次，忽视内容与设计的有机融合。过度关注模板可能会导致使用者忽视内容和设计的有机融合。模板的设计通常基于通用的主题或场景，可能无法完全契合特定的内容需求。他们可能只是机械地将内容填充到模板中，而不考虑如何通过设计来更好地突出内容的重点、体现内容的逻辑关系。这样制作出来的 PPT 虽然外观上可能符合模板的标准，但在信息传递效果上可能大打折扣。

最后，同质化严重。模板是被广泛使用的，套用模板可能会导致 PPT 在外观上与其他许多使用相同模板的 PPT 相似。在一些竞争激烈的场合，例如项目投标或创意提案中，PPT 的同质化现象尤为突出。这种同质化可能会使你的 PPT 难以脱颖而出。

1.6 通过案例认识 PPT 的常见做法：某公司培训业务发展规划

汇报型报告如何通过 PPT 进行有效呈现？接下来我们以某公司培训业务发展规划案例为例，详细解读常见的几种做法。

1.6.1 案例说明

某公司培训负责人结合公司的业务发展对培训业务进行未来的发展规划。假设Word文字已经写好，用一页PPT如何呈现下面这段规划材料呢？

> T0~T1年：建立各项培训管理制度，设置专职培训管理队伍，开展培训工作。
>
> T1~T2年：开展“三库”建设，尝试教材开发工作；积累培训资源；探索建立培训体系，提升培训管理队伍。
>
> T2~T3年：不断完善培训体系，搭建基于能力的培训管理平台，形成系统化、职业化的培训体系，提升整体的培训能力。

1.6.2 常见做法1：金字塔结构呈现

金字塔结构确实体现了一种递进关系，但其递进关系具有两个显著特点：一是呈现出从宽到窄的逐渐收窄过程；二是存在极限、极值或天花板。例如，马斯洛需求层次理论，其最高价值是实现自我价值，这就是一个典型的金字塔结构，有明确的层级和极限。

然而，该案例使用金字塔结构存在明显不妥。

首先，从规划材料来看，其内容并无极限或极值。如果存在极限，那么在T3年之后便无须再进行培训，但实际情况并非如此，这说明金字塔结构的“有极限”这一特点与该案例不符。

然后，时间是该案例的底层逻辑，它呈现的是时间的递进关系，而非金字塔式的层级递进关系，并且时间也不是该案例最核心的信息，将时间作为金字塔结构的底层要素是不合适的。

最后，右边的文字信息过于冗长，若不提炼出重点，那么领导或观众将难以快速抓住核心内容，如图1-3所示。

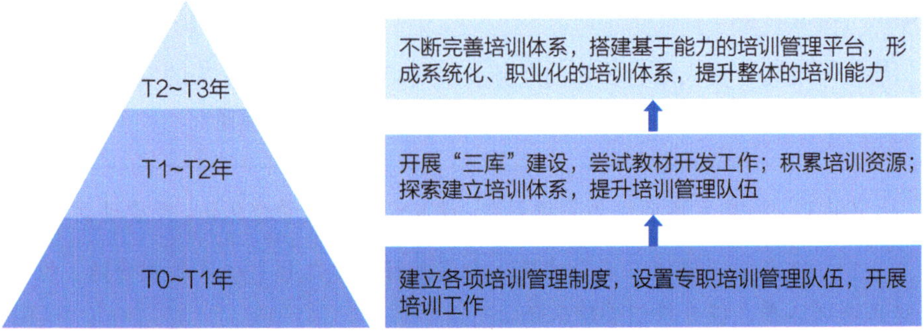

图 1-3

1.6.3 常见做法 2：乱用模板

第 2 种常见的做法是先选用一个漂亮的模板，该模板包含 3 大板块，再直接套用。例如，如图 1-4 所示的这个模板，各板块之间是并列关系，但案例的底层逻辑却是时间递进关系。如果强行套用这种模板，就会出现“牛头不对马嘴”的情况。

这个案例有一个亮点，那就是对每个阶段的详细工作内容进行了提炼总结。这样做的好处是能让领导或观众一眼就能看到重点内容。

在本书后面的章节中，我们会介绍如何从内容的底层逻辑到 PPT 呈现逻辑，再到最后的 PPT 汇报演讲逻辑。我们必须把这 3 大逻辑打通，使其一脉相承，否则，就会出现乱用模板、内容逻辑与呈现逻辑不一致、逻辑混乱等情况。

图 1-4

1.6.4　常见做法 3：时间轴

第 3 种常见的做法是首先绘制一条时间轴（无论是横向时间轴还是纵向时间轴），接着将每个阶段的详细内容放置在相应的时间节点上。从逻辑角度来看，时间轴能够很好地体现时间的递进关系，如图 1-5 所示。然而，单纯的时间轴在表达内容的内涵上相对较为单一。在此，希望读者能进一步深入思考：假如你是该培训项目的负责人，将规划内容简单地放在时间轴上，这是你最想向领导传达的核心要点吗？是否还有其他更具深度和价值的内涵是你想要向领导展示的呢？

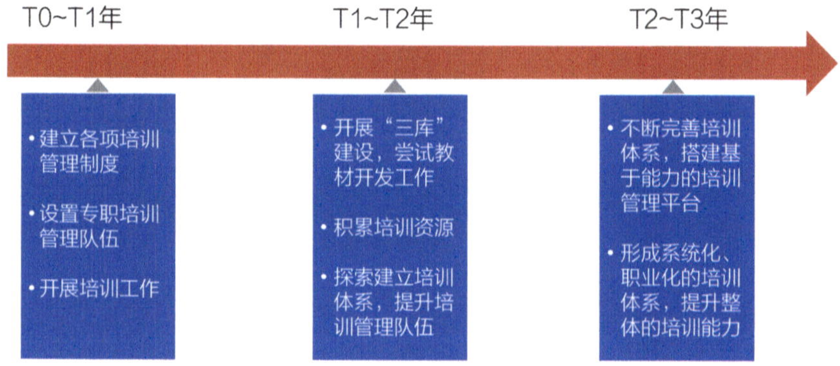

图 1-5

1.6.5　常见做法 4：时间轴变体

第 4 种常见的做法是在时间轴上做一些变体，例如，用波浪式的时间轴，配上 3 个矢量图标，如图 1-6 所示。它的本质还是时间轴，无非就是在形式上更加花哨。

图 1-6

1.6.6 常见做法 5：向上箭头

第 5 种常见的做法是套用 PPT 自带的智能图形（在 Office 软件中叫 SmartArt，在 WPS 软件中叫智能图形）。SmartArt 图形是信息和观点的视觉表示形式，可以通过从多种不同布局中进行选择来创建 SmartArt 图形，从而快速、轻松、有效地传达信息，如图 1-7 所示。

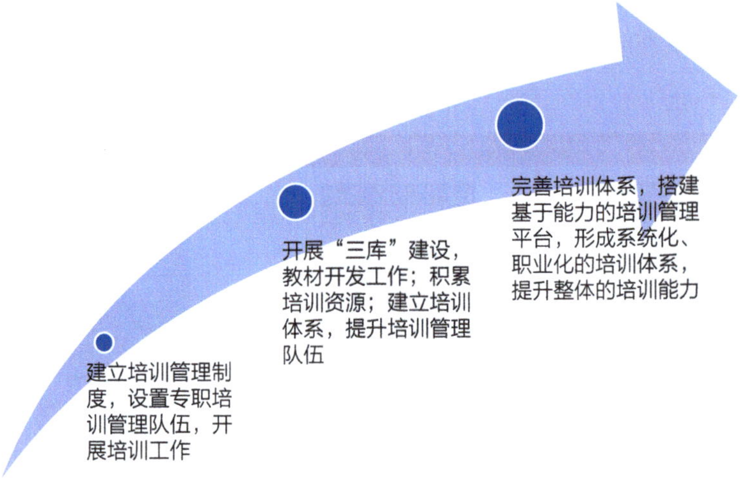

图 1-7

在智能图形中，有一个箭头向上的图形，它可用于显示任务、流程或工作流中趋势向上的行进或步骤。

“向上箭头”的呈现会比纯粹的时间轴更好，因为它体现了“不断迭代、升级、优化”的思想内涵。

1.6.7 常见做法 6：阶梯式

在“向上箭头”图形的基础上做变体，用阶梯式来区分每个阶段，把文字内容放在对应的时间段上，同时配一些矢量图标，如图 1-8 所示。

相信大部分读者都认可阶梯式呈现效果会比“向上箭头”呈现效果更好。因为它表现出来的“迭代、升级、优化”的内涵会更加形象。

该案例有两点不足。首先，矢量图标其实没有多大意义，不要用无用的图标来衬托空虚的内涵；其次，每一个阶段都没有提炼重点内容。

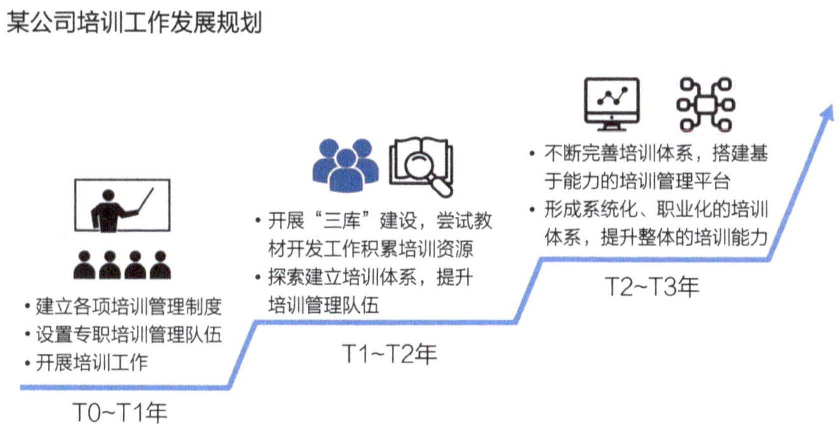

图 1-8

1.6.8　常见做法 7：参考建议做法

在阶梯式图形的基础上，将其转变为双坐标轴图形，其中横轴表示时间，纵轴表示能力。同时，对每一阶段进行核心重点的概括，并将这些重点内容置于图形之中，使 3 个图形呈现出阶梯式向上的排版布局。如图 1-9 所示，这种呈现方式具有以下几个显著优势。

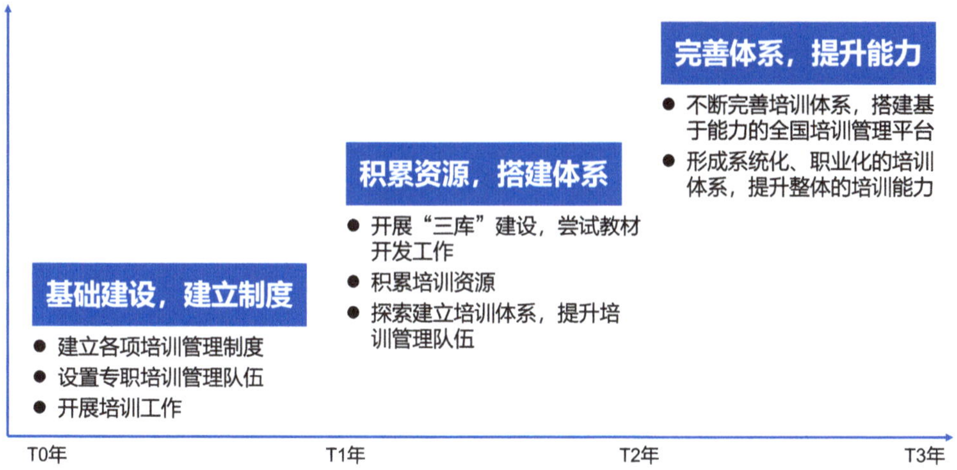

图 1-9

第一，它能让观众快速捕捉到重点内容，而这些重点内容正是从详细信息中提炼而来的。

第二，逻辑清晰明了，无论谁看到这页 PPT，都能准确理解其逻辑，不存在任何歧义。

第三，通过双坐标轴和阶梯式图形，形象地展现了“时间递进关系”，以及“迭代、升级、优化”的思想内涵。

第四，排版专业规范，颜色、字体和图形均保持统一。

1.7 汇报型 PPT 的 4 大核心要素

通过上述规划案例的 7 种常见做法，我们总结了汇报型 PPT 的 4 大核心要素，具体包括 Point、Power、Logic 和 Professional。接下来对每个要素进行详细说明。

1.7.1 重点突出：Point

汇报型 PPT 的一大特点就是文字多，有时候这些文字还不便删除。有些读者可能会问：不是说 PPT 文字要少吗？ Less is more（少即是多）吗？这个疑问是有前提的。比如前面提到的说服提高薪酬和人力资源管理改进建议案例，如果采用简约原则（Less is more），公司领导怎么信服？领导会不会质问：“凭什么说我们公司薪酬水平低，是基于什么推理过程得出的结论？”因此汇报型 PPT 的文字多是有原因的，具体有以下两点。

- 上级需要详细信息：上级领导通常需要了解项目或工作的全貌，包括背景、具体执行过程、遇到的问题、解决方案等诸多细节。例如，在一个大型项目的汇报 PPT 中，需要详细阐述项目的目标是如何设定的，前期市场调研的具体数据和分析结论是什么，执行过程中的每一个关键节点的情况等。如果只用简单的图表和少量文字，则可能无法完整地传达这些复杂的信息。
- 决策依据的要求：领导在做决策时，需要基于充分的信息。较多的文字能够提供丰富的内容作为决策参考。比如，在汇报一个新产品研发的情况时，除了展示产品的基本性能参数（可以用图表展示），还需要通过文字详细说明研发过程中的技术难点是如何攻克的、目前产品在市场同类产品中的竞争优势分析等内容，这些文字信息有助于领导判断产品是否值得继续投入资源进行推广或改进。

汇报型 PPT 既要有详细内容，又要在此基础上进行有重点的概括。如果文字内容没有进行重点提炼，那么用 PPT 汇报时就一定没有重点。但是现实中的很多人是直接把 Word 内容“搬”到 PPT 中，最终导致 PPT 没有重点。

其实汇报型 PPT 的文字多并没有错，错的是没有提炼和高度总结。因此，针对密密麻麻的文字，PPT 制作者需要高度提炼核心观点，以便让观众快速捕捉并理解这些观点。本书第 3 章会重点介绍提炼观点的方法及技巧。

1.7.2 表达形象：Power

汇报型 PPT 的表达要形象且强有力，即 Power！形象并非特指 PPT 外在形式上的震撼力和冲击力，而是指内在的逻辑力、说服力、呈现力、表达力。我们需要多思考如何在 PPT 中借助逻辑图形，把隐藏在背后的逻辑清晰、形象地呈现出来，实现“逻辑”和“图形”的合一，达到“一图胜千言”的效果，让 PPT 自己会“说话”。

每一家外资咨询公司基本上都有自家一套大而全的逻辑图形大全，这些逻辑图形大全基本上把常见的一些通用逻辑概念图形都进行了总结。本书的第 4 章会重点介绍形象化表达的方法及技巧，以及常见的逻辑图形大全。

1.7.3 逻辑清晰：Logic

PPT 形象的背后是逻辑，而逻辑的背后其实是内容的结构解析，是对内容与内容之间关系的梳理结果。一份完整的 PPT 不仅整体的逻辑要清晰，而且每一页 PPT 内容的呈现也应逻辑分明。

在一页 PPT 中，内容与内容之间必然存在某种逻辑关系，这种逻辑关系需要通过逻辑图形清晰地表达出来。通过逻辑的梳理与呈现，一方面便于观众清晰明了地了解 PPT 的呈现内容和演讲者的演讲内容，另一方面也便于演讲者组织演讲的逻辑语言。

如何在 PPT 中呈现清晰的逻辑关系，是本书的核心内容。本书第 2 章和第 4 章都将涉及如何构思有逻辑的报告提纲、解构 PPT 内容逻辑关系的方法与技巧，以及呈现逻辑关系的方法与技巧。

1.7.4 展示专业：Professional

汇报型 PPT 的展示要专业。商业 PPT 追求的是专业形象，而非酷炫、花哨。正如职业正装才是职场的主流着装，而非时尚服装。许多人认为 PPT 应该漂亮、好看，这种观点是有前提的。如果是营销类 PPT，那么这种 PPT 在形式上必须好看。然而，如果是汇报型 PPT，形式好看只是锦上添花，内容的逻辑清晰才是关键。当然，在逻辑清晰合理的情况下，追求形式上的好看是值得推崇的。但现实情况是，大部分人的 PPT 内容逻辑混乱，却把过多的时间和精力放在形式上。

汇报型 PPT 追求专业，目的是简化形式，从而腾出更多时间和精力聚焦在内容上。咨询公司的 PPT 相对比较简洁，通常采用冷色调，以蓝色调居多，白色底也较为常见。大部分咨询公司都有各自的配色规范要求，总体上风格简洁。由于大部分咨询顾问并非专业设计师，因此他们通常会严格遵守公司的标准规范。

第2章 构思：如何构思有逻辑的PPT提纲

本章将阐述构思 PPT 提纲的方法和技巧，以及常见 PPT 类型的思路和大纲。

在撰写 PPT 时，构思的重要性不言而喻。它不仅是写作的起点，更是确保 PPT 质量的关键环节。

第一，构思可以明确方向，避免盲目写作。在构思阶段，需要明确 PPT 的目的和核心问题。这就像航海中的指南针，帮助你在写作过程中始终保持正确的方向，避免偏离主题。通过构思，你可以确定 PPT 的重点内容和关键信息，避免在无关紧要的细节上浪费时间，从而提高写作效率。

第二，构思可以优化结构，增强逻辑性和说服力。构思阶段可以帮助你提前规划 PPT 结构，包括引言、主体和结论等部分。合理的结构能让读者更容易理解报告的内容。在构思过程中，可以梳理各部分内容之间的逻辑关系，确保 PPT 从一个观点自然过渡到另一个观点，从而增强整体的连贯性。此外，在构思阶段还可以提前梳理 PPT 的论点和论据，确保论点清晰、论据充分，从而增强 PPT 的说服力。通过构思，你还可以更好地了解受众的需求和背景，使 PPT 的内容更具针对性，更容易打动读者。

第三，构思可以提升内容质量，确保重点突出。在构思阶段，可以对收集到的资料进行初步筛选，剔除无关或重复的信息，保留最有价值的部分。通过构思，你可以确定哪些内容是 PPT 的核心，哪些是辅助说明，从而在写作中合理分配篇幅，突出重点。

第四，构思可以节省时间和精力。如果没有经过充分的构思，在写作过程中可能会频繁修改结构或内容，甚至推倒重来。而构思阶段的规划可以减少这种不必要的返工，节省时间和精力。此外，构思清晰后，写作时可以更有条理地展开，避免中途“卡壳”或思路混乱，从而提高写作效率。

第五，构思有助于团队协作。如果 PPT 是由团队协作完成的，那么构思阶段可以统一团队成员的思路，明确各自的分工和责任，避免重复劳动或出现方向不一致的问题。构思还可以帮助团队提前规划进度，合理分配时间和资源，确保 PPT 按时完成。

总之，构思是 PPT 写作的“蓝图”，它为整个写作过程提供了清晰的指导。通过充分的构思，可以明确目标、优化结构、提升内容质量、节省时间和精力，最终写出一份高质量、有说服力的 PPT。

2.1 构思提纲的方法论

构思 PPT 提纲是撰写 PPT 报告的重要步骤，它能帮助你组织思路、明确结构，确保其内容条理清晰、逻辑严密。一个清晰的大纲是确保内容条理分明、逻辑严谨的基础。因此在动手写 PPT 之前，一定要提前构思其提纲，然后动手写每一页 PPT 的内容。如图 2-1 所示为构思 PPT 提纲的 5 个步骤，每一步的关键要素如表 2-1 所示。

图 2-1

表 2-1

步骤	关键要素	思考点
1. 明确 PPT 的目的	主要目标	
	提交 PPT 的截止日期	
	汇报时长	
2. 明确汇报对象	关注点	
	需求、期望点	
	专业知识水平、阅读习惯、决策影响力等	
3. 收集并分析资料	现有资料（Word、PPT、Excel）	
	待收集资料	
4. 构思提纲（人机协同）	标题	
	一级目录	
	二级目录	
	重点章节内容与目的是否匹配	
5. 完善并优化提纲	优化标题	
	优化目录	

2.1.1 明确 PPT 的目的

明确 PPT 的目的是撰写 PPT 的首要步骤，它决定了 PPT 的整体方向、内容和重点。确定 PPT 的主要目标是什么，比如是汇报工作进展、分析问题、提出建议还是总结成果。以下总结了常见的 PPT 的目的。

1. 信息传递

工作进展汇报。让上级及时了解工作的推进情况，包括已完成的任务、正在进行的工作，以及下一步计划等。例如，项目团队定期向上级汇报项目进度，使上级清楚项目是否按计划进行，是否需要进行资源调配或调整计划。

问题反馈。当遇到问题或困难时，相关人员向上级汇报以寻求解决方案和支持。比如，员工在执行任务的过程中发现技术难题，向上级汇报后，上级可以协调技术专家或提供其他资源来帮助解决。

成果展示。向上级展示工作成果，证明自己的工作价值和能力，同时也为团队争取认可和奖励。如部门完成了一次重要的营销活动，通过汇报活动的成果，如销售额的增长、品牌知名度的提升等，让上级看到团队的努力和贡献。

2. 争取资源与支持

人、财、物资源支持。通过汇报，可以让上级了解工作的资源需求，从而争取到更多的资源投入。例如，一个研发部门在汇报工作时提出需要引进新的设备和招聘更多的研发人员，以便加快项目进度和提高产品质量，上级根据汇报的情况决定是否批准资源申请。

政策支持。使上级了解工作中需要政策层面的支持和协调，从而推动工作的顺利开展。比如，企业在一个新的地区开展业务时，需要当地政府部门的政策扶持，相关部门可以通过向上级汇报，由上级出面与政府部门沟通、协调，争取有利的政策环境。

跨部门协作支持。当工作涉及多个部门时，向上级汇报有助于上级协调各部门之间的关系，促进工作的协同推进。例如，一个大型项目的实施需要研发、生产、销售等多个部门的配合，各部门定期向上级汇报工作进展情况和存在的问题，上级可以进行有效的协调，确保各部门之间的工作衔接顺畅。

组织资源整合支持。上级可以根据各部门的汇报情况，对组织的资源进行整合和优化配置，从而提高资源利用效率。比如，通过了解各部门的工作需求和资源使用情况，上级可以将闲置的设备调配给需要的部门，实现资源的共享和优化。

3. 寻求指导与决策

工作方向与策略的指导。在工作面临重大决策或方向调整时，向上级汇报以获取指导和建议，确保工作符合组织的整体战略和目标。例如，企业在开拓新市场时，市场部门需要向上级汇报市场调研结果和初步的市场进入策略，上级可根据企业的整体战略和资源状况，对策略进行调整和完善。

重大问题决策。对于一些复杂的问题，需要通过上级的决策来确定解决方案。如企业面临重大危机时，各部门将危机情况和应对方案向上级汇报，由上级综合考虑各方面因素并做出最终决策。

4. 维护关系与形象

上下级关系维护。定期向上级汇报工作，可以加强上下级之间的沟通和交流，增进彼此的了解和信任，维护良好的上下级关系。例如，员工主动向上级汇报工作中的困难和想法，上级会感受到员工的积极态度，从而更加关注和支持员工的工作。

个人形象和团队形象塑造。通过汇报，可以展示自己和团队的专业素养、工作能力和积极态度，从而塑造良好的个人形象和团队形象。如团队在汇报中展现出高效的工作流程、创新的思维和优秀的团队协作精神，会给上级留下良好的印象，从而有利于团队的发展和个人的职业晋升。

案例解读：某集团公司的“一把手”要在8月去某下属二级公司视察，二级公司的领导为了迎接“一把手”的到来，准备了一份30多页的PPT，其PPT的核心内容都是在介绍过往取得的成绩，只有最后一页才轻描淡写地阐述了下半年的工作计划。各位读者思考一下，这份PPT在构思上会有什么问题？首先，8月应该开完了集团的半年度会议，因此集团领导对整个集团的业绩已经比较清楚了。其次，集团领导去二级公司视察，他是想听二级公司的业绩介绍，还是更想听二级公司下半年如何按质按量完成目标呢？显然是后者。因此，上述PPT在构思上就偏离了方向。

明确PPT的目的后，还要确定其使用场景和提交的截止日期，从而根据汇报时长和汇报场景的要求，调整PPT的内容和形式，尤其是当下属为领导写PPT时，更需要明确提交的截止日期，在收到任务时一定要及时问清楚什么时候要初稿、什么时候要终稿、什么时候开会使用。另外，汇报时长会决定PPT的颗粒度和篇幅。假如只有10分钟的汇报时长，你却写了几十页PPT，PPT内容太细，导致汇报时切换PPT的时间可能不够。相反，假如领导安排了30分钟的汇报时长，你却只写了几页PPT，PPT内容太粗糙，给领导的第一印象就是不太重视该汇报工作。因此汇报场景和汇报时长都会影响构思PPT的颗粒度。

2.1.2 明确PPT的汇报对象

PPT的受众通常既有公司内部的人，也有公司以外的人。比如，内部受众包括公司高层、部门经理、团队成员等，在构思PPT时，需要了解内部受众在组织中的角色，以及他们对 PPT 内容的期望和需求。外部受众则包括客户、合作伙伴、供应商、投资者、监管机构等，在构思报告时，需要分析他们的行业背景、专业知识水平、利益诉求等，以便更好地满足他们的期望和需求。

技巧 1：了解受众需求

如果可能，则建议与受众进行直接沟通，了解他们对 PPT 内容的期望、关注点以及希望从中获得的信息。此外，可以回顾过去类似 PPT 的受众反馈，了解他们的喜好和不满之处，以便在撰写新 PPT 时进行相应的调整。

技巧 2：分析受众特点

分析受众对 PPT 主题的了解程度，以便调整 PPT 的深度和复杂性。分析受众的阅读偏好和领导风格，例如，他们喜欢简洁明了的文字还是详细深入的分析。一般来说，强管控型的领导会关注细节，PPT 颗粒度的要求会偏细；而充分授权型的领导喜欢抓大方向，PPT 颗粒度的要求相对偏粗。因此，要充分评估受众的特点及其在决策过程中的作用，以便确定 PPT 的重点和颗粒度。

特别注意，不同层级的报告受众（如高管、部门、全员）的侧重点会不同，例如，战略层侧重于业务影响和业务价值，而执行层则强调实操指南。

技巧 3：检查 PPT 的目的与受众需求的匹配度

回顾 PPT 的目的，确保它与受众的需求和期望相匹配。根据受众的特点和需求，调整 PPT 的内容、结构、语言和风格。确保 PPT 内容紧密围绕受众的关注点，从而提供有价值的信息和建议。

2.1.3　收集并分析资料

根据 PPT 的目的，收集内部和外部相关的数据、案例、成果等。同时，对收集到的内外部资料进行整理、分类、分析和提炼，提取出关键信息和核心观点。

在现实中，大部分 PPT 的内部素材都存储在我们的大脑中，并且领导也不会给予太多时间让下属去收集信息资料。因此，收集和分析资料其实就是盘点大脑中的一些初步想法和思路，或者盘点过往写过的 PPT 中可以重复利用的内容。

常见的外部素材信息包括：宏观经济与政策信息、行业研究信息、市场竞争对手相关信息、消费者洞察信息、技术发展信息、政策法规趋势信息等。这些资料能够帮助企业更好地了解市场环境、行业动态、竞争对手等情况，从而为决策提供支持。

总之，在撰写 PPT 时，应充分利用外部信息资料，结合内部数据进行综合分析，以确保 PPT 的全面性和准确性。

2.1.4 构思提纲（人机协同）

在企业管理中，常见的 PPT 类型多种多样，每种 PPT 都有其特定的目的和用途。在构思提纲时，需要结合不同类型的 PPT 来展开其框架结构。

目前的 AI 工具在构思提纲方面提供了强大的支持，能够帮助用户快速梳理思路，生成结构清晰、系统且全面的提纲，并提供创意灵感。以下是在借助 AI 工具构思提纲时的两个小技巧。

技巧 1：提示词技巧

> 我是一名（行业）的（岗位、角色），帮忙构思一份（报告类型）的思路大纲。

其中，行业是指对从事国民经济生产和经营的单位或者个体的组织结构体系的详细划分，如林业、汽车业、银行业等。通过行业的限定来约束报告构思的方向，因为不同行业有不同的属性特征。

岗位是组织为完成某项特定任务而设立的工作职位，它是为了实现组织的业务目标，根据工作的性质、任务轻重、责任大小、所需资格条件等因素划分的工作单元，如人力资源管理有招聘、培训、薪酬、绩效、福利等岗位，不同岗位有不同的工作职责划分。角色是指个体在组织中所扮演的身份，它规定了个体在组织行为中的期望行为模式。角色更多地体现了一种社会和组织期望中的行为规范与职责。例如，在一个项目团队中，“项目经理”这个角色需要负责项目的整体规划、进度控制、团队协调等工作。即使一个人同时担任多个岗位，他在不同的情境下也可能扮演不同的角色。

企业 PPT 的种类非常多，在不同的行业、不同的企业规模和管理模式下，PPT 的分类和内容会有所不同。但有一些核心的 PPT 类型是大多数企业都会涉及的，比如财务报告、运营报告、市场报告和战略报告。企业管理中最常见的三大类 PPT 包括：总结分析类、方案规划类、其他类，如图 2-2 所示。

总结分析类

- 经营分析报告
- 年度总结报告
- 季度总结报告
- 月度总结报告
- 项目总结报告

……

方案规划类

- 战略规划报告
- 业务规划报告
- 项目立项书
- 项目建议书
- 售前解决方案

……

其他类

- 述职竞聘报告
- 行业研究报告
- 行业分析报告

……

图 2-2

技巧 2：多种 AI 工具混合使用

> DeepSeek、豆包、Kimi、智谱清言、讯飞星火、文心一言、ChatGPT、WPS AI……

目前，国内外主流 AI 工具在 PPT 构思方面的能力、特点以及适用场景存在一定差异。使用相同的提示词，不同的 AI 工具可能会产生不同的结果。因此，建议读者多尝试几种 AI 工具，结合各工具生成的思路大纲，整合它们的优势，从而形成最终的 PPT 思路大纲。

2.1.5　完善并优化提纲

利用 AI 工具生成的 PPT 提纲虽然具有高效、便捷等优点，但也存在一些明显的不足。以下是用 AI 工具生成 PPT 提纲时常见的两大不足。

- 内容缺乏深度和创新性。AI 工具生成的 PPT 提纲往往基于已有的数据和模式，缺乏深度思考和创新见解。虽然可以快速生成结构化的提纲，但在逻辑深度和内容创新方面可能存在不足。
- 缺乏个性化。AI 工具生成的提纲通常基于通用模板和大量数据训练，难以完全符合用户的个性化需求和研究方向。在某些情况下，AI 工具生成的提纲可能缺乏独特性。

读者可以借助 AI 工具生成提纲，但 AI 工具只是辅助工具，而非替代品。切记不能完全依赖 AI 工具，一定要有独立思考和创新思考的能力，否则大脑也会退化。以下是借助 AI 工具构思之后需要做的几个建议及技巧。

技巧 1：检查逻辑连贯性

检查 PPT 的整体逻辑，确保提纲各部分之间的逻辑关系清晰、连贯。如果发现部分内容的顺序不合理或逻辑不连贯，就应该及时调整。

技巧 2：检查内容完整性

检查提纲内容的完整性，确保提纲覆盖 PPT 的所有关键点和细节。如果有遗漏的内容或需要补充的地方，就应及时补充完善；如果发现重叠的内容，则需要合并归类。

技巧 3：按需调整提纲

根据观众的需求和要求，调整提纲的结构、内容颗粒度、内容比重、新增或者删减内容等。如果发现新的信息或观点，则需要及时调整提纲以适应新的内容。

技巧 4：完善主标题及目录

完善和优化 PPT 的主标题以及 PPT 的目录结构。后续章节将重点阐述完善并优化报告的标题，以及优化目录结构的方法与技巧。

总之，AI 工具生成的 PPT 提纲虽然能快速提供结构化的框架，但在内容深度、个性化、专业性、逻辑连贯性等方面存在不足。读者需要合理利用 AI 工具的优势，同时弥补其缺点，以生成高质量的报告。

2.2 PPT 标题优化的技巧

PPT 的标题应是报告内容的概括，能准确且清晰地反映报告的主题、目的或主要内容。然而，在现实中，许多报告的标题却过于笼统和模糊，未能与报告的核心内容紧密相关联。例如，“某公司 2025 年度市场分析报告”“某公司降本增效方案”“某公司人才培养方案”“某部门年度总结报告”等类似的标题，均未充分概括报告的核心观点。

好的标题应该符合以下要求。

- 简洁明了：标题应简短有力，避免冗长和复杂的表述。
- 准确具体：确保标题能够准确反映报告的核心内容和目的。
- 吸引眼球：使用适当的修辞手法或关键词，使标题更具吸引力。
- 避免歧义：确保标题的表述清晰，不会引起误解或歧义。

一个标题若要符合以上要求，就需要对其进行提炼和优化。优化标题的方法有很多，目前 AI 工具为我们提供了非常好的思路和方法。因此，读者在写完报告的标题后，既可借助 AI 工具提供的方法来优化标题，也可直接让 AI 工具进行完善和优化。

技巧 1：借助 AI 工具拓展标题优化方法的提示词技巧

> 请提供至少 10 种报告标题优化的方法及案例示范

建议使用多种 AI 工具进行对话，且每一种 AI 工具都提供 10 个标题优化的方法和技巧及案例示范，也可尝试对同一种 AI 工具进行多次提问，直到得到满意答案为止。读者可结合自己的报告，选择适合自己的优化方法进行优化。以下是 DeepSeek 根据上述提示词提供的 10 种标题优化的方法。

方法 1：数据量化法

原理：用具体数字增强可信度，突出成果规模或效率提升。

原标题：《年度销售培训总结》。

优化后：《覆盖 1500+ 销售人员的实战赋能：2024 年人均业绩提升 23% 的培训路径拆解》。

方法 2：痛点解决法

原理：前置业务痛点，暗示报告解决方案的价值。

原标题：《新员工入职培训报告》。

优化后：《破解 90 后员工流失难题：2024 年沉浸式入职培养体系实证分析》

方法 3：趋势关联法

原理：把握行业热点趋势，提升报告前瞻性。

原标题：《年度技术培训总结》。

优化后：《AI 浪潮下的组织进化：2024 年 AI 全员渗透培训行动白皮书》。

方法 4：价值承诺法

原理：明确标注报告对读者的实用价值。

原标题：《市场部年度培训报告》。

优化后：《从策略到执行的闭环指南：2024 年市场部培训报告》。

方法 5：动词驱动法

原理：使用动作性词汇增强标题感染力。

原标题：《领导力发展项目总结》。

优化后：《重塑管理者基因：2024 年高管团队战略领导力跃迁》。

方法 6：对比冲突法

原理：制造认知冲突点和反差，体现变化，从而引发阅读兴趣。

原标题：《某公司降本增效报告》。

优化后：《从成本中心到利润引擎：运营体系重构方法论》。

方法 7：场景具象法

原理：用具体场景描述替代抽象概念。

原标题：《跨部门协作培训报告》。

优化后：《打破部门墙：基于真实业务场景的协作沙盘推演全解析》。

方法 8：隐喻象征法

原理：通过形象比喻，降低专业内容的理解门槛。

原标题：《年度培训体系升级报告》。

优化后：《搭建组织学习的“高速公路”：2024 年敏捷化培训重构工程》。

方法 9：悬念设置法

原理：通过提问或留白等方式引发好奇心。

原标题：《数字化转型方案》。

优化后：《传统业务如何实现 30% 的效能跃升？——AI 转型全景路线图》。

方法 10：成果符号法

原理：将成果转化为可感知的符号标识。

原标题：《产品经理培训项目总结》。

优化后：《从“青铜”到“王者”：2024 年产品经理能力认证体系培训复盘》。

技巧 2：用 AI 工具直接优化报告标题的提示词技巧

> 我是一名（岗位、角色），正在写一份（报告类型），请帮忙优化一下报告的标题。

例如，输入“我是一名培训负责人，正在写一份年度总结报告，请帮忙优化一下报告的标题”，DeepSeek 输出了如下结果。

专业务实型

（1）《2024—2025 年度培训体系全景透视：人才发展与组织赋能成果报告》

（2）《XX 公司培训负责人年度总结：关键人才培养与效能转化路径》

（3）《从学习到绩效：2024 年度培训项目全周期价值评估报告》

成果导向型

（1）《培训赋能增长：2024 年 XX 公司人才梯队建设核心成果与启示》

（2）《3000+ 人次培训实战复盘：2024 年度人才能力跃迁行动总结》

（3）《培训投入产出比提升 150%：年度策略、数据与标杆案例解析》

战略价值型

（1）《链接业务战略的培训设计：2024 年组织能力升级方法论》

（2）《数字化转型背景下的培训创新——2024 年学习型组织建设白皮书》

（3）《人才战略落地引擎：2024 年培训体系对业务增长的支撑作用》

创新表达型

（1）《学习力即战斗力：2024 年培训项目破局者行动报告》

（2）《培训进化论：从“课程交付”到“业务共生”的年度实践》

（3）《点燃组织智慧的 365 天：2024 年沉浸式学习生态构建总结》

数据驱动型

（1）《基于 2000 份反馈的培训洞察：2024 年关键数据与改进地图》

（2）《训战结合实效分析：2024 年人均效能提升 27% 的底层逻辑》

（3）《从学习时长到行为改变：2024 年培训效果三级跃迁模型》

总之，一个好的标题能够在短时间内迅速吸引观众的注意力，并及时准确地传递报告的核心思想。相反，一个笼统、模糊的标题会降低观众的兴趣。一方面，观众很难判断这份材料是否与自己的需求相关；另一方面，这会浪费观众的时间，因为他们可能需要全程听完讲解或花费更多时间去阅读全文，才能了解材料的主要内容。

2.3 PPT 目录优化的方法

PPT 的目录是 PPT 的一部分，虽然看似简单，但实际上它承载着重要功能，比如，引导观众理解内容逻辑、帮助 PPT 演讲者把控节奏等。PPT 目录是 PPT 的章节或者模块的划分。一份 PPT 的逻辑是否清晰，主要看 PPT 的目录。PPT 目录的作用主要体现在以下几个方面。

- 导航与指引。目录为观众提供了一个清晰的指引，有助于他们了解整个演示文稿的结构和内容。通过目录，观众可以快速定位到自己感兴趣的部分，提高信息获取的效率。
- 内容概览。目录是对演示文稿内容的概述，它能使观众在演讲开始前就对整体内容有大致了解。这有助于观众建立对演讲内容的初步认知，为后续的深入讲解奠定基础。
- 组织逻辑。目录的排列顺序反映了演讲内容的逻辑结构，有助于观众理解各部分内容之间的关联关系。通过合理的目录设计，可以确保演讲内容条理清晰、逻辑严密。
- 便于回顾与复习。在演讲结束后，观众可以通过目录快速回顾和复习关键信息。目录作为整个演示文稿的框架，有助于观众巩固记忆和理解。
- 提升互动性。在 PPT 汇报过程中，观众可能会根据目录提出相关问题或要求进一步解释某个部分，便于他们参与讨论。

常见的 PPT 目录存在以下问题：过于简单、模糊或笼统、逻辑混乱和过于复杂。首先，目录过于简单，仅列出几个大标题，而没有体现出各部分内容的逻辑关系和层次，容易让观众对 PPT 的整体安排产生疑惑。其次，目录标题模糊、不够具体，从而导致观众难以从标题中判断出相应页面的具体内容。接着，目录逻辑混乱，各标题的排列顺序没有遵循合理的逻辑顺序，导致观众在浏览 PPT 时思路不清晰。最后，目录过于复杂，标题层级过多，设置过多的标题层级，使目录显得烦琐，观众在查看目录时会感到困惑，难以快速找到自己需要的信息。

技巧 1：目录层级一般为一到两级

目录即提纲或大纲。与 Word 文档相比，PPT 报告的颗粒度相对较粗，因此 PPT 目录的层级一般以一到两级为宜，通常不超过三级，切勿像 Word 文档那样设置四级或五级目录。此外，目录的章节数量一般应控制在 3 至 7 个之间，若超过 7 个，则需考虑将相关章节合并归类到同一目录下。总之，目录层级过多或数量过多都不利于展示。

如图 2-3 所示是一级目录结构示例。

图 2-3

如图 2-4 所示是二级目录结构示例。

图 2-4

技巧 2：使用“数字 + 逻辑词”方法概括目录

“数字 + 逻辑词”是一种结构化表达方法，它通过具体的数字和清晰的逻辑关键词，使信息传递更简洁、直观。这种方法可以降低观众的认知负荷，提升观众的信息吸收效率，同时可以强化逻辑链条，避免思维跳跃。因此，在 PPT 目录中建议优先采用“数字 + 逻辑词”方法，以清晰、简洁地概括 PPT 目录的核心内容。

例如：三个核心优势（低成本、高效率、可持续）、五步操作流程（调研→设计→测试→迭代→发布）、三大路径（路径 1、路径 2、路径 3）、三大策略（策略 1、策略 2、策略 3）、三驾马车、四轮驱动、五位一体等类似的概括。

如图 2-5 所示，修改前的目录是“背景介绍、工作思路及具体措施、成效与体会”，这些目录标题都过于笼统和模糊，缺乏具体的内涵。而修改之后，利用“数字 + 逻辑词”方法分别总结为 3 个角度、2 大策略、4 项能力，这样观众能够快速理解每一章节的核心内容。

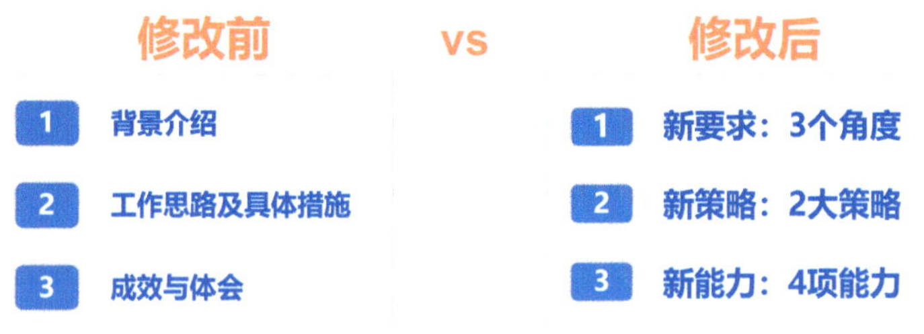

图 2-5

技巧 3：使用对称方法概括目录

按照对称、均衡的逻辑，从不同维度对报告的目录进行概括。对称通过字数相同、结构相似，增强记忆；概括内容需兼顾形式工整与内涵清晰。对称的本质是“用形式服务内容”，通过结构化语言降低理解门槛，而非单纯地追求文采。它像“信息包装术”，让复杂的观点穿上易传播的外衣，但需要始终以清晰、准确为第一原则。

如图 2-6 所示，为某年度总结报告的目录结构。修改前的目录是“业务现状概述”“机会与差距概述”“未来工作规划”。修改后的目录结构用 3 个“心”串联起来，从“初心”到“扎心”，再到“齐心”，生动形象地概括了 3 大章节的核心思想。

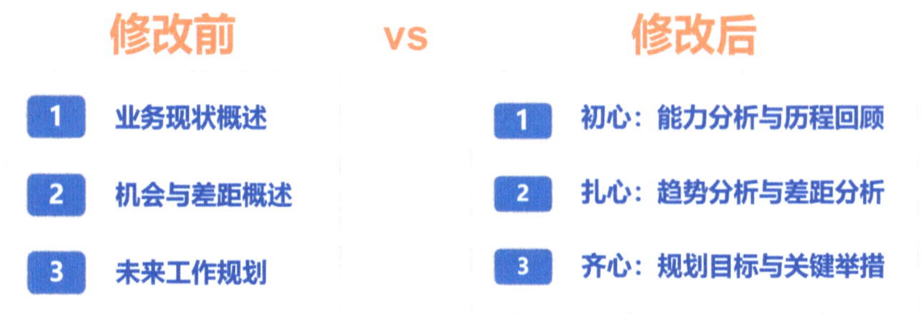

图 2-6

如图 2-7 所示，修改前的目录标题是“态势洞察”“落实方案”“未来思考”，3 个标题的字数同样遵循了对称原则。但如果分别加上“观势”“谋略”“笃行”，目录标题就会提升一个档次（参考修改后的目录）。其中“观势”是指观察和分析形势，理解事物的发展趋势和外部环境的变化，它强调对环境和形势的敏锐洞察，以便做出正确的决策。“谋略”是指制定和实施策略，以达成特定的目标，它包括对问题的全面分析、制订周密的计划，并在实施过程中灵活调整。谋略强调深思熟虑和周密计划，旨在通过智慧和策略来解决问题或实现目标。“笃行”是指切实且坚定地实践某种理念或行动方案，它强调在实际行动中体现出的踏实、勤奋和坚韧不拔的精神。

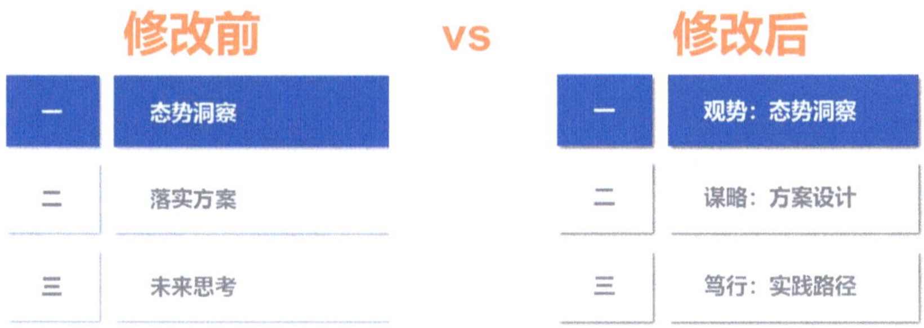

图 2-7

技巧 4：使用首字母缩略词法概括目录

首字母缩略词法是一种将短语或名称中每个单词的首字母提取并组合成一个新词的方法。这种缩略形式通常用于简化复杂术语、提高记忆效率，或在特定领域（如科技、医学、军事等）中快速指代专业概念。通过简化表达，可以将复杂信息转化为易记的缩略词。例如，“WTO”是“World Trade Organization”（世界贸易组织）的首字母缩略词。

在科技领域，“CPU”（Central Processing Unit，中央处理器）是计算机中最重要的组件之一，其首字母缩略词方便专业人士在交流中快速准确地指代这一复杂的组件。在医学领域，“CT”（Computed Tomography，计算机断层扫描）让医生能够简洁地描述这种重要的医学影像检查方法。许多公司和品牌也使用首字母缩略词作为简称。例如，“IBM”（International Business Machines Corporation，国际商业机器公司），这个名称较长，但使用首字母缩略词在商业交流和宣传中就更加简洁明了。

在使用首字母缩略词法概括目录时，一般可参考以下操作步骤：首先，提取关键词，从目录中筛选核心词汇（通常为名词、动词或形容词）；其次，调整顺序或选词，确保缩略词易读且有逻辑，必要时调整单词顺序或替换同义词;最后，赋予意义，尽量让缩略词本身有实际含义，以增强记忆关联。

特别注意，在 PPT 的目录中采用首字母缩略词法进行概括时，一定要让缩略词本身有实际含义，并且该含义应与报告想传达的主题思想和内涵相契合，这样才能增强记忆关联。如图 2-8 所示的案例，在修改前，尽管目录标题简短且对称，但观众看完之后很难留下记忆点。修改后，通过“FINE”缩略词，一方面将 4 个目录标题进行了逻辑串联，另一方面，“FINE”的内涵恰好隐喻了该报告想传达的核心思想。

图 2-8

如图 2-9 所示的案例，是笔者设计的一门关于 PPT 逻辑的版权课程。为了让大家更好地记住该课程的章节内容，我使用了“LOGIC”缩略词串联起课程中的 5 大核心模块内容。“LOGIC”一词本身就蕴含逻辑的含义，这与该课程的核心主题相契合。该方法与上一个案例中的方法略有不同，它是从两个组合单词的首字母中提取，并最终串联成一个新的缩略词。因此，当单个单词的首字母无法串联成有意义的缩略词时，也可以考虑从两个单词的组合中提取首字母来构建缩略词。

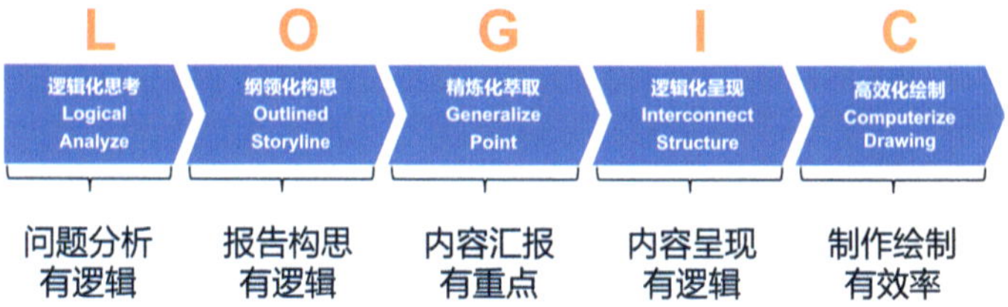

图 2-9

如图 2-10 所示的 PPT 目录来自蒙牛集团的业绩发布会。其中，“GREEN”是通过提取两个组合单词中第一个单词的首字母并串联而成的新缩略词，而“GREEN”一词恰好契合了 ESG 发展战略的寓意。

图 2-10

IBM 沟通效率研究数据显示，通过优化目录标题，可使汇报材料的价值感知提升 60% 以上。因此，目录标题堪称汇报材料的“门面”。当人们拿到一份汇报材料时，首先看到的是目录标题。优化后的目录标题能够更精准地概括材料的核心内容，就像一个精准的导航，引导观众快速了解材料的重点所在。

2.4 典型报告的构思逻辑

2.4.1 年度总结报告

年度总结报告是大中型企业中使用频率最多的一种综合性文档，旨在全面回顾和总结组织或个人在过去一年中的工作表现、成就、挑战、经验教训以及未来的发展规划。这类报告不仅是对过去一年的回顾，更是对未来工作方向的指引和激励。

在很多大中型企业中，还有半年总结报告，甚至还有季度和月度总结报告，其构思思路都差不多，无非是报告的频率不一样而已。

2.4.2 项目总结报告

项目总结报告是对一个项目从启动到结束全过程的系统性回顾与呈现。对企业内部来说，它有助于优化项目管理流程，基于过往问题改进制度，提升团队协作效率，能够精准评估团队成员的表现，为绩效考核、人才培养提供客观依据；同时助力企业合理调配资源，依据项目投入产出决定后续资源走向。

对外部关联方来说，它既能让客户清晰地知晓项目完成情况，增强合作信心，为后续业务往来奠定基础，又能向合作伙伴展示实力与信誉，拓展合作的深度和广度，共同开拓市场。

具体来说，有以下三大价值。

第一，吸取经验和教训。深入剖析项目执行过程中的成功做法与失误之处，以便未来的项目能够从中吸取经验，少走弯路。例如，若项目因前期市场调研不充分导致产品功能与客户需求脱节，后续项目便可强化市场调研环节，精准把握客户需求。

第二，展示成果价值。向项目利益相关者，如公司高层、客户、合作伙伴等，清晰呈现项目所达成的目标、交付的成果，彰显项目的投入产出效益。比如，一款新研发的软件项目，通过报告展示其功能亮点、用户数量增长、带来的收益提升，证明项目的价值。

第三，提供决策依据。无论公司要判断是否继续投入资源优化项目、拓展相关业务，还是团队要规划后续类似项目的路径，项目总结报告中的数据、分析与结论都能起到关键的参考作用。

2.4.3　售前解决方案

售前解决方案是企业在销售产品或服务前，根据客户需求和痛点，为客户量身定制的一套解决方案或建议。它不仅包括客户需求的分析，还包括方案的设计及其落地实施计划，同时还需要介绍成功案例、公司优势等。一个清晰、全面的售前解决方案的思路或大纲能够帮助销售团队更有效地展示产品或服务的价值，增加客户的信任度和购买意愿。

一句话总结：我们的方案是为您量身定制的最佳选择。

2.4.4　商业计划书

商业计划书是企业的全景导航图，它能详细呈现一个商业项目的各个方面。无论是初创企业吸引投资，还是成熟企业规划新的战略，它都不可或缺。对于创业者来说，需要向天使投资人、风险投资家或者银行等金融机构展示项目的潜力和价值，以获取启动资金或扩张资金。通过商业计划书详细的市场分析、盈利预测和风险评估，企业可以向投资者证明他们投入的资金能够获得可观的回报。

一句话总结：该项目值得投资，可带来预期的投资回报。

2.4.5　岗位竞聘述职报告

岗位竞聘述职报告是员工在竞聘新岗位或定期向组织汇报工作、争取晋升机会时所撰写并提交的书面材料。一方面，对于竞聘场景，其目的在于向评审委员会、上级领导清晰呈现自身优势、过往成就，以及竞聘成功后的工作计划，说服他们给予自己新岗位任职的机会；另一方面，例行述职时，它能帮助领导全面了解员工的工作表现，辅助组织做好人才评估、岗位调整等决策。

岗位竞聘述职报告的核心是通过清晰、有力的表达，展现个人能力、工作成果与岗位匹配度，说服评审方认可你的价值并支持你的晋升或竞聘目标。

一句话总结：我是该岗位的最佳人选，没有“之一”。

2.4.6　业务规划报告

业务规划报告是在企业战略规划指导下，针对特定业务或产品线，对下一年度或特定周期内的目标、策略、资源分配及执行计划的综合性阐述。它既能清晰地设定和传达未来业务发展的目标（包括市场份额、收入增长、客户满意度等关键指标），也能为团体或个人提供明确的行动指南，确保大家朝着共同的目标努力。

第3章 提炼：如何提炼有重点的PPT内容

由于 PPT 报告在企业管理中承担了大部分信息传递的职责，因此，当 PPT 页面的美观与简洁性和内容的充实性发生冲突时，我们需要考虑如何完整地呈现内容。这时，提炼、总结和概括的方法与技巧就显得尤为重要。大家思考一下，当一页 PPT 中展示的文字过多时，它可能会带来哪些负面影响？

首先，针对演讲者。演讲者如何阐述这页 PPT 的内容？逐字逐句地念吗？如果内容制作者和演讲者是同一个人，演讲者对内容比较熟悉，这种情况还比较好。但如果内容制作者和演讲者不是同一个人，那么演讲者如何快速熟悉内容呢？在前面章节已经提到过，在一些大中型企业中，领导的 PPT 材料通常都是由下属代写的。因此，对于经常需要帮领导写 PPT 的职场人士来说，更需要掌握如何提炼 PPT 重点的方法和技巧。

其次，针对观众。观众如何快速捕捉核心观点？观众一般很难从屏幕上看清楚这些文字，并且一般也不太愿意远距离长时间地看那么多文字。即使有观众有兴趣仔细阅读文字，估计观众还未把文字全部阅读完，演讲者就已经跳转到下一页 PPT 了，尤其在一些大型企业，大家每天都忙于应付各种各样的会议，已经疲惫不堪了。如果再看到这样密密麻麻的文字，没有重点和结论，谁还会仔细看 PPT？最后很可能就变成了演讲者一个人的“独角戏”。

针对以上场景，我们需要思考如何帮助演讲者和观众减负，尤其是观众。在编写 PPT 的过程中，制作 PPT 的人一定要记住一点：PPT 不是给演讲者看的，而是给观众看的。很多企业在宣传企业的核心价值观时，都会提到“以客户为中心”。例如，对于华为的核心价值观，第 1 条就是“以客户为中心”。

本章解决一页 PPT 中文字过多的问题，针对数据分析、长文本、多条信息和复杂信息 4 种场景，分别介绍如何提炼强有力核心观点的技巧。

3.1 提炼重点内容的方法论："113"原则

一页 PPT 通常包括两部分内容：一部分是标题，另一部分是正文或详细内容。对于任何一页 PPT 来说，不仅标题需要突出重点，正文内容也需要突出重点。

如何知道一页 PPT 是否有重点呢？我们总结为"113"原则。

- **1 秒找到结论**：对于任何一页 PPT，一定要让观众在 1 秒内就能找到结论。即观众看一眼 PPT，就能够看到结论在哪里，而不是花费大量的时间和精力都找不到结论。一般单页 PPT 的结论都在主标题上。
- **10 秒讲完结论**：即每页 PPT 提炼的核心结论不能太烦琐，而是要归纳总结，最好能够在 10 秒左右讲完。
- **30 秒讲完重点**：在汇报每一页 PPT 时，都要有一种极限思维，即每一页 PPT 只能讲 30 秒，到 30 秒后就要切换到下一页 PPT，在 30 秒内要讲述的内容就是该页 PPT 的重点内容。

为什么提炼 PPT 的重点内容需要遵循"113"原则？这涉及麦肯锡的电梯法则、心理学的短时记忆效应和逻辑推理三大核心原理。本节首先阐述"113"原则背后的三大核心原理，然后根据 PPT 中数据分析、长文本、多条信息、复杂问题简单化共 4 种场景阐述如何提炼 PPT 的重点内容。

3.1.1 核心原理 1：电梯法则

"113"原则的核心原理之一是电梯法则。电梯法则又被称为电梯游说（Elevator Pitch），是指在极短的时间内（通常是搭乘电梯的 30 秒到 60 秒），向对方清晰、简洁且有说服力地阐述一个复杂的想法、项目或商业提案，以引起对方的兴趣并获取进一步沟通的机会。

电梯法则起源于麦肯锡公司的一次教训。麦肯锡公司曾经为一家重要客户做咨询，咨询结束时，麦肯锡的项目负责人在电梯里遇见了对方的董事长，该董事长询问咨询结果，由于项目负责人无法在电梯从 30 层到 1 层的 30 秒内把结果说清楚，麦肯锡最终失去了这一重要客户。从此，麦肯锡公司要求员工凡事要在最短的时间内把结果表达清楚，直奔主题和结果。麦肯锡认为，一般情况下，人们最多记得住"一二三"，记不住"四五六"，所以凡事要归纳为 3 条以内。具体来说，电梯法则强调以下几个要点。

- 简明扼要：在极短的时间内表达自己的核心观点，要求信息精练、准确。
- 吸引注意：开头要吸引人，要让观众有继续听下去的欲望。
- 重点突出：将最重要的信息放在开头部分，确保观众能够迅速抓住重点。

- 逻辑清晰：即使时间有限，也要让表达的内容具有逻辑性和条理性，让观众能够理解并接受。

此外，电梯法则也适用于个人在职场中的自我介绍、求职面试、项目汇报等口头汇报场合，要求员工能够在短时间内清晰地阐述自己的任务、职责和所在部门的情况。

“113”原则中的30秒讲完重点，与电梯法则异曲同工。不管是数据分析场景、长文本场景、多条信息场景，还是复杂的信息场景，都会涉及电梯法则原理。

3.1.2 核心原理2：短时记忆效应

“113”原则的第二个核心原理来自短时记忆效应，是指信息在短时间内（一般为1分钟以内）被存储和加工的记忆现象，一般被认为是处于感觉记忆与长时记忆之间的一个阶段。它是记忆系统的一个重要组成部分，就像一个“工作记忆”的空间，能够让我们暂时保持和处理刚刚接收到的信息。例如，当你在查阅一个电话号码并准备拨号时，这个号码就暂时存储在短时记忆中，一旦拨号完成，号码可能很快就会被遗忘。

短时记忆具有以下几个特征。首先，容量有限性，即短时记忆的容量是有限的。通常认为短时记忆的容量为7±2个组块。一个组块既可以是一个数字、一个字母、一个单词，也可以是一个由多个元素组成的有意义的单元。例如，数字“19491001”可以被看作一个组块，代表中华人民共和国成立的日期。如果信息超过了这个容量限制，就会出现遗忘或者信息混淆的情况。其次，信息保持的时间有限，即信息在短时记忆中保持的时间很短。如果没有得到复述，则大约能保持15秒到30秒。例如，在记忆实验中，当被试者看到一系列的数字后，在没有任何重复记忆的情况下，这些数字会很快从记忆中消失。但如果不断地复述这些数字，就可以在记忆中保持更长的时间。

在PPT长文本场景、多条信息场景中，都要把复杂的文字信息概括为简短的信息，其原理都来自短时记忆效应。

3.1.3 核心原理3：逻辑推理

“113”原则的第三个核心原理来自逻辑推理。逻辑推理是一种基于规则的思维过程，它通过分析已知信息之间的关系，得出一个或多个结论。逻辑推理的核心在于确保推理过程是合理的，即结论必须从已知信息中很自然地推导出来，而不能主观臆断或随意猜测。逻辑推理在哲学、数学、科学、法律、日常生活决策等多个领域都有广泛的应用。

1. 逻辑推理的类型

逻辑推理可以被分为多种类型，主要包括：演绎推理、归纳推理、类比推理和统计推理。

（1）演绎推理

演绎推理是从一般到特殊的推理方式。它基于一些普遍性的前提（如定律、定理、原则等），通过严格的逻辑推导，得出关于特定情况或个例的结论。演绎推理的结论在逻辑上是必然的，只要前提为真，结论就一定为真。其结构通常如下。

- 大前提：一个普遍的规律或原则。
- 小前提：一个具体的情况。
- 结论：从大前提和小前提中推导出的具体结果。

示例如下。

- 大前提：所有哺乳动物都有脊椎。
- 小前提：鲸鱼是哺乳动物。
- 结论：鲸鱼有脊椎。

（2）归纳推理

归纳推理是从特殊到一般的推理方式。它基于一系列的观察、实验或经验数据，通过概括和总结，得出具有普遍性的结论。归纳推理的结论在逻辑上不是必然的，而是基于概率或可能性的，因此可能存在一定的误差或不确定性。其结构通常如下。

- 多个具体实例：观察到的个别情况。
- 结论：从这些实例中总结出的普遍规律。

示例如下。

- 观察 1：这只天鹅是白色的。
- 观察 2：那只天鹅也是白色的。
- 结论：所有天鹅都是白色的。

（3）类比推理

类比推理是根据两个或多个对象在某些属性上的相似性，推断它们在其他属性上也可能相似。类比推理的结论具有一定的推测性，取决于相似性的程度和相关性。虽然类比推理有时可能导致错误的结论（特别是当类比对象之间的相似性不够充分或存在关键差异时），但它仍然是一种强大且有用的思维工具，能够帮助人们发现新知识、解决复杂问题，以及进行创造性思考。其结构通常如下。

- 前提：A 和 B 在某些方面相似。
- 结论：A 和 B 在其他方面也可能相似。

示例如下。

- 前提 1：地球有水和生命。
- 前提 2：某行星有水。
- 结论：该行星可能也有生命。

（4）统计推理

统计推理是一种基于数据收集、整理和分析，从样本数据推断总体特征的推理方法，通过分析大量数据，得出一个具有概率性的结论。它是统计学的一个重要部分，在许多领域如社会科学、经济学、医学等都有广泛应用。统计推理的结论具有一定的概率性，但不能保证绝对正确。其结构通常如下。

- 数据：一系列的统计信息。
- 结论：基于数据的概率性推断。

示例如下。

- 数据：在某城市，80% 的交通事故是由超速驾驶引起的。
- 结论：在该城市，超速驾驶很可能是交通事故的主要原因。

2. 逻辑推理的结构

逻辑推理通常由前提、推理过程和结论三部分组成。其中前提是推理的出发点，是已知的事实、观察或假设；推理过程是从前提到结论的逻辑推导过程；结论是推理的结果，是从前提中推导出最终的判断。一个有效的逻辑推理需要满足以下 3 个条件。

- 前提的真实性：前提必须是真实的或者合理的。
- 推理过程的合理性：推理过程必须遵循逻辑规则，不能出现逻辑谬误。
- 结论的相关性：结论必须从前提中自然地推导出来，不能超出前提的范围。

3. 任何一页 PPT 都是一道逻辑推理题

在信息如洪流般涌来的当下，PPT 已成为传递思想、展示内容的重要工具。制作任何一页 PPT 都是在做一道逻辑推理题。这一观点深刻地揭示了 PPT 背后的思维本质。

在制作 PPT 时，确定主题与重点内容如同找到逻辑推理中的关键问题。就像数学推理中要明确求解的目标一样，PPT 制作者需要清晰界定传达的核心信息。这就好比逻辑推理中的“已知条件”和“要证明的结论”。每一页 PPT 都需要一个明确的目标，否则观众会感到困惑。例如，如果是一页展示数据的图表，那么它的目的是“用数据支持某个观点”；如果是一页总结，那么它的目的是“概括前面的内容并强化核心信息”。

收集和筛选素材类似于逻辑推理中的证据收集。这就好比逻辑推理中的“论证过程”，需要通过证据和逻辑关系来支撑结论。推理需要可靠证据支持结论，PPT也需要相关的素材支撑主题。以介绍环保项目的PPT为例，不能随意堆砌环保数据，而要筛选与项目目标、实施效果紧密相关的数据，如项目开展前后污染指标变化、资源利用率提升等。这些精准素材如同有效证据，能为核心观点提供有力支持。

内容的组织和排列顺序是PPT逻辑推理的关键步骤。合理的逻辑顺序能让观众轻松理解内容，如同推理过程有条理，结论才容易被接受。如果PPT的主题是“如何提高团队合作效率”，那么一页关于“优化沟通”的内容需要与前面分析的“沟通不畅是合作效率低下的原因”相呼应，并为后面的“实施建议”提供支持。

在制作PPT的过程中，我们需要不断验证每一页的内容是否合理，是否能够支持整体目标。这就好比逻辑推理中的“验证过程”，通过自我检查或他人反馈，确保每一页的内容都能够被观众理解和接受。例如，如果一页PPT的内容过于复杂，观众可能无法理解，就需要重新调整逻辑结构；如果一页PPT的数据与整体结论不一致，就需要重新验证数据的准确性。

因此，制作PPT的每一页都不是内容的堆砌，而是一个完整的逻辑推理过程。只有通过严谨的逻辑推理，才能让观众清晰地理解你的观点并接受你的结论。每一页PPT都是逻辑推理的体现。从确定主题到组织内容，再到运用各种元素，都需要遵循逻辑思维。只有像认真做逻辑推理题一样对待每一页PPT，才能制作出逻辑严谨、内容精彩、易于理解的优秀作品。

3.2　场景1：如何在PPT中应用数据图表

数据图表是一种将数据以可视化形式呈现的工具，它能够把复杂的数据信息通过图形、线条、颜色等元素，将复杂的数据关系和信息以易于理解和记忆的形式呈现出来，帮助人们更快速、更准确地理解数据背后的含义，发现数据的规律、趋势以及关系。

数据图表是一种定量的分析展示工具，在汇报型PPT中是高频使用的一种呈现形式，尤其在经营分析报告和业绩指标检视报告中高频使用。常见的数据图表有以下几大类型。

- 条形图：以等宽直条的长度来表示相互独立的统计指标的数值大小，并呈现其对比关系。条形图直观、形象、读数方便，适合用于展示不同类别数据的对比情况。
- 折线图：用线段的起伏来表示变量的连续变化情况，通常用于描述一个变量随时间或其他变量的变化趋势。折线图能够清晰地展示数据的变化趋势和波动情况。
- 饼图：用扇形的面积表示部分在总体中所占的百分比，通常用于展示数据的分布和构成情况。饼图直观易懂，非常适合用于展示数据的比例关系。
- 散点图：用点的密集程度和变化趋势来表示两个指标之间的直线或曲线关系。散点图能够展示数据之间的相关性和分布特征，常用于统计分析中。
- 面积图：用折线图和面积图的组合来显示数据随时间或其他变量的变化趋势，并强调数量随时间变化的累计效果。面积图能够清晰地展示数据的累积效果和变化趋势。

3.2.1 方法或技巧：标题即结论

在汇报型 PPT 中，大家在呈现数据图表时遇到的最大问题是没有结论，通常都用“XX 情况”“XX 概括”“XX 概述”等笼统的描述来代替结论。比如：用户满意度情况，是用户满意度越来越高，趋势变好了，或者用户满意度越来越低，趋势变差了，还是用户满意度保持平稳呢？因此，“用户满意度情况”是一句非常模糊的描述，而不是明确的结论。

什么是结论？结论是指经过推理、讨论、研究或分析等一系列思维过程后所得到的最终判断、观点或结果。它是对某个问题、事件、现象或主题的一种总结性陈述，是思维的终端产品。例如，在科学实验中，科学家通过对实验数据的收集、整理和分析，最终得出关于实验假设是否成立的判断就是结论。如果是一个关于药物疗效的实验，那么结论可能是“这种药物在治疗特定疾病方面是有效的”或者“这种药物对该疾病没有显著的治疗效果”。在 PPT 中使用数据图表时，需要运用科学实验思维，即一定要给数据图表赋予明确的结论。

在汇报型 PPT 中，所有的数据图表都是佐证或者服务结论的论据。根据“结论先行”的原理，观众最先想听到或者看到的是结论，而不是详细的数据信息，其中结论是源于数据图表之上进行提炼总结出来的确定性观点。因此在汇报型 PPT 中，需要把数据图表想佐证的结论直接放在数据图表的标题上，这就是所谓的“标题即结论”。从观众角度来说，1 秒钟就能找到复杂图表数据的结论，这样就满足了“113”原则。

总结一下，在 PPT 中使用数据图表时，需要注意以下 3 点。

- 所有的数据图表都是佐证或者服务结论的论据。
- 数据图表的标题不要出现“情况”“概括”“概述”等笼统词汇。
- 一图一结论，即任何一张数据图表都要有一个对应的结论相呼应。

3.2.2　案例解析：中国汽车行业研究分析

如图 3-1 所示的是某汽车厂商关于 2020 年中国汽车行业的总结，包括中国汽车保有量和全球人均汽车拥有量的详细数据信息。大家可以先思考一下该案例有哪些地方需要完善，接下来将分析需要优化的地方。

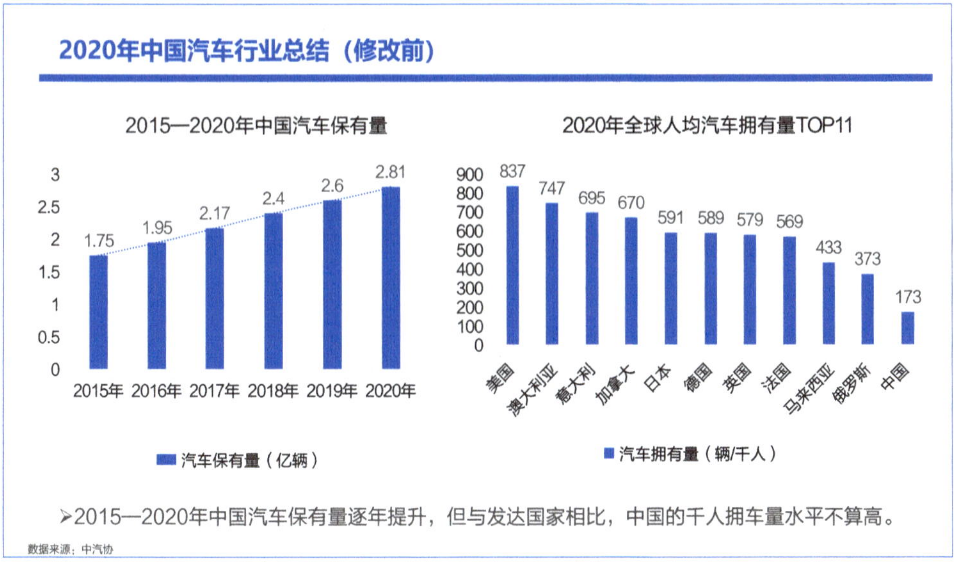

图 3-1

首先，在 PPT 主标题中，“2020 年中国汽车行业总结”这句话并不是总结性的观点陈述，只是笼统性的描述，没有遵循“1 秒找到结论”的原则。

其次，图 3-1 左边的数据图表标题是“2015—2020 年中国汽车保有量”，这句话也不是总结性的观点陈述，只是简单地描述该图表是关于中国汽车保有量的说明，同样没有遵循“1 秒找到结论”的原则。

接着，图 3-1 右边的数据图表标题是“2020 年全球人均汽车拥有量 TOP11”，这句话也不是总结性的观点陈述，只是简单地描述该图表是关于全球人均汽车拥有量的 TOP11 排名，同样没有遵循“1 秒找到结论”的原则。

最后，在图 3-1 中最下面的“2015—2020 年中国汽车保有量逐年提升，但与发达国家相比，中国的千人拥车量水平不算高。"，这句话才是该页 PPT 核心的结论。把最重要的结论放在了最下面，没有遵循"结论先行"。

接下来结合前面的相关内容，详细讲解如何优化。

首先，对图 3-1 中的两个图表进行核心观点的提炼，实现"标题即结论"。从左边图表中可以看到，根据时间的逐年变化，数据呈现向上的增长趋势，说明中国汽车保有量一直在逐年快速增长，或者说明中国汽车消费需求空间巨大，把上述结论放到图表的标题中。从右边图表中可以看到，中国人均用车量远低于欧美发达国家，未进入全球 TOP10，甚至还不如俄罗斯、马来西亚，把上述结论放到图表的标题中。另外，该图表背后也进一步说明中国汽车消费需求空间巨大。

其次，在图表已有结论的基础上，概括整页 PPT 的结论。通过分析发现，该页 PPT 通过两张图表来共同推导出一个结论，即中国汽车消费需求空间巨大。因此把两张图表的结论与终极结论串联起来形成该页 PPT 的主结论：我国汽车保有量 5 年来快速增长，但人均拥车量远低于全球 TOP10 国家，汽车消费需求仍有较大增长空间。

最后，把最重要的结论放在 PPT 页面的最上面，遵循"1 秒找到结论"的原则。最终形成的 PPT 如图 3-2 所示。

图 3-2

3.2.3 案例解析：JZ 市房地产市场行情分析

如图 3-3 所示的是某地产公司关于 JZ 市房地产市场行情分析的报告。结合前面介绍的方法，大家可以先想一想该案例有哪些待完善的地方。

首先，该页 PPT 有清晰的核心结论，即“受区域市场供求失衡及疫情影响，2020 年某市商品住宅以价换量趋势明显，持续供大于求，市场销售压力持续增大，2021 年 4 月成交均价为 9691 元 / ㎡。JZ 市商品住宅库存量最大，去化周期为 25.4 个月。二手房价格持续走低。”该结论在 PPT 页面的最上面，因此符合“1 秒找到结论”的原则，但是该结论太长，不符合“10 秒讲完结论”原则。

其次，在图 3-3 中的 4 张图表都没有给出结论，只是罗列数据，观众无法快速把握要点。

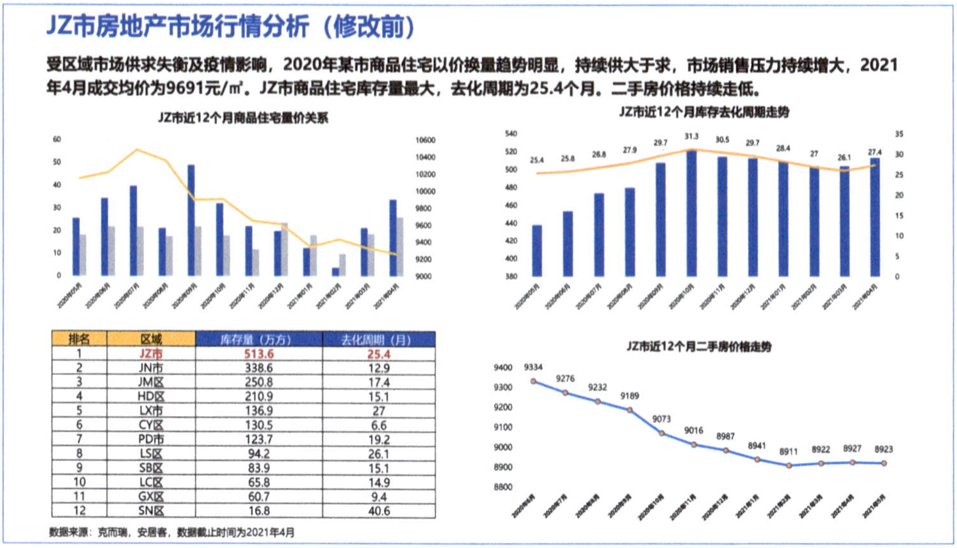

图 3-3

接下来结合前面的相关原理，详细讲解如何完善和优化。

首先，对这 4 张图表的摆放顺序进行重新排列。通过分析发现，其中有两张图表是关于房价的，另外两张图表是关于库存量的，因此可以把与房价相关的两张图表放在上面，把与库存量相关的两张图表放在下面。

其次，针对每张图表分别概括核心结论。比如，左上方的图表结论是“供求持续失衡，新房成交价格持续走低”；右上方的图表结论是“二手房成交价格持续走低”；左下方的图表结论是“商品住宅库存量在全市排名最高”，右下方的图表结论是“去化周期连续 12 个月维持在 25 个月以上”。

最后，基于 4 张图表的结论，对整页 PPT 的核心结论进行总结概括：“供求失衡，新房、二手房市场价格持续走低且库存量较大，去化压力大，市场竞争激烈”。把核心总结论放到 PPT 页面的主标题中，最终形成的 PPT 如图 3-4 所示。

排名	区域	库存量（万方）	去化周期（月）
1	JZ市	513.6	25.4
2	JN市	338.6	12.9
3	JM区	250.8	17.4
4	HD区	210.9	15.1
5	LX市	136.9	27
6	CY区	130.5	6.6
7	PD市	123.7	19.2
8	LS区	94.2	26.1
9	SB区	83.9	15.1
10	LC区	65.8	14.9
11	GX区	60.7	9.4
12	SN区	16.8	40.6

图 3-4

3.2.4 案例解析：某公司经理层干部任职履历分析

如图 3-5 所示的是某互联网公司关于经理层干部任职履历分析的报告。结合前面介绍的方法，大家可以先想一想该案例有哪些地方待完善。

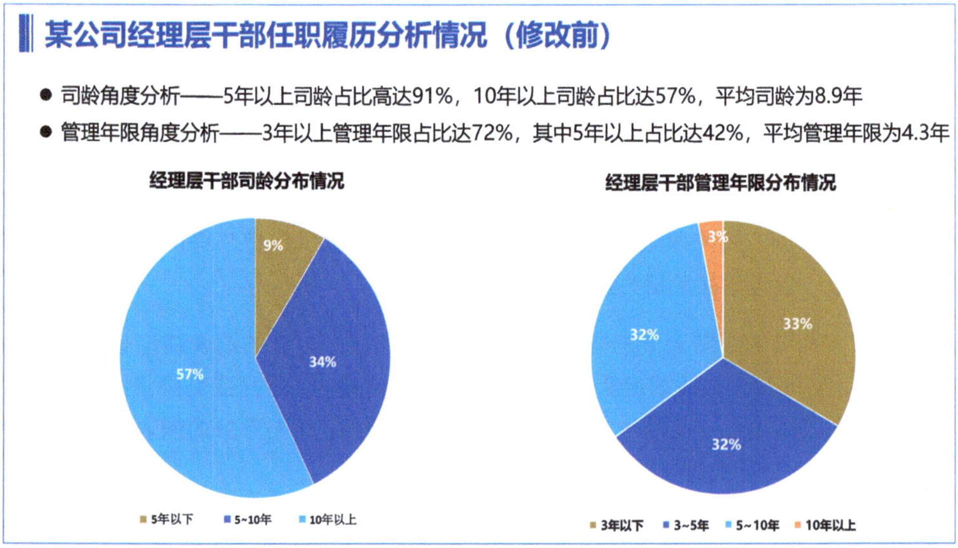

图 3-5

首先，该页 PPT 主标题的核心结论不够清晰，主标题只有“某公司经理层干部任职履历分析情况”的简单且笼统的描述，没有清晰、明确的观点和结论。

其次，没有遵循“一图一结论”原则。即两张图表的结论与相应的图表没有一一对应，导致观众需要在图表和结论之间“连连看”。

最后，图表的结论不够精准，只停留在数据结论本身，而没有从数据中得出“业务结论”。比如“司龄角度分析——5 年以上司龄占比高达 91%，10 年以上司龄占比达 57%，平均司龄为 8.9 年”。这句话只是对数据本身进行总结提炼，没有进一步提炼，即 8.9 年的司龄代表什么含义？同理，“平均管理年限为 4.3 年”又代表什么含义呢？

接下来结合前面介绍的知识，详细讲解如何完善和优化如图 3-5 所示的页面。

首先，对图 3-5 中左边的图表进行总结概括。左边的司龄分布图表的数据结论是平均司龄为 8.9 年，即司龄长；进一步从人力资源管理角度分析，司龄长意味着稳定性高或者忠诚度高。因此，司龄分布图表的核心结论是：稳定性高，平均司龄为 8.9 年。

其次，对图 3-5 中右边的图表进行总结概括。右边的管理年限图表的数据结论是平均管理年限为 4.3 年，即管理年限较长；再进一步从人力资源管理角度分析，管理年限长意味着管理经验丰富。因此，管理年限图表的核心结论是：管理经验丰富，平均管理年限为 4.3 年。

最后，在两张图表结论的基础上概括整页 PPT 的核心结论，即把两张图表的结论进行合并，形成整页 PPT 的核心结论，如图 3-6 所示。

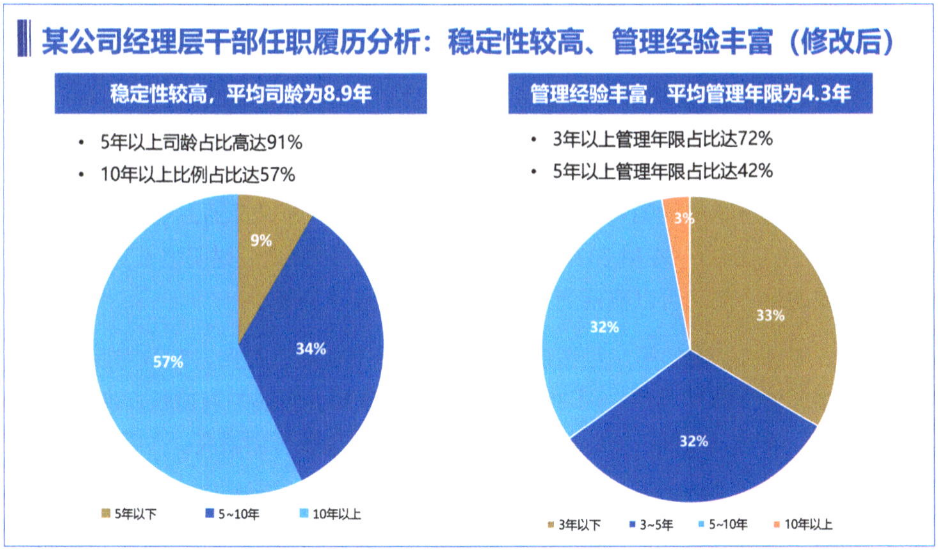

图 3-6

3.2.5 案例解析：某公司业绩总体情况分析

如图 3-7 所示的是 2024 年某公司业绩总体情况分析的报告。结合前面介绍的方法，大家可以先想一想该案例有哪些待完善的地方。

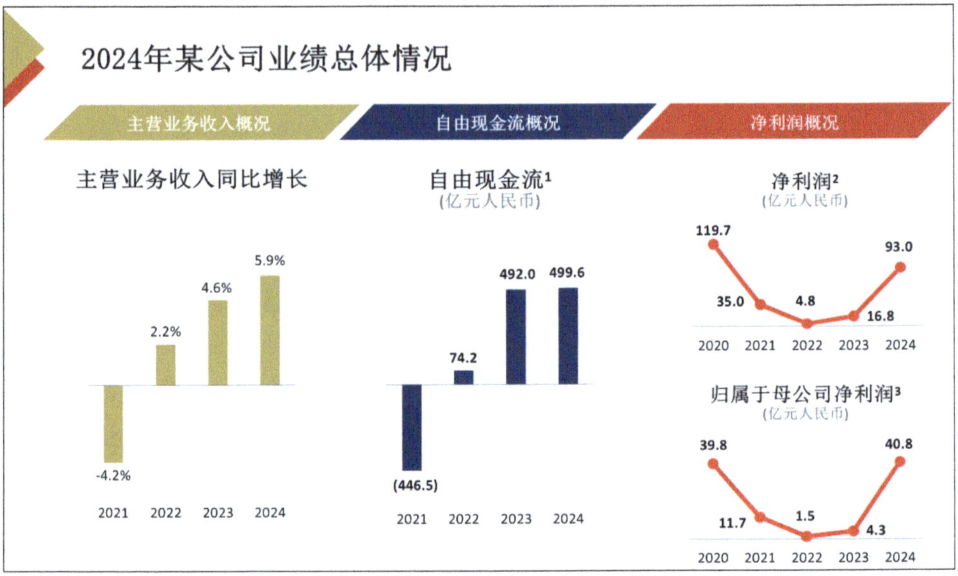

图 3-7

首先，该页 PPT 主标题的核心结论不清晰，主标题只有“2024 年某公司业绩总体情况”这句简单且笼统的描述，没有清晰、明确的观点和结论。

其次，没有遵循“一图一结论”原则，即 3 张图表都没有明确的观点和结论，只是用笼统的说明。

接下来结合前面介绍的知识，详细讲解如何完善和优化如图 3-7 所示的页面。

首先，对图 3-7 中的第一张图表进行总结。从图中可以看到，主营业务收入同比增长从 2021 年的 -4.2% 到 2024 年的 5.9%，并且逐年提高，说明增长速度在加快。因此该图表的核心结论可以概括为：主营业务收入增长提速。

其次，对图 3-7 中的第二张图表进行总结。从图中可以看到，2021 年到 2023 年现金流的增长速度都非常快，而 2024 年增长速度放缓，但还是有增长，实现了新的突破。因此，该图表的核心结论可以概括为：自由现金流再创新高。

接下来对图 3-7 中的第三张图表进行总结。从图中可以看到，净利润从高到低，再从低到高，形成一个“V”字形状。因此该图表的核心结论可以概括为：净利润实现“V”型反弹。

最后，在 3 张图表结论的基础上概括整页 PPT 的核心结论，即对 3 张图表的结论再次进行概括，形成整页 PPT 的核心结论。修改后的 PPT 如图 3-8 所示。

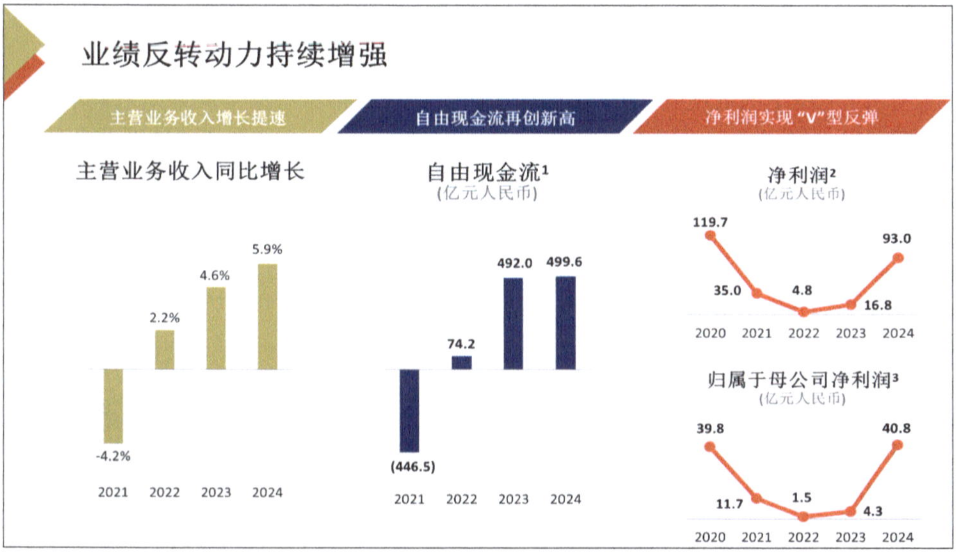

图 3-8

3.3 场景 2：如何在 PPT 中提炼长文本信息

3.3.1 方法或技巧：二八法则

二八法则也被称为 80/20 法则、帕累托法则，指的是在任何一组事物中，大约 80% 的结果或产出往往由 20% 的原因或投入造成，这一理念最初由意大利经济学家维尔弗雷多 · 帕累托在研究社会财富分配时首次提出。他发现意大利约 80% 的土地被 20% 的人口所拥有，进而推广到更多的领域，发现类似的不平衡现象普遍存在。

二八法则是一种揭示事物发展不平衡性的重要原理，其核心观点在于强调少数关键因素在整体结果中的决定性影响。这些关键因素可能包括人、事、物或投入等，它们在整体中占据的比例虽小，但却对整体结果产生了显著影响。

在经济学中，二八法则解释了为什么少数富人掌握了大部分财富，而大多数人只能分享剩余的少部分财富。这反映了市场经济中资源分配的不均衡性，资源往往会自发地向那些能够带来更高回报的领域集中。在企业管理中，二八法则提醒管理者要关注那些能够带来最大收益的关键客户、产品或服务。通过优化资源配置，企业可以实现效益最大化。例如，一家公司可能会发现其 80% 的利润来自 20% 的客户或产品，因此应该尽全力来维护这些高价值的客户或推广高利润的产品。在时间管理与个人生活方面，二八法则同样适用。人们发现，80% 的工作成果往往来自 20% 的关键任务。因此，识别并优先处理这些关键任务，可以显著提高工作效率和生活质量。

在提炼 PPT 的重点信息时，也需要遵循二八法则，即从海量繁杂的长文本信息中，精准筛选出最具价值、最能抓住本质的 20% 的关键内容，避免被大量次要信息淹没，从而使重点一目了然，让观众能够快速抓住核心。

由于中文的博大精深，在运用二八法则提炼 PPT 的重点内容时还需要注意以下几点。

1. 内容“高大上”

提炼的内容必须准确，能抓住核心。因为文字字数减少后，语义容易发生变化，所以提炼重点内容时要深入理解文本核心，抓取关键信息，剔除冗余和次要内容，这样才能确保提炼的重点内容不偏题、不跑题。同时，提炼的内容应尽量体现管理思维、管理理念或高水平的专业能力，尤其是大型企业中向上汇报的 PPT，汇报对象多为中高层管理者，他们更关注 PPT 内容的深度。

2. 形式“白富美”

在提炼重点内容时，尽量使用结构一致、语法一致的句式，如统一采用主谓宾或偏正结构，使重点在形式上对称，例如，“加强团队协作，提升工作效率”。同时，应选用简洁词汇，因为简洁的语言更具力量感和清晰度，能更有效地传达核心观点，增强说服力和影响力。简洁表达能直接聚焦关键内容，避免冗余信息干扰，让读者或观众快速抓住要点，且易于理解和记忆，避免因复杂表述导致的理解困难或混淆。在有限的时间内，简洁表达能帮助人们获取更多有价值的信息，提高信息传递效率。应避免使用复杂生僻的词汇，用简单直白的词语准确表达意思，如将“运用”换成“用”，“促进”换成“促”等，以缩短长度。

此外，提炼重点内容应尽量控制字数，保持各重点字数相当，如“精简流程，提高质量，优化服务”，每个重点均为四个字，整齐对称。还可运用对偶、排比等修辞手法，使重点简短对称且有节奏感和表现力，例如“抓重点，破难点，树亮点”。对偶是用字数相等、结构相同、意义对称的一对短语或句子来表达两个相对应或相近或意思相同的修辞方式。对偶独具艺术特色，看起来整齐醒目，听起来悦耳，读起来朗朗上口，便于记忆、传诵。

3. 数字 + 逻辑词

在提炼内容时，应尽量体现“数字＋逻辑词”的组合。首先，数字能够清晰、准确地反映信息的要点数量，使信息更具条理性和可记忆性。例如，国家提出的“六稳”“六保”，其中“六稳”涵盖稳就业、稳金融、稳外贸、稳外资、稳投资、稳预期，这六大方面是我国经济发展的关键领域；“六保”则包括保居民就业、保基本民生、保市场主体、保粮食能源安全、保产业链供应链稳定、保基层运转，这六大方面是保障民生、维护社会稳定和促进经济发展的核心。再如，“五新联通”是中国联通在推进自身发展过程中提出的“新治理、新基因、新运营、新动能、新生态”五大建设方向，明确指出了其发展的关键领域。

另外，逻辑词能够准确反映要点之间的逻辑关系，明确是递进强关联还是并列弱关联关系。如果是递进强关联，一定要显性表达出来，否则，默认为弱关联并列关系。强关联逻辑词主要有“步骤、部曲、阶段、过程、流程”等词语；弱关联逻辑词则更为常见，如“三板斧”“四轮驱动”“三驾马车”“五位一体”“几大策略”“几大路径”“几大法宝”“几大举措”“几大方法”“几大方向”“几大锦囊”“几大武器”等。例如，“三融三力”是中国移动提出的战略理念，“三融”即融合、融通、融智，体现了递进的逻辑关系；“三力”则是能力、合力、活力，为并列关系。又如，某公司的“新四化战略”，包括多极化、中性化、前沿化、集约化，明确指出了其战略的四个方向。再如，某公司的“三好”经营宗旨，即研制好产品、创建好品牌、提供好服务，通过“好”字串联，形成并列关系，清晰地表达了其经营的核心。

3.3.2 案例解析：某商业谈判沟通故事的启发

下面 4 段比较长的文字内容是放在一页 PPT 中的。请结合上面提到的方法，思考一下如何用精练的语言概括这 4 段长文本的重点内容。

某商业谈判沟通故事带给我们的启发如下：

- 任何沟通都需要了解对方的状况以及自身的实际状况，知己知彼才能百战不殆！重视沟通中的“文化”要素。成功的沟通必须站在对方的立场，根据沟通对象的文化、习惯、背景，选择沟通的方式，时时注意设身处地为对方着想，了解与尊重对方的感受与需求，并做出积极而合适的回应。
- 以老乡、同学关系建立起初步的信任，使 A 有机会进一步拉近与 B 的距离，并提出自己的解决方案。

- 在商场上，沟通大多涉及利益分配，如何权衡利益是沟通的核心。在进行沟通之前，必须考虑每个利益相关者的利益诉求。
- 参与利益分配的沟通双方要有对等或者足以展现自己实力的筹码，A 与高管 E 的关系，自己在手机销售行业的经验，二级代理商的资源，合理的库存问题解决方案，均是 A 与 B 谈判沟通的砝码。

接下来详细解读上述内容中每段话的核心信息，并用关键词语进行总结。

首先，通读原文第一段话，发现都是在讲了解对方的重要性，同时也说到了解自身实际情况。原文中刚好有“知己知彼”，因此可以用“知己知彼”这 4 个字来概括第一段话的核心要点。

其次，通读原文第二段话“以老乡、同学关系建立起初步的信任，使 A 有机会进一步拉近与 B 的距离，并提出自己的解决方案。”，发现主要是在讲建立信任的重要性。因此可以用“建立信任”这 4 个字来概括总结第二段话的核心要点。

接着，通读原文第三段话“在商场上，沟通大多涉及利益分配，如何权衡利益是沟通的核心。在进行沟通之前，必须考虑每个利益相关者的利益诉求。”，发现主要是讲利益分配或者权衡利益。因此可以用“权衡利益”或者“利益分配”4 个字来概括第三段话的核心要点。

最后，通读原文第四段话，发现主要是讲沟通的实力、筹码或者砝码。因此可以用“展示实力”或者“展示筹码”4 个字来总结概括第四段话的核心要点。修改后的内容如图 3-9 所示。

● 任何沟通都需要了解对方的状况以及自身的实际状况，知己知彼才能百战不殆！重视沟通中的“文化”要素。成功的沟通必须站在对方的立场，根据沟通对象的文化、习惯、背景，选择沟通的方式，时时注意设身处地为对方着想，了解与尊重对方的感受与需求，并做出积极而合适的回应。	知己知彼
● 以老乡、同学关系建立起初步的信任，使A有机会进一步拉近与B的距离，并提出自己的解决方案。	建立信任
● 在商场上，沟通大多涉及利益分配，如何权衡利益是沟通的核心。在进行沟通之前，必须考虑每个利益相关者的利益诉求。	权衡利益
● 参与利益分配的沟通双方要有对等或者足以展现自己实力的筹码，A与省联通高管E的关系，自己在手机销售行业的经验，二级代理商的资源，合理的库存问题解决方案，均是A与B谈判沟通的砝码。	展示筹码

图 3-9

根据前面介绍的简短对称原则，大部分读者可能会整理出 4 句核心要点：知己知彼、建立信任、权衡利益、展示筹码（或实力筹码）。该案例的标题是“某商业谈判沟通故事带给我们的启发”，启发是什么？启发是“知己知彼、建立信任、权衡利益、展示筹码”。将主标题和概括的 4 句话连接起来，即：

- 某商业谈判沟通故事带给我们的启发是：知己知彼。
- 某商业谈判沟通故事带给我们的启发是：建立信任。
- 某商业谈判沟通故事带给我们的启发是：权衡利益。
- 某商业谈判沟通故事带给我们的启发是：展示筹码。

大家发现上述 4 句话有什么问题吗？首先，这 4 句核心要点不够精准、明确，尽管它们已经涵盖了原文中的核心含义，但是核心含义不够完整。其次，这 4 句话是什么关系？它们是不是孤立的？原因在于缺少一条逻辑主线将它们串起来。那这条逻辑主线是什么？

接下来，先从整体视角总结整页 PPT 的内容。该案例的标题是“某商业谈判沟通故事带给我们的启发”，随后用 4 段文字分别阐述了 4 个方面的启发，即通过 4 个要素来说明如何实现成功的商业谈判和沟通。换言之，这 4 个要素构成了成功商业谈判沟通的关键要素。因此，要素逻辑是该页 PPT 背后的底层逻辑，通过要素逻辑将这 4 段文字串联起来。接下来，再考虑每个要素是如何影响成功商业谈判沟通的。

通读原文后发现，在第三段中有一句“权衡利益是沟通的核心”，这为我们提炼和概括文字提供了灵感。于是，统一采用“A 是沟通的 B”这一模式和语法结构，对 4 句提炼的核心要点进行补充。例如：知己知彼是沟通起点，建立信任是沟通基础，权衡利益是沟通核心，展示实力是沟通筹码。最终页面如图 3-10 所示。（说明：因中文的博大精深，因此总结概括的语言是没有标准的）

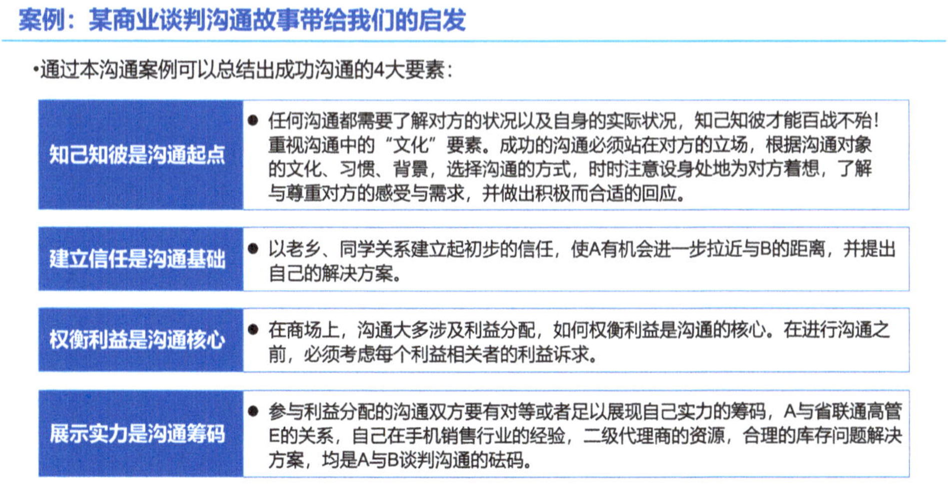

图 3-10

3.3.3 案例解析：关于如何成为管理者的思考

下面 4 段文字描述了“关于如何成为管理者的思考”，大家结合上面提到的方法，思考一下如何用简短的语言来概括这 4 段文本的重点内容。

关于如何成为管理者的思考：

- 拥有主观能动性的人，总会有积极进取的心态和永不懈怠的精神状态。消沉、推脱、混日子，与想干事的奋斗者无关。实践表明，任何伟大事业的成功，任何伟大梦想的实现，都源于一个“干”字。不干事、不担当，不仅对事业有害，对个人成长也是百害而无一利的。
- 面对各种新情况、新问题，没有几把刷子是干不了的，没有真功夫是干不出漂亮活儿的。管理者不仅要有担当的宽肩膀，还要有成事的真本领。
- 干成事是一种落实、一种目标，想干事、会干事，目的是要干成事。做事无功，干就是白干。管理者要把各项工作往实里做、往深里做，争取干一件成一件。
- 每个管理者必须始终做到廉洁自律，不触碰公司红线，培养和强化自我约束、自我控制的意识和能力，守住不出事的底线。

接下来详细解读上面案例中每段话的核心信息，并用关键词总结。

首先，通读原文第一段话，发现原文“拥有主观能动性的人，总会有积极进取的心态和永不懈怠的精神状态。消沉、推脱、混日子，与想干事的奋斗者无关。”主要讲做事要有主观能动性。因此可以用“主动性”来总结。

其次，通读原文第二段话，发现原文有“没有真功夫是干不出漂亮活儿的。管理者不仅要有担当的宽肩膀，还要有成事的真本领。”，主要讲做事要有真功夫、真本事或者真本领。因此可以用“真功夫”或者“真本领”来总结。

接着，通读原文第三段话，发现原文有“干成事是一种落实、一种目标，想干事、会干事，目的是要干成事。”，主要讲要把事情干成。因此可以用“干成事”来总结。

最后，通读原文第四段话，发现原文有“廉洁自律、不碰红线、守住不出事的底线”等词语，主要讲做事要廉洁自律，或者要有底线。因此可以用“守底线”来总结。最终的页面如图 3-11 所示。

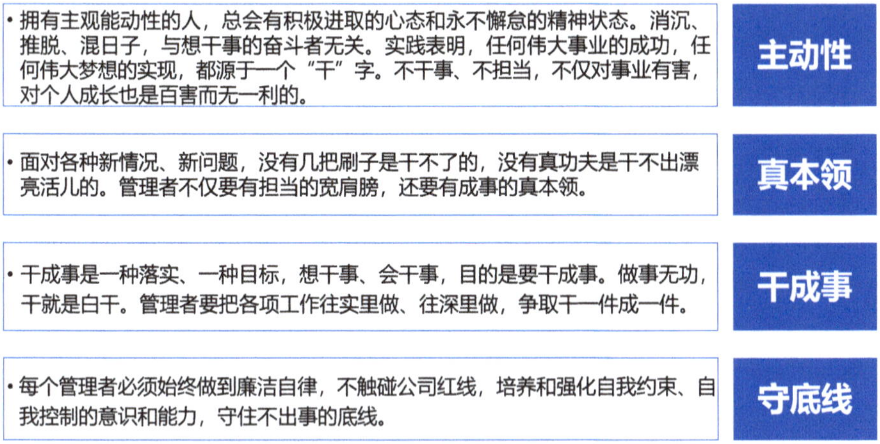

图 3-11

根据前面介绍的简短对称原则，大部分读者可能会整理出 4 个核心要点：主动性、真本领、干成事、守底线。然而，这 4 句话虽然简洁，但记忆点和表现力稍显不足。能否将其转换成更具记忆点和表现力的词语呢？在原文第三段话中，多次提到与“事”相关的内容，这为我们提供了参考方向。例如，可以将“主动性”改为“想干事”，“真本领”改为“会干事”，“守底线”改为“不出事”，这样不仅保持了简洁性，还增强了记忆点和表现力。修改后的页面如图 3-12 所示。

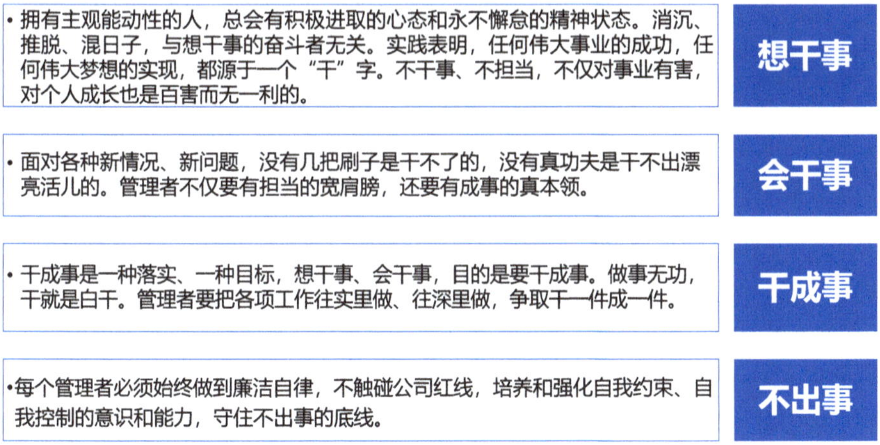

图 3-12

总结概括出“想干事、会干事、干成事、不出事”这 4 个以“事”结尾的词语，读起来朗朗上口。然而，这 4 个词语也存在两个问题：一是含义不够精准、明确，仍显得有些笼统和模糊；二是没有清晰地说明这 4 个词语与管理者之间的关系。

标题是“关于如何成为管理者的思考”，正文提到的“想干事、会干事、干成事、不出事”这 4 个要素，是如何与标题关联的呢？如果用一句话概括，那就是“成为管理者的四大要素”。接下来，需要进一步明确每个要素是如何影响管理者的。

具体来说，想干事是成为管理者的前提，体现了积极主动的态度；会干事是成为管理者的路径，强调了专业能力和方法；干成事是成为管理者的具体目标，突出了成果导向；不出事则是成为管理者的底线，确保了行为的规范和风险的控制。最终页面如图 3-15 所示。

案例：关于如何成为管理者的思考

想干事是成为管理者的前提	•拥有主观能动性的人，总会有积极进取的心态、永不懈怠的精神状态。消沉、推脱、混日子，与想干事的奋斗者无关。实践表明，任何伟大事业的成功，任何伟大梦想的实现，都源于一个“干”字。不干事、不担当，不仅对事业有害，对个人成长也是百害而无一利的。
会干事是成为管理者的路径	• 面对各种新情况、新问题，没有几把刷子是干不了的，没有真功夫是干不出漂亮活儿的。管理者不仅要有担当的宽肩膀，还要有成事的真本领。
干成事是成为管理者的目标	•干成事是一种落实、一种目标，想干事、会干事，目的是要干成事。做事无功，干就是白干。管理者要把各项工作往实里做、往深里做，争取干一件成一件。
不出事是成为管理者的底线	•每个管理者必须始终做到廉洁自律，不触碰公司红线，培养和强化自我约束、自我控制的意识和能力，守住不出事的底线。

图 3-13

3.3.4 案例解析：某公司人力资源优化的 4 个原则

下面的案例介绍的是某公司关于人力资源优化的 4 个原则，正文用比较长的文字描述了这 4 个原则。结合上面提到的方法，大家思考一下如何用简短的语言概括这 4 句文本的重点内容。

某公司人力资源优化的 4 个原则

- 确定部门职责内每一项工作的耗时，并汇总出部门的工作总量
- 根据工作总量，以每年 255 天计，得出部门完成工作所需的最基本的人力
- 确定岗位名称及其编制，以及聘任的基本标准和考核指标
- 对岗位人员进行测评与分析，依据测评结果确定各岗位合格人选

接下来详细解读上述案例中每句话的核心信息，并用关键词总结出来。

第 1 句话是“确定部门职责内每一项工作的耗时，并汇总出部门的工作总量”，它的落脚点是“工作总量”，但“工作总量”是名词，名词前面需要动词才能形成相对完整的意思。进一步分析发现，原文“工作总量”前面有“汇总”的动词。因此第 1 句可以概括为：如何汇总工作总量。

第 2 句话是“根据工作总量，以每年 255 天计，得出部门完成工作所需的最基本的人力”，它的落脚点是“基本人力”。“基本人力”前面的动词是“得出”。因此第 2 句话可以概括为：如何得出基本人力。

第 3 句话是“确定岗位名称及其编制，以及聘任的基本标准和考核指标”，它的落脚点是“岗位标准”。“岗位标准”前面的动词是“确定”。因此第 3 句话可以概括为：如何确定岗位标准。

第 4 句话是“对岗位人员进行测评与分析，依据测评结果确定各岗位合格人选”，它的落脚点是“岗位人选”。“岗位人选”前面的动词是“确定”。因此第 4 句话可以概括为：如何确定岗位人选。

优化后的页面如图 3-14 所示。

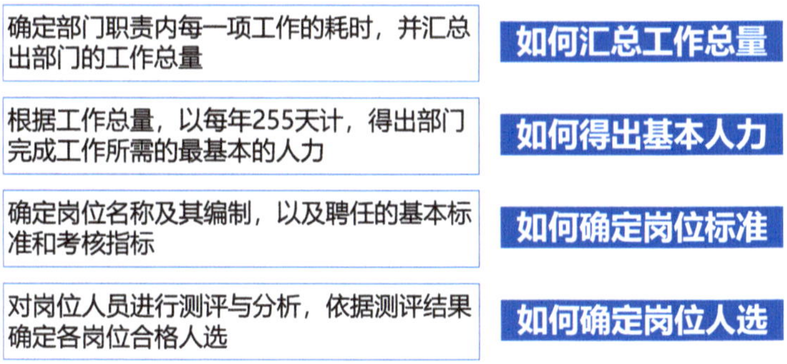

图 3-14

从原文的 4 句文本信息中分别提炼出 4 句相对简短的核心观点。接下来对这 4 句相对简短的核心观点进行优化。通过分析发现，前面两句话的动词分别是“汇总”和“得出”，后面两句话的动词都是“确定”，而“确定”可以涵盖“汇总”和“得出”的意思。因此可以考虑统一用动词“确定”，即：

- 如何确定工作总量
- 如何确定基本人力
- 如何确定岗位标准
- 如何确定岗位人选

进一步分析发现，“如何”是多余的，因此可以把“如何”删除。另外，“定”可以涵盖“确定”的意思，“确”也可以删除。因此，把“如何”和“确”删除后，可以得到如下结果：

- 定工作总量
- 定基本人力
- 定岗位标准
- 定岗位人选

在5个字的基础上进一步分析发现，“工作”“基本”“标准”“岗位”都是多余的，因此分别删除以上词语后得到如下结果：

- 定总量
- 定人力
- 定岗位（或：定标准）
- 定人选（或：定人员）

在3个字的基础上进一步精简成两个字。其中，“定总量”的“总”可以删除；“定人力”的“人力”可以用“编”代替；“定岗位”的“位”可以删除；“定人员”的“人”或“员”可以删除。最终得到如下结果：

- 定量
- 定编
- 定岗
- 定员

经过上述优化后的页面如图3-15所示。

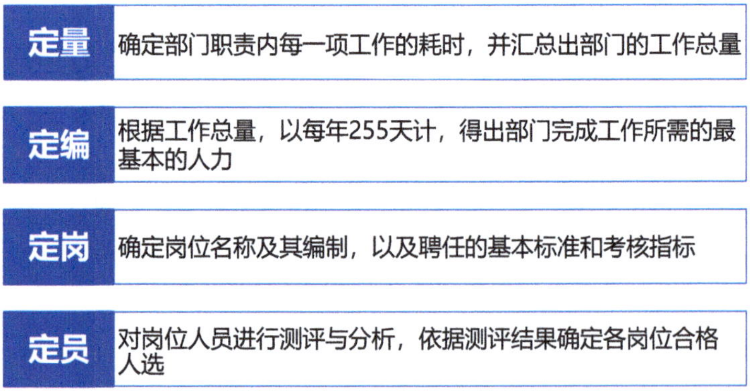

图3-15

概括为“定量、定编、定岗、定员”这4个以“定”字开头的词语，虽然具有一定的记忆点和表现力，但存在两个问题。首先，这些词语的含义不够精准、明确，仍然显得笼统和模糊，没有概括出如何“定”的核心要点。其次，“定量、定编、定岗、定员”这4组词之间的逻辑关系没有阐述清楚。经过分析发现，它们存在递进依赖关系：通过“定量”来确定“定编”，通过“定编”来确定“定岗”，通过“定岗”来确定“定员”。这种递进关系是强关联，必须显性表达出来，否则容易被误解为并列弱关联。

现在已经明确了这4句话的逻辑关系，接下来如何完善和优化呢？常见的有以下几种答案：

- 答案1：在前面分别加上词语“第一”“第二”“第三”“第四”。
- 答案2：在前面分别加上序号“一”“二”“三”“四”。
- 答案2：在前面分别加上词语“首先”“其次”“再次”“最后”。

以上答案只是简单地表达了逻辑顺序，并未精准地表达出如何“定”的核心。在前面已提到，它通过量来定编，通过编来定岗，通过岗来定员。然而，这种表述还不够明确。进一步分析原文发现，其“定量”的依据是职责。因此，可以将这4个点进行完善，使其更加简洁明了。例如，将“通过职责来定量”改为“以责定量”，“通过量来定编”改为“以量定编”，“通过编来定岗”改为“以编定岗”，“通过岗来定员”改为“以岗定员”。最后得到如下答案：

- 以责定量
- 以量定编
- 以编定岗
- 以岗定员

接下来分析一下“以责定量、以量定编、以编定岗、以岗定员”短语比“定量、定编、定岗、定员”词组更好的原因。首先，“以A定B”的语法结构不仅把如何“定”的依据体现出来了，而且把“定量、定编、定岗、定员”之间的前后依赖关系体现出来了，最终实现了总结概括的内涵更精准，逻辑更清晰。

最后，考虑如何通过图形化的方式形象地呈现出来。由于这4组词具有递进关系，因此可以采用纵向的流程递进图形来表示。具体而言，可以设计一个从上到下的流程图，清晰地展示“以责定量→以量定编→以编定岗→以岗定员”的递进关系，如图3-16所示。

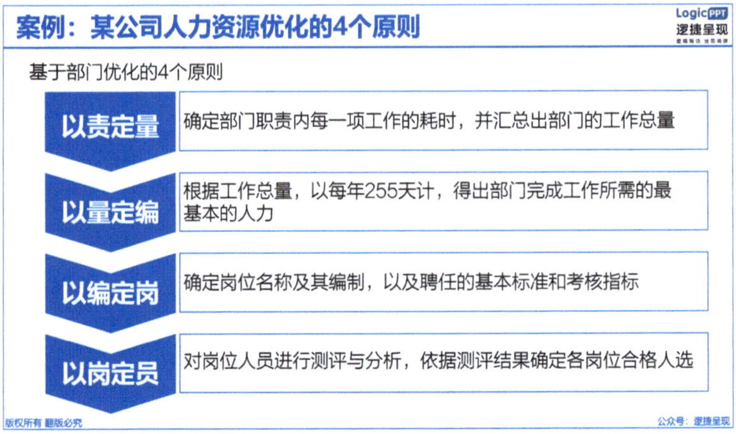

图 3-16

另外，也可采用横向的流程递进图形来表示，如图 3-17 所示。

图 3-17

3.3.5 案例解析：芯片设计制造的技术难点分析

从事生产制造、研发等技术工作的人员在进行 PPT 汇报时，往往容易陷入细枝末节。他们习惯从具体的技术原理、流程和数据等方面去思考问题，这种思维方式导致他们在口头汇报或用 PPT 汇报时，不自觉地将重点放在技术细节上，认为只有把这些细节讲清楚，观众才能理解工作的全貌和内在逻辑。然而，这种做法往往会使汇报显得冗长且难以理解。因此，技术人员更需要提升总结和概括的能力，以及将复杂问题简单化的能力。

下面介绍的是关于芯片设计制造的技术难点分析，正文用了 4 段比较长的文字描述了 4 个技术难点。结合上面提到的方法，大家思考一下如何用简短的语言来总结概括这 4 段文本的重点内容。

芯片设计制造的技术难点分析：

- 设计一款芯片，首先要明确需求，确定芯片“规范”，将电路划分成多个小模块，并清晰地描述出对每个模块的要求。然后运用计算机语言建立模型并验证其功能准确无误。最后，设计人员要将数以亿计的电路按其连接关系，有规律地翻印到一个硅片上。至此，芯片设计才算完成。
- 首先将基础材料沙子经脱氧处理后，净化熔炼成“单晶硅锭”，再横向切割成“晶圆”；然后通过光刻、注入等复杂工序，重复转移到晶圆的一个个管芯上；最后切割管芯，经过封装、测试、筛选等工序完成芯片的制造。这样一条生产线大约涉及 50 多个行业，一般要经过 2000 至 5000 道工艺流程。
- 一款复杂的芯片，从研发到量产，要投入大量人力、物力和财力，时间至少要 3 至 5 年，甚至更长。处理器类芯片还需要配套复杂的软件系统，同样需要大量人力和物力来研制。美国英特尔公司每年研发费用超过百亿美元，有超过 5 万名工程师。
- 芯片的集成度一直遵循摩尔定律迅猛发展，每隔 18 个月翻一番。半个多世纪以来，芯片的性能和复杂度提高了 5000 万倍，特征尺寸则缩减到一根头发丝直径的万分之一，对于芯片研发相对落后的国家，短时间内追赶有难度。

接下来详细解读上述案例中每段话的核心信息，并用关键词总结出来。

首先，分析原文第一段，发现主要阐述了设计芯片的三大步骤，尤其是“设计人员要将数以亿计的电路按其连接关系，有规律地翻印到一个硅片上”这句话，说明芯片设计的架构非常复杂且具有挑战性。因此，可以将第一段话概括为：架构设计难。

其次，分析原文第二段，发现主要阐述了芯片制造工序的复杂性，尤其是“一般要经过 2000 至 5000 道工艺流程”这句话，清晰地说明了芯片制造工序的数量多。因此，可以概括为：制造工序多。

接着，分析原文第三段，发现主要阐述了从研发到量产的周期长。因此，可以概括为：研制周期长。

最后，分析原文第四段，发现主要阐述了追赶欧美国家的难度，尤其是“短时间内追赶有难度”这句话，说明了追赶难度大。因此，可以概括为：追赶难度大。

在提炼正文重点的基础上，进一步对主标题进行精练。经过对正文的分析，发现其主要涉及 4 个技术难点。因此，运用“数字＋逻辑词”方法，可将“芯片设计制造的技术难点分析”精练为“芯片设计制造的 4 大技术难点”。

最后形成的 PPT 页面如图 3-18 所示。

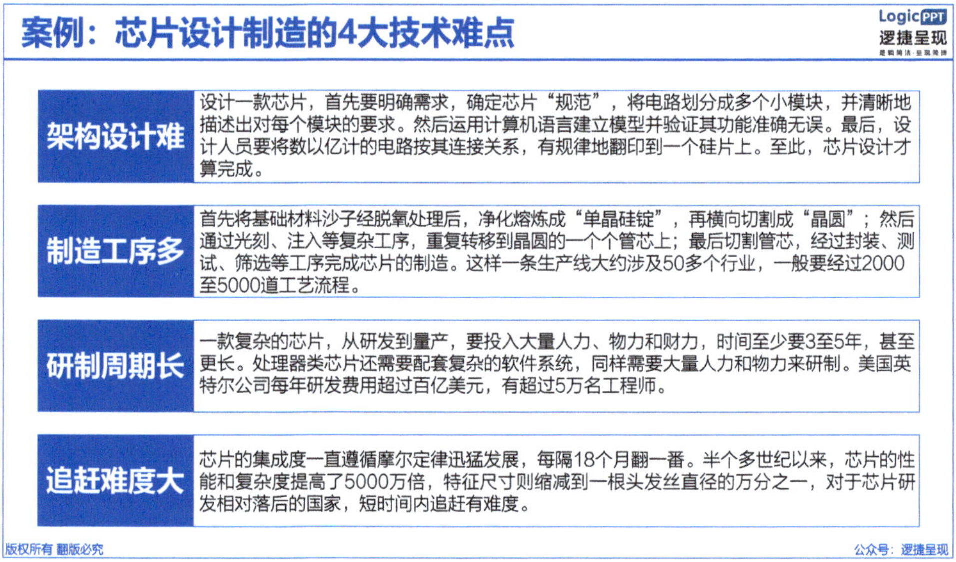

图 3-18

3.3.6 案例解析：汽车无级变速器（CVT）发展趋势分析

下面的案例是某汽车技术人员对汽车无级变速器（CVT）发展趋势的分析，正文用 4 段较长的文字描述了 4 个发展趋势。结合前面提到的方法，大家可以思考一下如何运用简短的语言来总结这 4 段文本的核心点。

汽车无级变速器（CVT）发展趋势

近年来，随着汽车电子技术、新材料及加工技术的不断进步，CVT（Continuously Variable Transmission，无级变速器）正朝着以下几方面发展：

- 结构方面。改进其液压系统，CVT 结构更加小巧和紧凑，降低成本，提高汽车的总体性能，使其性价比进一步提高。

- 性能方面。通过对 CVT 的总体控制，进一步降低其油耗，减少有害气体排放，提高其动力性及舒适性。
- 控制系统。通过不断改进，向滑移控制策略发展，实现更优良的性能；在控制方法方面，将先进的控制方法（例如 PID 控制、模糊控制、神经网络控制、自适应控制等理论）应用于 CVT 离合器控制、速比控制和夹紧力控制中，进一步优化控制策略，实现更为精确的控制。
- 应用领域。将 CVT 应用于混合动力汽车上；将 CVT 拓展为 IVT；前轮驱动 CVT 逐步向后轮驱动 CVT 发展；CVT 最大可传递扭矩在不断提高，因此 CVT 在大排量汽车上应用会更为广泛。

尽管上述案例中的每一段话前面都有简短的描述，但是它们都没有形成精准的核心观点。我们不能用维度来代替精准的观点。“结构方面、性能方面、控制系统、应用领域”这 4 组词语都只是一个维度，没有具体、明确的观点。比如“结构方面”，只能简单地指出原文是从结构方面描述 CVT 的发展趋势，但其发展趋势具体是什么却没有明确指出。接下来详细解读案例中每段话的核心信息，并用关键词总结出来。

首先，分析原文第一段，发现它主要阐述了 CVT 结构更加小巧。因此可以概括为：结构更为精巧。

其次，分析原文第二段，发现它主要阐述了 CVT 的油耗更低、动力更强。因此可以概括为：性能更为优越。

再次，分析原文第三段，发现它主要阐述了 CVT 的控制更加精准。因此可以概括为：控制更为精准。

最后，分析原文第四段，发现它主要阐述了 CVT 的应用会更广泛。因此可以概括为：应用更为广泛。

在提炼正文重点内容的基础上，进一步对主标题进行优化。经过对正文的分析，发现其介绍了 4 个趋势，因此运用“数字 + 逻辑词”方法，可以把“汽车无级变速器（CVT）发展趋势分析”改成“汽车无级变速器（CVT）的 4 大发展趋势”，最终的 PPT 页面如图 3-19 所示。

案例：汽车无级变速器（CVT）的4大发展趋势

LogicPPT 逻捷呈现

结构更为精巧	改进其液压系统, CVT结构更加小巧和紧凑，降低成本，提高汽车的总体性能, 使其性价比进一步提高。
性能更为优越	通过对CVT的总体控制, 进一步降低其油耗, 减少有害气体排放, 提高其动力性及舒适性。
控制更为精确	通过不断改进, 向滑移控制策略发展, 实现更优良的性能; 在控制方法方面, 将先进的控制方法应用于CVT离合器控制 、速比控制和夹紧力控制中, 进一步优化控制策略, 实现更为精确的控制。
应用更为广泛	将CVT应用于混合动力汽车上; 将CVT拓展为IVT; 前轮驱动CVT逐步向后轮驱动CVT发展; CVT最大可传递扭矩在不断提高, 因此CVT在大排量汽车上应用会更为广泛。

版权所有 翻版必究　　公众号：逻捷呈现

图 3-19

3.3.7　案例解析：某银行数字化系统方案介绍

下面的案例是某银行网点现金送存系统的特点介绍，正文用 5 段文字描述了该系统的 5 个特点。结合前面提到的方法，大家思考一下如何用精练的语言来概括这 5 段文本的重点内容。

银行网点现金送存系统的特点：

- 采用微信、支付宝等非现金的移动支付方式进行每日营业缴款，提高资金回笼效率，防止资金风险。
- 有助于解决当前纯邮务网点现金类营收款缴款费时费精力、不及时、业财对账有时差等造成的对账难、责任查找难、清分难、追收难和清理难“五难”的管理痛点。
- 可以有效降低从网点到柜台手工缴款的人工成本和现金押钞的运营成本。
- 系统能屏蔽信用支付等方式，防止套现。
- 支持与代缴业务系统叠加，提供缴款报表、清分报表等，以辅助财务清分。

该案例从技术视角介绍产品，缺乏用户视角，未提炼出客户关注的价值点或收益点，导致该页 PPT 缺乏重点。接下来，我们将从客户价值视角详细解读上述案例中每段话的核心信息，并用关键词进行总结。

通读原文第一段，客户优先关注的词语应该是“提高资金回笼效率，防止资金风险”。因此可以概括为：提效率。

通读原文第二段，客户优先关注的词语应该是“‘五难’的管理痛点”。因此可以概括为：清五难。

通读原文第三段，客户优先关注的词语应该是“人工成本、运营成本”。因此可以概括为：降成本。

通读原文第四段，客户优先关注的词语应该是“防止套现”。因此可以概括为：防套现。

通读原文第五段，客户优先关注的词语应该是“辅助财务清分”。因此可以概括为：辅清分。

在提炼正文重点的基础上，从客户视角进一步对主标题进行优化。经过对正文的分析，发现正文主要介绍了5个技术特点。然而，“5个技术特点”这种表述是典型的技术视角，客户更关注的是这些技术特点能够为他们带来的业务价值。因此，将“5个技术特点”改为“5大业务价值”，以突出客户关注的核心价值。最后形成的PPT页面如图3-20所示。

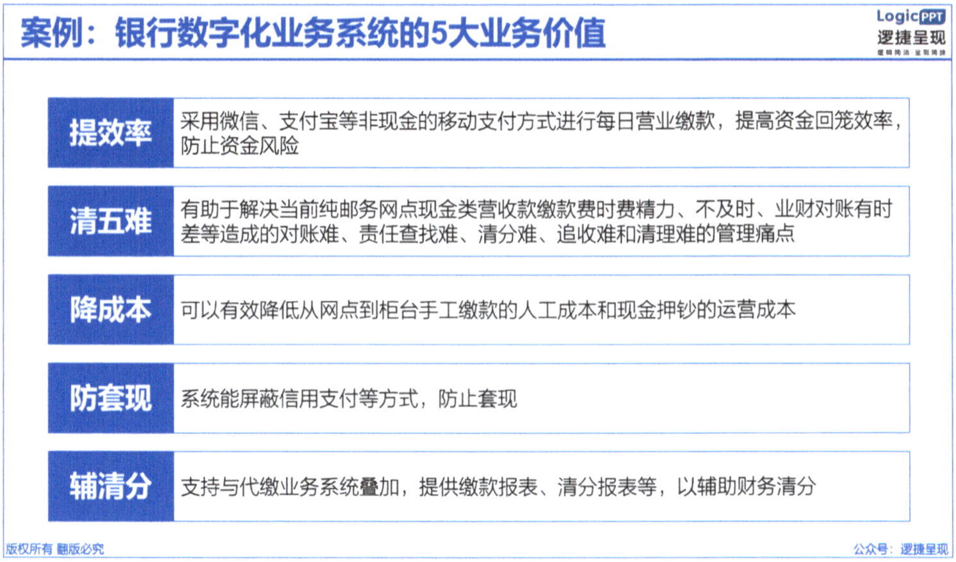

图 3-20

3.4 场景 3：如何在一页 PPT 中呈现多条信息

3.4.1 方法或技巧：分类归纳

当一页 PPT 中有多条信息时，我们需要运用分类归纳的方法进行优化。分类归纳法是一种重要的逻辑思维方法，它基于对象的共同点和差异点，将对象区分为不同的种类，并对每一类对象的共同特征进行归纳总结。通过分类，可以将大量无序、繁杂的信息变得条理清晰且系统化；归纳则是在分类的基础上，从个别对象的特征中概括出同类对象的一般特征。

分类归纳的原理基于事物的相似性和差异性。相似的事物归为一类，不同的事物归为不同类，然后对每一类事物的共同属性进行归纳，得出一般性的结论。分类应遵循穷尽性和互斥性原则，即所有的对象都应能够归入某个类别，且每个对象只能归入一个类别。

注意，分类标准不是唯一的。即不同的分类标准可能会得出不同的结果。比如：鸡、鸭、鹅、鱼，从这 4 项中找出一个不同项。

- 答案 1：鸡。从游泳角度看，鸡不会游泳，其余的都会游泳。
- 答案 2：鱼。从下蛋角度看，鱼产的是卵，其余的都是产蛋。
- 答案 3：鱼。从字形结构角度看，“鱼”字是上下结构的字体，其余的字都是左右结构的字体。
- 答案 4：鱼。从字形的偏旁角度看，鸡、鸭、鹅都有鸟字偏旁，而鱼没有鸟字偏旁。

……

另外，归纳时需要得出精准且明确的核心观点，避免使用“内部和外部”“主观和客观”等维度来描述核心观点。

分类归纳法主要适用于一页 PPT 中有多条信息的场景。接下来以案例形式详细讲解相关的方法和技巧，以及注意事项。

3.4.2 案例解析：某公司行政办公楼选址

下面的案例是某公司行政主管关于办公楼选址的信息描述，加上标题后，一共有 7 条信息。如果用一页 PPT 呈现出来，应该如何实现呢？请大家先思考，再往后阅读。

这栋楼不适合我们办公：

- 只有 1 个会议室，我们需要至少 2 个会议室
- 房子已很旧，翻新需要很高的费用
- 空间太小，办公不方便
- 离地铁口有些远
- 屋顶有些漏水
- 这条街交通太拥堵了

基于上述内容，有 3 种常见的做法。

做法 1：套模板，重形式，轻内涵

本案例由 7 句话组成，其中第一句是结论，其余是解释说明。因此很多人可能会找“总—分”结构的 PPT 模板，模板中间放结论，四周放解释说明，如图 3-21 所示。

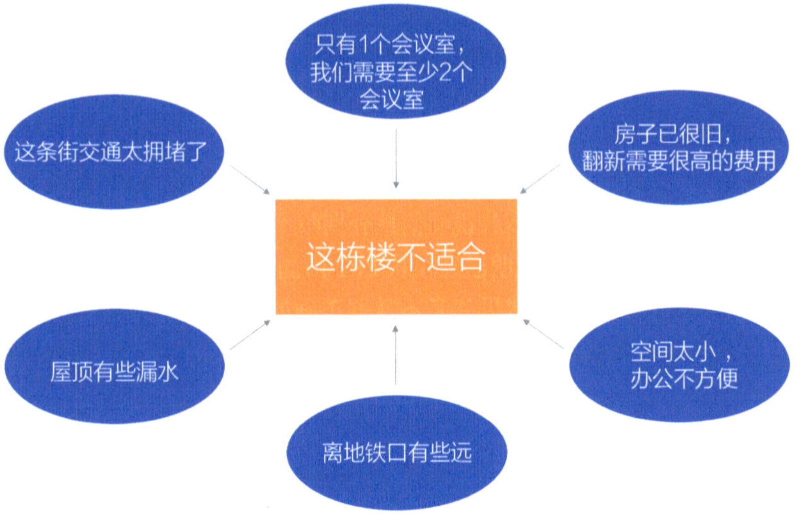

图 3-21

通过图形化方式展示上述 7 条信息，在形式上确实比全文字的表达效果更好。然而，本质上，这与原来的 7 句话并无二致。如果你是观众，你会耐心细读其他 6 句详细的解释文字吗？你又能记住这 6 句话吗？如果答案是否定的，那么这样的表达和演示无疑是失败的。其失败之处在于，向观众传递了过多的信息，却未明确告知观众核心观点是什么。观众不得不在看完所有的详细信息后自行总结核心观点，这无疑增加了观众的认知负担，降低了信息传递的效率。

做法 2：运用二八法则进行总结概括

若利用前面介绍的二八法则，一些读者就会对 6 句详细的解释文字进行逐一总结。例如，将“离地铁口有些远”概括为“远”；“屋顶有些漏水”概括为“漏”；“这条街交通太拥堵了”概括为“堵”…… 然后采用做法 1 中的模板进行整合，最后形成的 PPT 页面如图 3-22 所示。

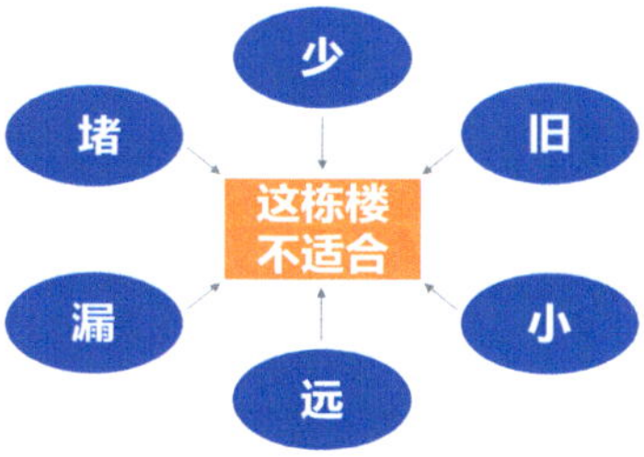

图 3-22

由于做法 2 运用了二八法则进行总结概括，因此做法 2 比做法 1 更能突出重点，如果只是运用二八法则，那么从观众角度还需要看 6 条信息，从演讲者角度还需要讲 6 条信息。因此二八法则不是该案例的最优做法。

做法 3：用内外部进行分类

部分读者可能会尝试将 6 条解释说明的信息进行分类，分为内部原因和外部原因，如图 3-23 所示，再将相应的解释说明信息分别归入对应的内部原因和外部原因中。能够考虑到这种分类的读者，说明已经在从 PPT 内涵的角度去思考如何制作 PPT 了，这是一个正确的方向。然而，如果读者不掌握正确的分类归纳方法，总结提炼的观点就可能会有问题。大家可以思考一下，内部和外部这种分类方式可能会存在哪些问题呢？

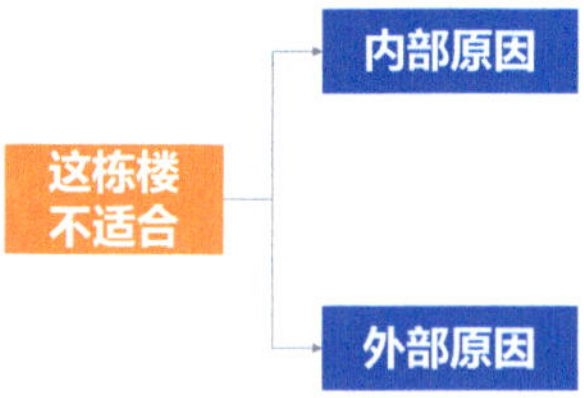

图 3-23

上述案例尽管做了分类，并且看起来做了高度概括，但是这种概括太笼统了。比如：内部原因具体是什么呢？观众还需要继续看后面的解释说明才能进一步理解。由于外部 / 内部（或者主观 / 客观）这些词太笼统，因此它们并没有形成精准、明确的观点和结论。当一页 PPT 有多条信息时，如何将信息分类呢？接下来详细讲解。

首先，拆解结构。前面已经分析过，整页 PPT 文字的结构就是“结论 + 论据”，即通过 6 句话来支持 1 个结论。

其次，寻找共性。以结论为导向，寻找论据中与结论相关的共性点。针对以上案例，结论是“这栋楼不适合我们办公”。不适合的理由有哪些？从这个角度出发，从 6 句论据中寻找共性点并进行分类。通过分析发现，可以从空间、设施（或者维护成本）、交通三个维度进行分类，具体如下：

- 只有 1 个会议室，我们需要至少 2 个会议室（空间）
- 房子已很旧，翻新需要很高的费用（设施）
- 空间太小，办公不方便（空间）
- 离地铁口有些远（交通）
- 屋顶有些漏水（设施）
- 这条街交通太拥堵了（交通）

接下来进行归纳总结。在分类的基础上，概括核心要点，尽量简短对称，并且与结论相呼应。比如空间：房屋面积小；成本：维护成本高；交通：交通不便利。这栋楼不适合办公的理由是房屋面积小、维护成本高、交通不便利。这 3 句高度概括的话才是整页 PPT 的核心要点。

最后一步是 PPT 的形象表达或呈现。在归纳总结的基础上，采用树状结构等形象化的方式，可以突出 3 句核心要点，便于观众快速捕捉要点，从而为观众“减负”。最终的 PPT 页面如图 3-24 所示。

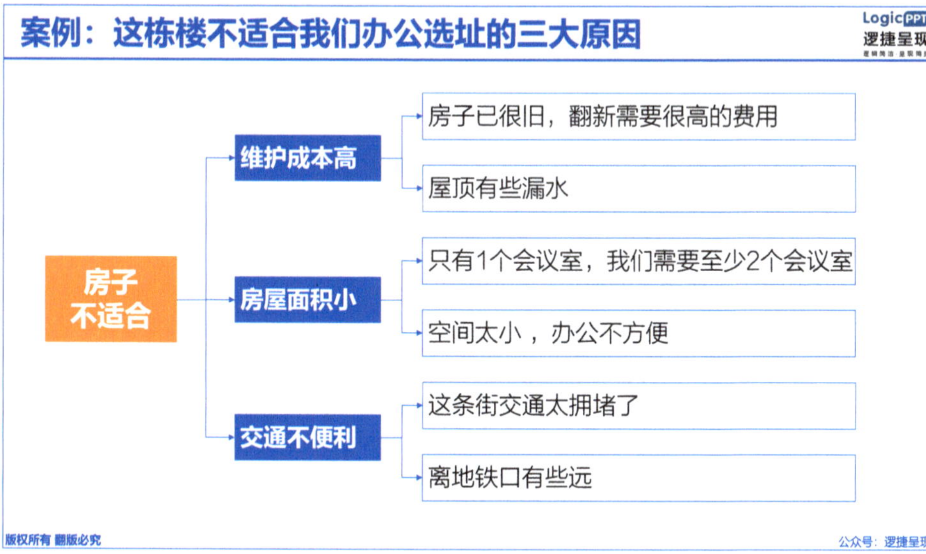

图 3-24

3.4.3 案例解析：某公司利润下滑原因分析

下面的案例是某公司利润下滑的原因分析，加上标题后一共有 8 条信息。如果用一页 PPT 呈现出来，应该如何实现呢？请大家先思考，再往后阅读。

> 某公司利润下滑的原因：
>
> - 人力成本升高
> - 公司遭受新法规的高额处罚
> - 房租成本升高
> - 竞争对手快速崛起
> - 电子设备原材料成本升高
> - 竞争对手的价格更有优势
> - 政府税收优惠取消

接下来运用前面介绍的方法和技巧进行详细讲解。

首先，拆解结构。该案例的标题是讲利润下滑的原因，下面详细阐述了 7 个原因，因此整页 PPT 文字的结构就是“结论 + 论据”，即通过 7 句话来支撑 1 个结论。

其次，寻找共性。该案例分析了利润下滑的 7 个原因，总结了 7 个原因的共性。其中“政府税收优惠取消”可以从多个视角进行归类，比如从财务视角，税收可以归为成本；从不可抗因素角度，税收可以归为政策。

- 人力成本升高（成本）
- 公司遭受新法规的高额处罚（政策）
- 房租成本升高（成本）
- 竞争对手快速崛起（竞争）
- 电子设备原材料成本升高（成本）
- 竞争对手的价格更有优势（竞争）
- 政府税收优惠取消（政策）

接下来进行归纳总结。在分类的基础上，高度总结核心点。比如：成本升高、竞争加剧、政策变动。最终形成的 PPT 页面如图 3-25 所示。

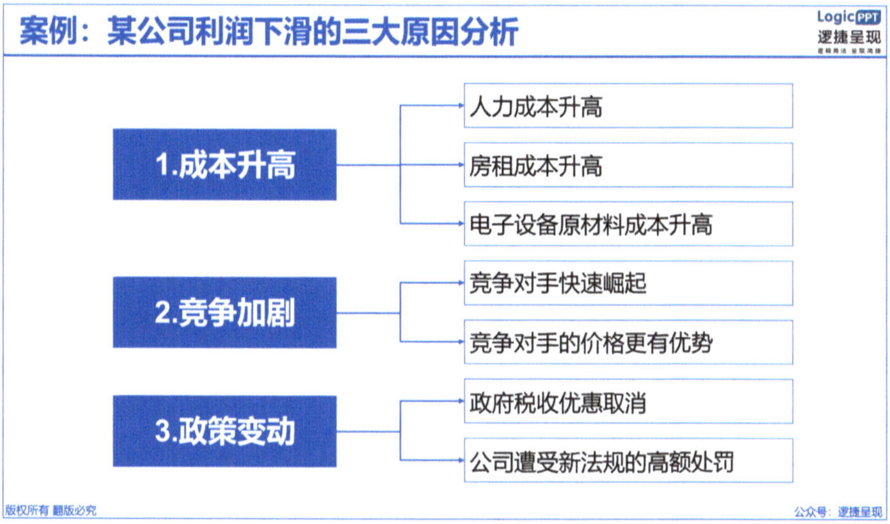

图 3-25

3.4.4 案例解析：设备操作者基本素质要求

下面的案例是关于某公司设备操作者基本素质要求的描述。如果用一页 PPT 呈现出来，应该如何实现呢？请大家先思考，再往后阅读。

设备操作者基本素质要求：

- 操作者应对设备负保、管、养责任，未经部门的设备主管同意，不允许他人擅自动用设备。
- 设备开启后，严禁擅离操作岗位。
- 严格遵守设备及安全操作规程，禁止超压、超负荷使用。
- 发现异常应立即停机检查，防止设备事故发生。
- 操作者需严格执行设备日常点检、保养制度或规范。
- 每班次上班前应有 10~20 分钟擦拭、检查、保养设备时间。
- 操作者必须参加、配合故障修理及修后验收工作。

接下来运用前面介绍的方法和技巧进行分析。

首先，寻找共性。该案例阐述了设备操作者应具备的 7 项基本素质，主要包括如何看管好设备、如何正确使用好设备，以及如何维护好设备。因此，这些信息可以划分为三大类：看好设备、用好设备、护好设备。

- 操作者应对设备负保、管、养责任，未经部门的设备主管同意，不允许他人

擅自动用设备。（看好设备）

- 设备开启后，严禁擅离操作岗位。（看好设备）
- 严格遵守设备及安全操作规程，禁止超压、超负荷使用。（用好设备）
- 发现异常应立即停机检查，防止设备事故发生。（用好设备）
- 操作者需严格执行设备日常点检、保养制度或规范。（护好设备）
- 每班次上班前应有10~20分钟擦拭、检查、保养设备时间。（护好设备）
- 操作者必须参加、配合故障修理及修后验收工作。（护好设备）

其次，归纳总结。在分类的基础上概括重点。看好设备、用好设备和护好设备都是操作者应该具备的基本素质，但是这三大要求分别对操作者有哪些不一样的具体要求呢？比如：看好设备是基础，用好设备是能力，护好设备是责任。

最后，形象表达。在归纳总结的基础上，借助图形化手段在PPT中进行形象呈现。比如，可采用树状结构来展示，也可运用纵向的并列关系来呈现。最终效果如图3-26所示。

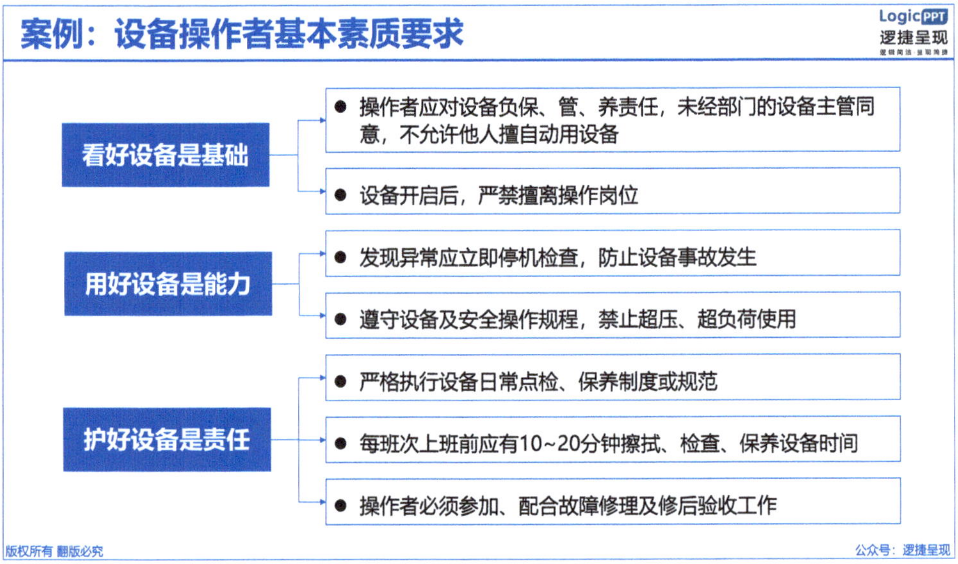

图 3-26

3.4.5 案例解析：某电子产品优势介绍

下面的案例是某公司电子产品A的优势介绍，加上标题后一共有9条信息。如果用一页PPT呈现，应该如何实现呢？请大家先思考，再往后阅读。

某电子产品A的优势介绍：

- 产品的设计柔性适用于不同平台。
- 更低的高度，容易满足模组顶部高度空间的尺寸要求。和传统方案相比，能降低50%的高度。
- 大幅降低材料的整体重量。
- 去除了复杂的线束设计，模组采样更可靠，成本更低。
- 简化设计，提升了产品的生产效率、上游厂商的物料处理效率和生产效率。
- 助力自动化生产，降低成本，大幅提升了品质管控水平。
- 提高了模组电芯排布的柔性。
- 可以在产品A和传统产品B之间做切换。

接下来运用前面介绍的方法和技巧进行分析。

首先，寻找共性。由于该案例用于向客户介绍电子产品A的优势，因此需要从客户视角考虑。客户会关注哪些信息，或者客户购买该产品的核心理由是什么？通读原文，该案例的信息可以归纳为尺寸、成本、重量、应用四大维度。

- 产品的设计柔性适用于不同平台。（应用）
- 更低的高度，容易满足模组顶部高度空间的尺寸要求。和传统方案相比，能降低50%的高度。（尺寸）
- 大幅降低材料的整体重量。（重量）
- 去除了复杂的线束设计，模组采样更可靠，成本更低。（成本）
- 简化设计，提升了产品的生产效率、上游厂商的物料处理效率和生产效率。（成本）
- 助力自动化生产，降低成本，大幅提升了品质管控水平。（成本）
- 提高了模组电芯排布的柔性。（应用）。
- 可以在产品A和传统产品B之间做切换。（应用）

其次，归纳总结。在分类的基础上概括重点。从客户视角，在归纳的维度上精准概括结论，比如尺寸更小、成本更低、重量更轻、应用更活。运用“数字+逻辑词”方法对标题进行概括，比如：某电子产品的四大优势（小、低、轻、活）。

最后，形象表达。在归纳总结的基础上，利用图形化的方式将内容呈现在PPT中，如图3-27所示。

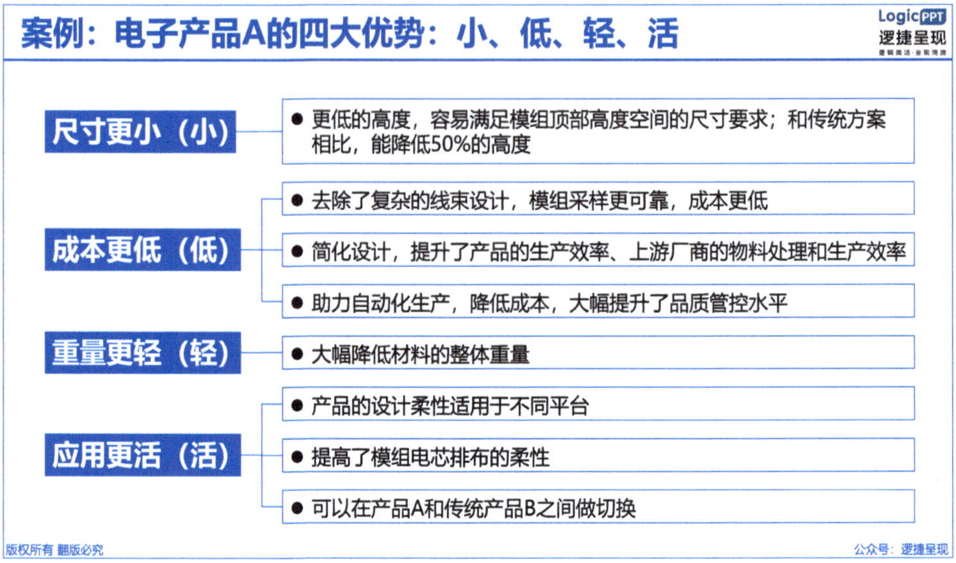

图 3-27

3.5 场景 4：如何在 PPT 中实现复杂信息简单化

许多汇报型 PPT 的制作通常基于已有的 Word 文档，例如，一份市场调研报告可能长达几十页。此外，还有领导的重要讲话稿、重大会议的会议纪要、上级单位的重要文件以及领导的一些想法等。如果制作者没有对这些内容进行重新梳理，只是简单地复制和粘贴到 PPT 中，就会导致 PPT 中出现大量的大段落文字信息。

复杂信息简单化是一种非常重要的能力，它可以帮助我们更高效地理解、处理和传达信息。接下来介绍将复杂信息简单化的一些具体方法或技巧。

3.5.1 方法或技巧：结论先行

在面对大段落、大篇幅文字的 PPT 内容时，需要运用金字塔原理中的“结论先行”方法来提炼核心内容。金字塔原理由麦肯锡顾问巴巴拉·明托在其著作《金字塔原理》中提出，主要描述了一种思考、表达和解决问题的逻辑结构。该理论强调将复杂问题或观点通过逻辑清晰、条理分明的结构进行组织和表达。“结论先行”是金字塔原理中的一种重要表达方式和思维方式。

“结论先行”是指在表达观点、传递信息或进行论述时，首先呈现核心结论或关键观点，然后展开详细阐述、说明理由或提供支持性证据。这样做的目的是让受众能够快速理解主旨，避免他们在听到诸多细节后仍不清楚最终的观点。

“结论先行”的表达方式具有三大优点。第一，它能够显著提升沟通效率。在当今快节奏的生活与工作环境中，人们鲜有充裕时间从海量繁杂的信息中筛选、提炼关键观点。而“结论先行”则能迅速将核心观点呈现给受众，使其在极短时间内判断该信息是否契合自身需求、是否有必要深入了解细节内容，从而高效利用时间与精力。第二，“结论先行”有助于增强说服力。当受众率先知晓结论后，在后续接触支持性理由与证据时，便能更有针对性地思考这些内容与结论间的内在联系，进而更易被说服。反之，若未先行呈现结论，受众在众多细节信息中就容易迷失方向，难以把握整体观点，对其接受程度也会大打折扣。第三，“结论先行”便于受众理解与记忆。信息的开头部分往往更容易吸引受众注意，而结论作为核心内容，在后续详细阐述过程中会不断得到强化，从而加深受众印象。例如，在向领导或客户汇报项目进展时，若采用“结论先行”方式，可先明确指出：“我们的项目目前已提前完成关键阶段，且成本控制在预算范围内，这主要得益于高效的团队协作与优化的流程。”随后再详细阐述团队协作方式、流程优化细节等内容，使汇报条理清晰、重点突出。

面对具有大篇幅文字的 PPT 时，需要按照找结论、找论据、验逻辑三步将复杂信息简单化处理。

第一步：找结论。

什么是结论？从逻辑学角度看，结论是从一定的前提推论中得到的结果，是对事物做出的总结性判断。从哲学观点看，结论是相对于一定条件而言的，结论与条件互为因果关系。

在 PPT 报告中，结论分为两种：隐性结论和显性结论。显性结论比较容易理解，即 PPT 原文中有明显的标识语句，是直接表述出来的观点或结果。例如：

- 我们应出售房子，理由如下……（本案例的结论是“要出售房子”）
- 某城市经济发展滞后，理由如下……（本案例的结论是“经济发展滞后”）

以上案例都有明确的结论，属于显性结论。然而，在现实中还有一种隐性结论。它是指在信息表达中，没有明确地陈述出来，而是需要通过对所给的各种信息进行分析、推理、归纳等思维活动才能得出的结论。隐性结论没有直观呈现，而是隐藏在文本、数据、现象等背后。在实际的 PPT 中，由于种种特殊原因，有时不能直接表达结论，而需要采用隐晦的方式表达结论，即结论是隐性结论。如果 PPT 报告的结论是隐性结论，那么在提炼核心观点时就需要将隐性结论显性化。

以下是一些常见的表达隐性结论的场景。

- 介绍公司，隐晦地告诉客户“公司实力强大”的隐性结论。
- 介绍工作进展或者目前的挑战和问题，隐晦地告诉领导，需要得到资源支持等隐性结论。
- 介绍工作成果，隐晦地向领导传递自己付出多、功劳大等隐性结论。
- 在求职面试场景中做个人介绍，隐晦地告诉面试官“自己能胜任该岗位”。
- 在竞聘上岗场景中做个人介绍，隐晦地告诉面试官“自己是该岗位的最佳人选”。
- 向客户介绍产品或者工作方案，隐晦地告诉对方“该产品或方案是最适合、最佳的”。

第二步：找论据。

在明确结论的基础上，需要找到相应的有效论据。有效论据是指能够合理、有力地支持核心观点或结论的证据或理由，它需要具备以下特点：

- 相关性：论据必须与核心观点直接相关，不能偏离主题。
- 可靠性：论据必须来自可信的来源，如权威研究、统计数据或专家观点。
- 充分性：论据需要足够有力，能够支持观点，而不是模棱两可的。
- 清晰性：论据的表达要简洁明了，避免复杂或冗长的表述。

客观的数据和统计信息是最佳的有效论据之一，因为具体的数据或统计结果能够有力地支持观点，具有很强的说服力。在报告中“用数据说话”是一种非常重要的写作策略，它能够增强报告的可信度、说服力和专业性。然而，在报告中使用数据时，必须确保数据来源可靠、准确。数据可以来自权威机构、专业调研、内部统计或科学实验。例如：根据某知名市场调研公司的调研结果，90% 的用户表示，A 产品的用户体验优于竞争对手的产品。

此外，权威观点或引用也是一种有效论据。引用知名专家、学者或权威机构的观点，可以增强观点的可信度。权威通常指在某一领域内具有高度信赖感和受尊重地位的个人、组织或观点。常见的权威机构包括政府机构（如国家统计局，提供国民经济、社会、民生等权威数据）、国际组织（如世界银行公开数据，涵盖人口、经济等多个领域的数据）、专业机构与咨询公司（如德勤、麦肯锡、波士顿咨询集团等）、学术机构等。例如：根据哈佛商学院的研究，良好的团队沟通可以将效率提升 25%。

第三步：验逻辑。

最后一步是验证结论和论据的合理性。论据和结论相呼应是逻辑推理和有效论证的核心原则。它要求论据能够直接支持结论，并且结论能够合理地从论据中推导出来。这种呼应关系确保了论证的连贯性和说服力。在逻辑推理中，结论是你想要证明的观点或主张，而论据是支持结论的理由或证据。两者相呼应意味着：论据必须与结论直接相关，不能偏离主题；论据能够合理地支持结论，而不是模棱两可或无关紧要；结论能够从论据中自然推导出来，而不是凭空产生。

以下是论据和结论相呼应的示例。

- 结论：引入自动化流程可以显著降低运营成本。
- 论据 1：根据行业研究，自动化流程可以将人工成本降低 40%。
- 论据 2：某企业通过引入自动化流程，运营成本降低了 30%。
- 论据 3：自动化流程减少了人为错误，提高了生产效率。

在上述案例中，3 个论据都指向同一个结论：自动化流程可以降低运营成本。它们之间形成了论据与结论相呼应。

同样地，在处理具有大篇幅文字的 PPT 时，提炼的论据必须与结论相呼应。这样，观众只需看到提炼的核心论据，不需要阅读全部文字，即可快速掌握核心思想。通过呼应结论，以结论为导向，有助于为提炼核心观点提供明确的方向。

3.5.2　案例解析：某互联网公司介绍

下面的案例是某互联网公司的介绍，一共有两段文字。如果你是该公司负责人，基于该页 PPT 的内容，你会如何向客户介绍？基于“1 秒找到结论，10 秒讲完结论，30 秒讲完重点”的“113”原则，你会如何用精练的语言来概括该页 PPT 的重点内容？请大家先思考，再往后阅读。

- 逻捷商城是逻捷呈现集团旗下的品质跨境购物商城，成立于 2015 年 12 月，总部位于上海，是中国跨境购物商城模式的开创者，中国互联网金融协会首批理事会员单位。
- 逻捷商城与华为、苹果、三星、OPPO、vivo、海尔、美的等众多知名品牌建立了官方合作关系，已成为众多品牌仅次于京东、天猫的第三大互联网销售渠道。截至 2024 年底，逻捷呈现累计服务用户超过 9400 万人，已成为跨境购物的首选电商平台。

接下来运用前面介绍的方法和技巧进行分析。

首先，找结论。该案例是关于公司介绍的，原文中没有明确的结论，因此需要找到背后的隐性结论。通读原文，发现大部分文字都是在介绍公司的实力。因此隐性结论可以概括为：逻捷商城是一家实力强大的公司。

其次，找论据。从结论出发找到有效的论据。即原文中通过哪些有效论据来证明公司实力是强大的呢？接下来一一拆解原文的每一句话。

- 逻捷商城是逻捷呈现集团旗下的品质跨境购物商城，成立于 2015 年 12 月。（点评：成立时间并不能证明公司实力强大）
- 总部位于上海，是中国跨境购物商城模式的开创者。（点评：模式开创者，说明它是该模式的鼻祖，可以证明公司实力强大）
- 中国互联网金融协会首批理事会员单位。（点评：首批会员可能也有很多家，会员单位不一定能够证明公司的实力，因此缺乏说服力）
- 逻捷商城与华为、苹果、三星、OPPO、vivo、海尔、美的等众多知名品牌建立了官方合作关系。（点评：与众多知名品牌合作，可以证明公司实力强大）
- 已成为众多品牌仅次于京东、天猫的第三大互联网销售渠道。（点评：第三大渠道，可以证明公司实力强大）
- 截至 2024 年底，逻捷呈现累计服务用户超过 9400 万人，已成为跨境购物的首选电商平台。（点评：首选平台，是主观判断，不能证明公司实力强大，而且“首选”是一个违反广告法的词语，不能用到广告宣传中。服务的用户超过 9400 万人，说明用户多，可以证明公司实力强大）

根据上述拆解，找到了原文的 4 句核心有效论据，包括模式开创者、知名品牌合作、第三大销售渠道、用户超 9400 万人。根据二八法则提到的“内容‘高大上’、形式‘白富美’”原理，这 4 句有效论据字数和语法结构都不统一。因此需要进一步统一语法结构和字数。

- 模式开创者：可落脚到“模式新”或者“开创者”。
- 众多知名品牌合作：可落脚到“知名品牌”或者“众多品牌”。
- 第三大销售渠道：可落脚到“第三大”。
- 用户超 9400 万人：可落脚到“用户多”。

在进行概括时，特别需要注意中文语法结构的统一性。例如，“模式新”采用了“名词+形容词”的语法结构，其中“模式”是名词，“新”是形容词；同理，“伙伴强”“渠道广”“用户多”也都符合这种“名词+形容词”的统一语法结构。此外，在概括时还需注意文字的恰当性。即在特定语境中，语言的使用应能够准确、得体地表达意图，同时符合语法规则、文体要求以及社会文化规范。例如，对于“第三大销售渠道”，可能会有读者想概括为“销售渠道第三者”，但“第三者”这一词语涉及情感、道德和法律等复杂概念，因此，这个词用在正式的商业报告中是不太恰当的，可以改为“销售渠道前三者”“销售渠道引领者”等。

接下来介绍 5 种常见的答案供参考。由于中文的博大精深，没有绝对的标准答案。

读者可以自行思考哪个答案相对较好。

- 参考答案 1（3 个字）：模式新、伙伴强、渠道广、用户多。
- 参考答案 2（3 个字）：首开创、广合作、宽渠道、多用户。
- 参考答案 3（5 个字）：模式创立先、合作品牌多、销售渠道强、服务用户多。
- 参考答案 4（6 个字）：开创全新模式、联手知名品牌、占据前三渠道、拥有千万用户。
- 参考答案 5（8 个字）：跨境购物的开创者、知名品牌的合作者、销售渠道的前三者、千万用户的服务者。

再次，验逻辑。验证有效论据与结论是否相呼应。PPT 原文的隐性结论是：逻捷商城是一家实力强大的公司。之后通过对原文进行分析，提炼出 4 个有效论据，论据和结论相呼应。

最后，形象表达。在提炼论据的基础上，利用图形化的方式形象地将内容呈现在 PPT 中。比如，选择参考答案 5 的提炼结果，由于它们之间是并列关系，因此采用具有并列关系的逻辑图形表达，最终效果如图 3-28 所示。

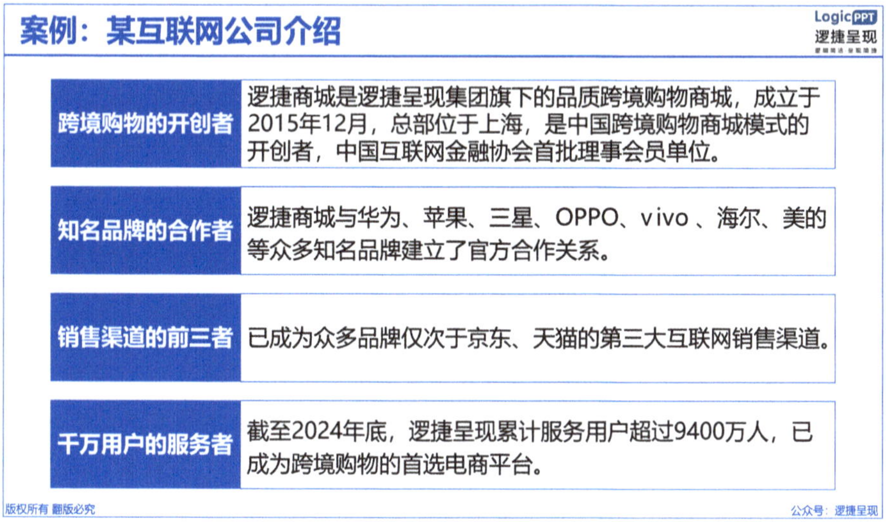

图 3-28

3.5.3　案例解析：某 AI 工具介绍

下面的案例是某 AI 工具的介绍，一共有两段文字。基于该页 PPT 的内容，你如何用精练的语言总结该页 PPT 的核心要点？请大家先思考，再往后阅读。

> - ABC 作为逻捷呈现公司旗下的人工智能品牌，从 2016 年 1 月发布至今，经过多年的发展，ABC 融合 AI 和 IoT，不断扩展自学习、自检索和自建设的能力，满足了用户日益增长的使用需求。目前 ABC 一共探索了 28 类一级场景，42 类二级场景，上千个场景需求，精准为用户提供服务，提升用户体验。
> - 与此同时，基于逻捷呈现公司的 IoT 开放生态联盟，ABC 物联 App 和手机深度整合，用户通过 ABC 物联 App 可以对各种家庭设备与高品质的硬件设备进行连接与控制，至今已经有海尔、格力、美的、大华等 58 家企业，53 个品类，超过 860 款设备接入，还有更多品牌正在陆续接入中。未来，用户只需要用手机扫一扫，就可以连接家里的智能设备，轻松享受智能生活。ABC 还会以语音为基本交互方式，通过学习并分析用户的使用习惯、位置信息等，结合场景识别技术，为用户提供全新的交互式服务。ABC 全场景、全连接、全交互的智慧服务，不仅提升了服务效率，也带来了用户极致体验的全新升级和极致的市场口碑反馈。

接下来运用前面介绍的方法和技巧进行分析。

首先，找结论。该案例的内容是 AI 工具的介绍，原文中没有明显的结论，因此需要找到背后的隐性结论。通读原文，发现都是在介绍 AI 工具的强大实力。因此隐性结论可以概括为：ABC 是一款很强大的 AI 工具。

其次，找论据。从结论出发找到有效的论据。即原文中通过哪些有效论据来证明 AI 工具的强大？接下来一一拆解原文的每一句话。

- 探索了 28 类一级场景，42 类二级场景，上千个场景需求。（点评：上千个场景需求，说明该工具的场景需求覆盖全面）
- 至今已经有海尔、格力、美的、大华等 58 家企业，53 个品类，超过 860 款设备接入。（点评：超过 860 款设备接入，说明该工具接入的设备品类非常多，主流的家电设备厂家都可以适配）
- 结合场景识别技术，为用户提供全新的交互式服务。（点评：全新的交互式服务，说明该工具的用户交互方式比较新颖）
- 带来了用户极致体验的全新升级和极致的市场口碑反馈。（点评：极致体验和极致口碑，说明该工具的用户体验和用户口碑都非常好）

经过上述拆解，找到了原文的 4 句核心有效论据，包括上千个场景需求、超过 860 款设备接入、全新的交互式服务、极致体验和口碑。接下来对 4 句有效论据进一步统一语法结构和字数。参考答案如下：

- 上千个场景需求：场景需求覆盖全。
- 超过 860 款设备接入：设备接入品类多。
- 全新的交互式服务：用户交互方式新。
- 极致体验和口碑：用户体验口碑佳。

再次，验逻辑。验证有效论据与结论是否相呼应。PPT 原文的隐性结论是：ABC 是一款实力强大的 AI 工具。之后通过对原文进行分析，提炼出 4 个有效论据，论据和结论相呼应。

最后，形象表达。在提炼论据的基础上，利用图形化的方式将内容形象地呈现在 PPT 上。最终的 PPT 页面如图 3-29 所示。

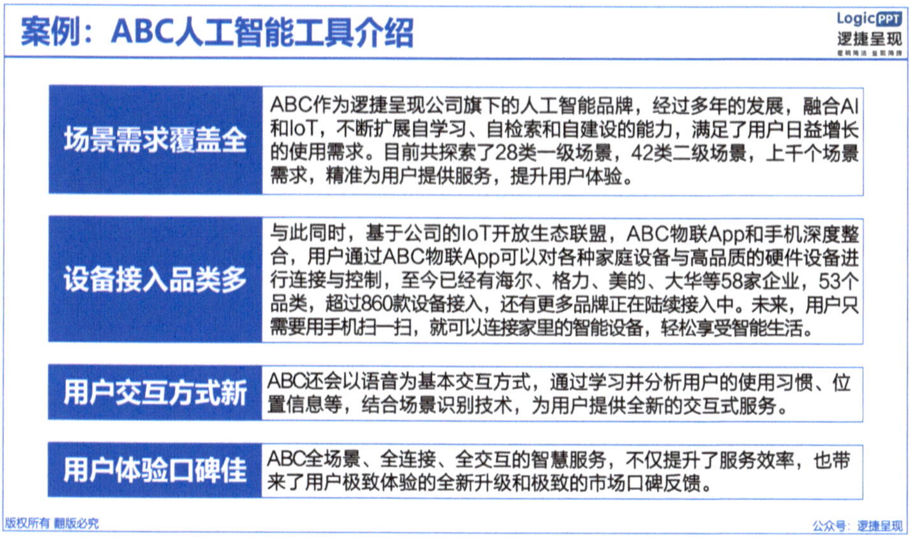

图 3-29

3.5.4　案例解析：手机经销商库存管理

下面的案例是对手机经销商库存管理的介绍。该案例是复杂信息简单化处理的典型示例，不仅需要从繁杂的信息中提炼出核心要点，还应将这些要点通过逻辑进行串联，最终以图形化的方式呈现出来。请大家先思考，再往后阅读。

- 故事发生在2004年至2006年手机蓬勃发展的年代。当时的手机行业是一个暴利的行业，涌现出了一大批所谓的“国产”手机品牌。在这一大背景下，在手机市场中活跃着手机代理公司（有总代理商和二级分销商），每家大代理商下面有几十甚至上百家小代理商。
- 在当时手机畅销甚至供不应求的年代里，手机产品更新速度非常快，手机调价频繁，手机生产厂家对代理商常常有“调价补差”的做法。所谓调价补差，也就是当厂家要对某型号的产品调整价格时（一般是降价），对于已经销售给代理商的产品，厂家会进行库存盘查，落实真实库存的数量后，根据库存数量予以补差。比如，摩托罗拉V70刚发布的时候，价格为5000元/部，两个月后，价格降为4000多元/部，半年后价格降为3000多元/部。
- 在当时的手机行业中，调价补差政策在实际执行时面临诸多难题，尤其是难以精准落实具体的库存数量。原因在于，大代理商通常管理着数十甚至上百个小代理，这些小代理的库存难以准确统计。同时，在调价补差的时间节点上，货物仍在持续销售，这进一步增加了统计的复杂性。因此，大多数代理商在上报库存数量时往往只是象征性地给出一个数字，有的报多，有的报少。而当时的国产手机厂商由于产品利润丰厚，在多数情况下对代理商的库存申报采取较为宽松的态度，只要报出的数字大致合理、不过于离谱，通常都会给予补偿。这在一定程度上相当于给代理商一种福利和奖励。然而，由于信息不对称，在库存补差过程中存在漏洞，这也为人为操作留下了一定的空间。

接下来运用前面介绍的方法和技巧进行分析。

首先，找结论。该案例的结论属于隐性结论，在原文中并不明显。因此，需要通读原文后，总结出该案例的核心结论。由于案例原文中多次提到“调价补差”，很多读者可能会将其作为结论。然而，“调价补差”并不能将所有的内容串联起来，也不是该案例的聚焦点。该案例的聚焦点是“漏洞”，全文围绕“漏洞”是如何产生的进行阐述，而“调价补差”只是产生“漏洞”的主要原因之一。

其次，找论据。从结论出发，寻找与结论相关的有效论据。接下来逐一寻找与“漏洞”相关的关键信息或关键词，并将相同的论点整合在一起。其中，第一段文字提到“暴利”和“手机代理模式”与“漏洞”相关；第二段文字提到“手机更新快”和“调价补差”与“漏洞”相关；第三段文字提到“库存盘点无法落实”和“漏洞”。参考答案如图3-30所示。

图 3-30

再次，串逻辑。我们已经找到了相关的论据和结论，但这些论据和结论之间尚未形成有效的逻辑串联。因此，接下来需要将无序的内容用有序的逻辑规则串联起来。这里可以运用一个小技巧，即反向串联逻辑。反向串联逻辑是一种从目标或结论出发，逆向思考问题的思维方式，它在报告构思、项目规划、问题解决等多方面都有广泛的应用。与传统的正向思维（从现状出发逐步推进）不同，反向串联逻辑是从最终目标或期望结果出发，逐步回溯到当前状态，确保每一步都紧密围绕目标展开。

运用反向串联逻辑技巧，从结论“漏洞”出发，先串联直接原因：产生漏洞的直接原因是暴利、库存盘点无法落实、调价补差三大因素；接着串联间接原因：库存盘点无法落实的直接原因是手机代理模式，调价补差的直接原因是产品更新快。最后形成的串联逻辑框架如图 3-31 所示。

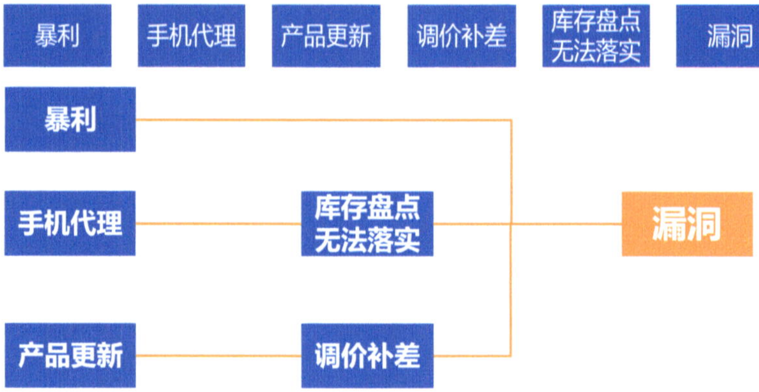

图 3-31

最后，形象表达。在逻辑串联的基础上，进一步补充相关的关键信息，并用图形化的方式呈现出来。例如，从环境角度分析，因为手机利润空间大，所以市场上涌现出了一大批追求暴利的手机产品；从销售模式角度分析，采用总代理商分销会导致一家总代理商管理上百家二级分销商，而厂家无法掌控二级分销商的实际库存；从产品更新角度分析，手机产品更新快、手机调价频繁，厂家需通过“调价补差”方式来弥补代理商库存手机的价差。最终，这三大原因共同导致总代理商虚报高库存以获取高额差价补贴。采用图形化的方式表达如图 3-32 所示。

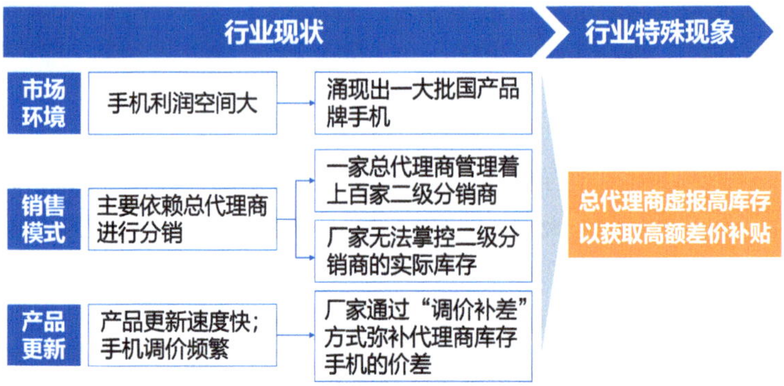
行业现状
行业特殊现象
市场环境
手机利润空间大
涌现出一大批国产品牌手机
销售模式
主要依赖总代理商进行分销
一家总代理商管理着上百家二级分销商
厂家无法掌控二级分销商的实际库存
产品更新
产品更新速度快；手机调价频繁
厂家通过“调价补差”方式弥补代理商库存手机的价差
总代理商虚报高库存以获取高额差价补贴

图 3-32

第4章 呈现：如何呈现有逻辑的PPT内容

如果只是把 Word 文字复制到 PPT 中，那么我们就是在做“文字的搬运工”。在前面的章节中已经阐述了如何让每一页 PPT 突出重点，接下来，我们还要解决如何使每一页 PPT 具备清晰的逻辑。每一页 PPT 的逻辑至少包含两种：一种是内容的语言组织逻辑，也就是与 Word 类似的表达逻辑，我们称为底层逻辑；另一种是页面排版的组织逻辑，即 PPT 的呈现逻辑。

遗憾的是，很多人没有意识到内容本身的底层逻辑存在问题，或者底层逻辑没有问题，但呈现逻辑却出了问题。比如理工类或专业技术类的员工，他们对自己制作的 PPT 报告往往充满自信，认为其不存在逻辑问题。然而，他们的 PPT 报告常常被人吐槽看不懂，在汇报 PPT 时也被人吐槽听不懂。这是为什么呢？本章的内容就是要揭秘这些真相，并探讨如何打通从底层逻辑到呈现逻辑，再到演讲逻辑的路径。

4.1 逻辑呈现方法论

4.1.1 核心原理：底层逻辑决定呈现逻辑

底层逻辑是指事物运作的基本原理和内在规律。在 PPT 中，广义的底层逻辑指的是 PPT 报告的目标与核心内容、思路框架结构之间的内在关系。例如，一份商业计划书 PPT 的底层逻辑是清晰地展示项目的商业模式、市场分析、财务预测等核心内容，这些内容是基于商业运作的基本原理和投资人关注的关键信息构建的。狭义的底层逻辑则是单页 PPT 内容之间的内在关系。例如，在一份经营分析 PPT 报告中，某页 PPT 通过对核心数据的分析发现现状与目标之间的差距，基于差距进行原因分析，进而给出解决方案及预期成果。从数据分析到差距分析，再到原因分析、解决方案和预期成果，形成了该页 PPT 的底层逻辑。

呈现逻辑主要指 PPT 内容如何有序、有规则地呈现和排版在页面中，涉及 PPT

页面的排版、文字与图表、图形的搭配以及各模块内容之间的布局等。例如，将“数据分析→差距分析→原因分析→解决方案→预期成果”的底层逻辑通过图形化、可视化的方式有序且有规则地排版在页面中，就实现了底层逻辑与呈现逻辑的一致性。

因此，在制作每一页 PPT 时，都应先梳理内容的底层逻辑，再依据此逻辑，采用合适的呈现方式，最终实现底层逻辑与呈现逻辑的高度匹配。

4.1.2 一个原则："化繁为简"的 Top Down 原则

在前面已经提到，汇报型 PPT 中每一页的文字内容通常都非常多，如何拆解一页 PPT 内容的底层逻辑呢？这里就需要用到“化繁为简”的 Top Down 原则。所谓“化繁为简”，就是一种将复杂的事物、概念、流程或信息进行简化处理的思维方式。其目的是去除冗余、次要的部分，突出核心要素，从而使人们更容易理解、操作或记忆相关内容。

化繁为简的过程中主要用到以下三种思维。

1. 顶层思维

顶层思维又被称为顶层设计，其本义是统筹考虑项目各层次和各要素，追根溯源，统揽全局，在最高层次上寻求问题的解决之道。它是一项工程“整体理念”的具体化，运用系统论的方法，从全局角度对某项任务或某个项目的各方面、各层次、各要素进行统筹规划，以集中有效资源，高效快捷地实现目标。顶层设计具有以下特征：

- 顶层决定性，作为从高端向低端展开的设计方法，其核心理念与目标都源自顶层，因此顶层决定底层，高端决定低端。
- 整体关联性，强调设计对象内部要素之间围绕核心理念和顶层目标所形成的关联、匹配与有机衔接。
- 实际可操作性，设计的基本要求是表述简洁明了，成果具备实践可行性，因此顶层设计成果应是可实施、可操作的。

2. 分解思维

将复杂的事物分解为多个较小的且易于理解的部分。在化繁为简的过程中，一定要遵循“从整体到局部”的分解过程，即先从全局视角审视问题，再逐步深入细节。例如，对于内容复杂的一页 PPT，可以先将其分解为不同的大功能模块，然后进一步分解为小功能模块。通过分别理解每个模块的功能及其相互之间的联系，就能更清晰地把握整页 PPT 的内容组织逻辑。这就像把一个庞大的拼图拆分成小的拼图块，先研究每一块的图案，再考虑如何拼接。

3. 抽象思维

抽象思维是指提取复杂事物的本质特征，忽略非关键的细节。比如，在物理学中，研究物体的运动时，把实际的物体抽象为质点，忽略物体的形状、大小等细节，重点关注其质量和位置变化，从而简化对运动规律的研究。同理，在拆解 PPT 内容的逻辑时，需要把复杂、专业的内容抽象成通用且易于理解的内容。比如“打造以基层党组织为基础、党委工作部全员为支撑的网络化体系”这句话，涉及很多党建的专业词汇，从“打造”一词可以看出这句话是一个动作或者举措，因此可以把这句话概括为“1 个举措或动作”，这样概括的好处是即使不懂党建的非专业人也可以理解。

4.1.3 三种关系：递进、并列和包含

汇报型 PPT 通常通过强有力的观点去打动对方。例如，在介绍公司的 PPT 中，其实是通过能反映公司实力的多个维度来阐述和说明的，以进一步论证公司的强大实力；在介绍工作方案的 PPT 中，也是通过能反映方案全面性和先进性等维度来阐述和说明的，以论证工作方案的优越性。因此，从某种程度上说，撰写汇报型 PPT 是在做一道论证题。

基于这个前提以及工作实践的总结，我们发现汇报型 PPT 在 80% 的情况下都需要采用演绎推理和归纳推理来进行论证说明。而运用到 PPT 呈现中，这两种推理方式分别转换成递进关系和并列关系的呈现方式。也就是说，汇报型 PPT 的内容呈现逻辑关系，在 80% 的情况下要么属于递进关系，要么属于并列关系。此外，还有一种关系是包含关系，它是从并列关系演变而来的，例如，总分结构、父子结构都可以用包含关系来表现。递进、并列、包含这三种关系构成了一页 PPT 内容之间最基本的逻辑关系。任何复杂的内容都是基于这三种逻辑关系的组合形成的，如图 4-1 所示。

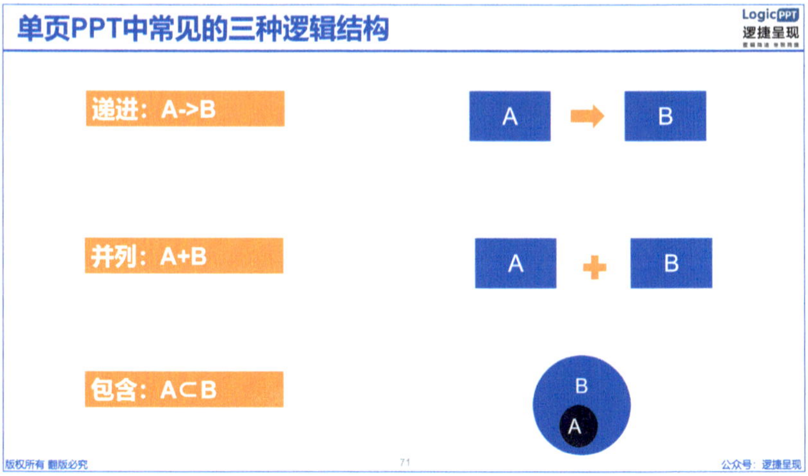

图 4-1

1. 递进关系

递进关系源于演绎推理。所谓演绎推理，是指从一般性的前提出发，通过推导（即“演绎”），得出具体陈述或个别结论的过程。演绎推理的逻辑形式对理性思维具有重要意义，它对保持思维的严密性和一贯性有着不可替代的校正作用。这是因为演绎推理保证推理有效的依据在于其形式，而非内容。演绎推理在逻辑和数学证明中有着最典型、最重要的应用。

演绎推理的逻辑结构如图 4-2 所示。

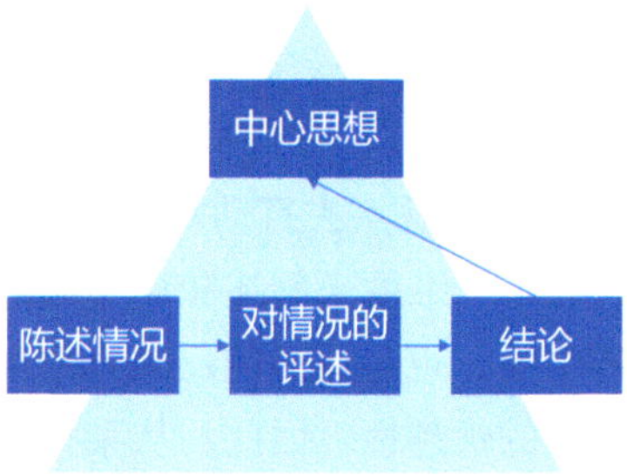

图 4-2

如果将演绎推理运用到 PPT 中，那么它体现的就是一种递进关系：从 A 推导出 B，从 B 推导出 C，从 C 推导出 D（A→B→C→D）。这种递进关系可以通过箭头的方式形象地表达出来。例如，从数据分析到差距分析，再到原因分析，最后到解决方案和预期成果，这些环节之间就是递进关系。递进关系是一种强关联，其特点是各项之间前后顺序不可交换。

2. 并列关系

并列关系源于归纳推理。所谓归纳推理，是指根据一类事物的部分对象具有某种性质，进而推出这类事物的所有对象都具有这种性质的推理过程，简称为归纳。归纳是从特殊到一般的过程，属于合情推理。

归纳推理的逻辑结构如图 4-3 所示。

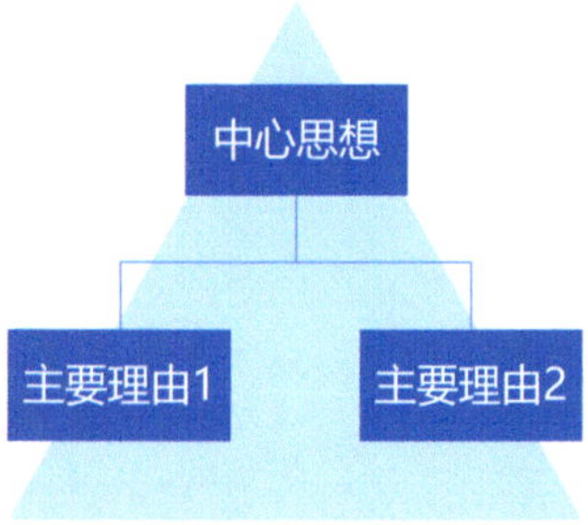

图 4-3

如果将归纳推理运用到 PPT 中，那么它体现的就是一种并列关系：A 加 B 共同推导出 C（A+B → C）。通过加号的方式可以形象地表达并列关系。并列关系是一种弱关联，其特点是各项之间可交换顺序。

3. 递进和并列的区分

根据上述定义可知，递进是一种强关联关系，而并列是一种弱关联关系。在制作 PPT 的过程中，应该如何把握好这两种关系呢？请大家思考一下：哪种关系的合理性更容易被观众质疑？哪种关系的合理性相对容易被忽略和忽视？实际上，递进关系的合理性更容易被人质疑。为什么？因为它是强关系，如果没有很强的前后递进逻辑，就很容易被人发现其中的漏洞。相比之下，并列关系则显得相对保守。

对于 PPT 的逻辑，很难做到让所有的人都认可。虽然理论上存在天衣无缝的逻辑，但在实际操作中是比较困难的。因此，我们的目标是让 80% 以上的人认可该逻辑。当我们面临选择递进关系还是并列关系时，如果没有很大把握，那么相对保守的做法是将逻辑关系设计成并列关系。接下来，我们通过一个例子来说明如何处理递进关系和并列关系，如图 4-4 所示，打雷和下雨是什么关系？递进好还是并列好呢？大家想一想。

图 4-4

打雷就一定要下雨吗？下雨就一定要打雷吗？生活常识告诉我们，大雷和下雨没有必然的关系，它们不是递进关系，而是并列关系，如图 4-5 所示。

图 4-5

4. 包含关系

包含关系是集合论中的一个概念，用于描述两个集合之间的一种特定联系。如果集合 A 中的每一个元素都属于集合 B，那么就说集合 A 包含于集合 B，或者集合 B 包含集合 A。

例如，在企业或机构的组织架构中，部门与整个组织之间存在包含关系。一个公司包含市场部、研发部、财务部等多个部门，市场部又包含市场调研小组、营销小组等，这些小组的所有成员和工作范围都属于市场部的范畴，这种包含关系明确了职责和管理范围。

从工作流程的角度看，公司的一个产品开发项目涉及多个环节。整个项目管理集合包含需求分析团队、设计团队、开发团队和测试团队等小集合。开发团队的工作任务（如编写代码、进行代码集成等）是整个项目工作流程的一部分，因此开发团队包含于项目管理这个大集合。

在一页 PPT 的内容中，包含关系常用于“总—分”结构。例如，在介绍某产品的优势时，可以概括为“六大优势”，这“六大优势”就构成了集合的总体，而优势 1~ 优势 6 则是该集合的子集。

4.1.4 三种形式：文不如表，表不如形

在梳理 PPT 内容的底层逻辑之后，我们需要借助图形化、可视化的手段将底层逻辑转化为图形，从而形成 PPT 页面的排版逻辑。外资咨询公司通常优先使用图形来表达 PPT 内容，其次是表格，最后才是文字，这可以概括为“文不如表，表不如形”（注:这里的“形”指的是图形、形状，而非图片）。这是因为图形在视觉吸引力、易理解性、逻辑清晰等方面具有天然的优势。

第一，直观性。图形能够将复杂的逻辑关系以直观的方式呈现出来。例如，当用文字描述一个项目的流程时，可能需要大量的篇幅来解释各个环节的先后顺序、相互作用等。但如果使用流程图，用箭头、方框等简单图形元素来表示步骤和关系，观众就可以一眼看清整个流程的走向。比如，咨询公司在展示企业供应链的优化方案时，通过供应链流程图，可以将原材料采购、生产加工、仓储物流、销售终端等环节清晰地展示出来，让人一目了然。

第二，增强记忆。与纯文字内容相比，图形更容易记忆。根据认知心理学的研究，人类对视觉信息的处理和记忆能力要优于文字信息。咨询公司希望客户能够记住他们所展示的关键逻辑和建议，因此利用图形来强化记忆。例如，用一个简单的饼图来展示市场份额的分布，客户在看到色彩鲜明的图形后，就会更容易记住各个品牌所占的份额比例，而不是去记一串数字。

第三，高效沟通与信息传递。在有限的会议时间里，咨询公司需要迅速传达核心观点和建议。图形能够聚焦重点，过滤掉冗长的文字叙述。例如，用一个简单的矩阵图来展示企业的优势、劣势、机会和威胁（即 SWOT 分析），客户可以在几秒钟内把握企业的整体战略，而不需要花费时间去阅读详细的文字报告。这有助于提高沟通效率，让客户更快地进入讨论和决策环节。

第四，展示专业性与系统性。图形可以帮助咨询公司将复杂的咨询方案或研究

成果以一种结构化的方式呈现出来。例如，使用树形图来展示企业的业务架构，从核心业务到衍生业务，从主要产品线到细分产品类型，能够体现出咨询公司对企业业务的深入理解和系统性的分析。这种结构化的图形展示也让客户感受到咨询公司的专业和严谨。另外，通过精心设计的图形，咨询公司可以展示他们在数据分析、市场研究等方面的深度。例如，用多层折线图来展示不同因素（如价格、促销活动、竞争对手动态等）对产品销量的长期影响，能够体现出咨询公司在市场动态分析方面的专业性和细致程度。图形不仅是一种展示工具，而且是咨询公司展示自身实力的一种方式。

4.2 手段和目标型的逻辑呈现

4.2.1 手段和目标的定义

在战略和管理领域，手段和目标之间的关系是一个极为重要的研究对象。它们相互依存、相互作用，共同构成了实现目标的完整路径。

目标是手段的指引。目标是组织或个人希望达成的具体成果或愿景，它为行动指明了方向并确定了最终目的。目标为手段的选择和实施提供了方向指引。没有明确的目标，手段的选择将失去依据，行动也将变得盲目。例如，如果一家企业希望在三年内成为行业内的领导者（目标），那么它可能会选择加大研发投入、拓展市场份额等手段来实现这一目标。

手段是目标的支撑。手段是实现目标的具体方法、工具或行动路径。它是实现目标的必要条件，通过合理的手段选择和实施，可以有效地推动目标的达成。例如，为了提高客户满意度（目标），企业可能会采用客户反馈系统、员工培训等手段来提升服务质量。

总结来说，手段和目标是相辅相成的关系。目标为手段提供了方向指引，而手段为目标提供了实现路径。在实际应用中，需要确保手段与目标的高度匹配，建立动态调整机制，并合理分配资源，以实现目标的高效达成。

4.2.2 案例解析：某公司战略目标描述

在汇报型 PPT 的制作过程中，我们不仅要运用底层逻辑拆解的方法，还要掌握形象化呈现逻辑的技巧。接下来，我们将通过一个案例来阐述如何将这些方法和技巧应用到 PPT 中。

1. 案例介绍

请大家思考一下：下面这段内容在不删减信息的前提下要制作成一页 PPT，你会选择什么样的 PPT 模板和图片来呈现呢？

> 公司未来的战略目标是：聚焦港澳、内地、国际三大市场，以承建、地产为主业，培育实业、金融投资业务，自然增长、联营合作增长、并购增长三种增长模式并举，实现利润增长 10%，成为建筑和地产行业最具影响力和竞争力的国际化公司。

Tips：建议大家独立思考 10 分钟，根据自己的经验在纸上画出 PPT 样式之后再继续往下阅读。

2. 案例点评

针对上述案例，总结了几种常见的做法，这些做法反映了大多数职场人在制作 PPT 时经常遇到的问题。

1）加粗和标红处理，做“文字的搬运工”

最常见的方法是直接将 Word 文字复制到 PPT 中，然后对关键词进行加粗和标红处理，最后配上几张相关的图片。例如，在这个案例中提到了“战略”，有些读者就会联想到下棋时需要运用战略，于是就配了一张围棋的图片，如图 4-6 所示。

图 4-6

虽然 PPT 中的文字内容已经完整呈现出来了，但这些内容之间究竟是什么关系？请大家思考以下两个问题。

- 假如将你制作的 PPT 交给另一个人去演讲，对方是否能够顺利地使用它来演讲？（在现实工作中，一些领导的 PPT 报告通常由下属制作，你的领导是否也曾有过这样的困惑呢？）
- 你希望通过 PPT 传达的核心观点，是否与观众或第三者所理解的内容一致？（你通过口头演讲汇报表达出来的观点与 PPT 呈现的内容是否一致？观众听到的内容与通过 PPT 看到的内容是否一致？）

以上两个问题的根源在于 PPT 的内容缺乏清晰的逻辑主线，这是大多数职场人士普遍存在的问题。逻辑应该贯穿整个内容传递到观点表达的全过程。你的 PPT 报告能否被其他人顺利用于演讲、能否被观众轻松看懂，最关键的因素就在于你的 PPT 逻辑主线是否与观众的理解逻辑一致。清晰的逻辑能够将内容、信息和观点有机地串联起来。

2）用无关图片衬托空洞的内涵

面对大量文字时，许多读者往往会优先从形式入手，考虑如何展示，从而花费大量时间和精力在网上寻找漂亮的图片、矢量图标等。然而，他们对文字的内涵、内在结构和逻辑的思考相对较少。例如，他们可能会用“世界地图”来表示港澳、内地、国际三大市场；用“房子”来表示地产业务；用“钱”来表示金融业务；用“向上的箭头”来表示增长模式等，如图 4-7 所示。

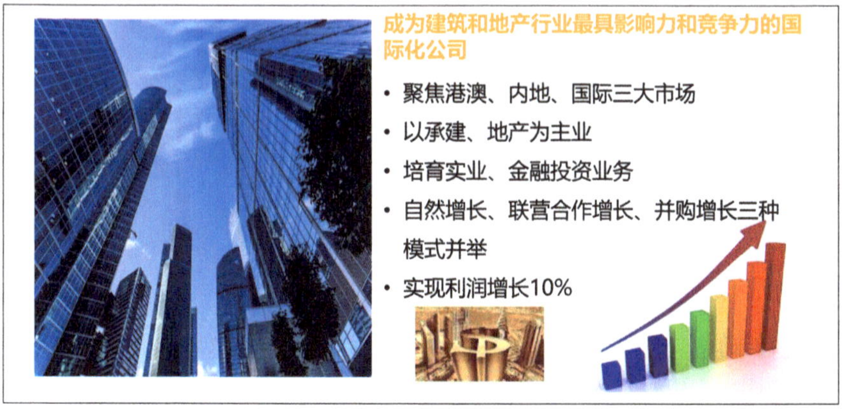

图 4-7

按照上述思路，将所有的图片都画出来并放在一页 PPT 中展示，就会发现这页 PPT 显得非常凌乱。有兴趣的读者可以尝试一下。当一页 PPT 只有一张图片时，它或许可以形象地展示某个观点。然而，当一页 PPT 中超过三张图片时，版面就会变得杂乱无章，观众难以分辨重点，更无法理解图片与图片之间的逻辑关系。

3）乱套模板

第三种常见做法是随意套用 PPT 模板。许多人在制作 PPT 时，总是希望找到现成的模板来套用。相信很多人的电脑或网盘里都存有大量的模板，但为什么 PPT 仍然做不好呢？原因在于，在选择使用时常常感到无从下手，从而浪费大量时间和精力。

此外，PPT 模板的设计通常基于通用的主题或场景，可能无法完全契合特定的内容需求。如果不考虑模板的逻辑结构是否与 PPT 内容的逻辑结构一致，或者不考虑如何通过设计更好地突出内容的重点、体现内容的逻辑关系，而是机械地将内容填充到模板中，就会出现“牛头不对马嘴”的现象。当制作者习惯性地套用 PPT 模板时，思维会被模板的固定逻辑所限制，从而难以根据实际内容的特点构建独特的逻辑架构。因此，过度依赖模板是一种让大脑“变懒”的行为。

例如，在图 4-8 中，PPT 模板的四大模块之间是并列关系，但原文中的“成为建筑和地产行业最具有影响力和竞争力的国际化公司”这一目标与其他三部分内容并不是并列关系。这种不匹配导致了内容的底层逻辑与模板的呈现逻辑不一致。

图 4-8

建议大家尽量不要套用 PPT 模板。如果确实有合适的模板可套用，那么一定要确保内容的底层逻辑与呈现逻辑一致。

4）“反人类”设计

第四种常见做法是“‘反人类’设计”，具体表现为 PPT 中的模块之间缺乏连贯性和层次感，仿佛是一堆信息的随意拼凑。此外，内容的层次划分，没有遵循合理的逻辑。这些因素共同作用，最终导致观众难以理解 PPT 的内容。

例如，在图 4-9 所示的页面中，“港澳”“内地”“国际”与“金融投资”“培育实业”“承建、地产”是什么关系？与“并购增长、联营合作增长、自然增长”又是什么关系？它们的呈现形式是否容易被他人理解？

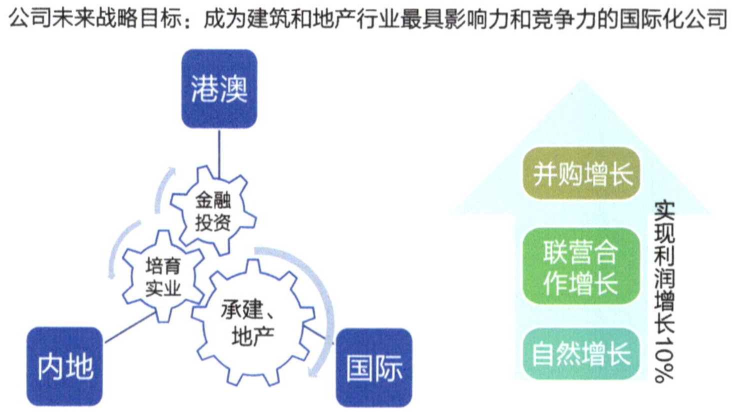

图 4-9

制作任何一页 PPT 都应遵循这样的顺序：首先让观众理解整体逻辑，然后把握核心观点，最后才是详细的内容。那么，如何制作出有逻辑的 PPT 呢？这就需要运用前面提到的“化繁为简”方法来拆解底层逻辑，再通过图形化的方式表达呈现逻辑，从而实现底层逻辑与呈现逻辑一致。接下来，我们将按步骤详细阐述底层逻辑的拆解和梳理过程，以及形象化呈现表达的过程。

3. 案例解析

步骤 1：化繁为简——拆解最小单元语句。

任何复杂的逻辑都是由最简单的逻辑构成的。同样，任何一页复杂的 PPT 都是由多个模块、多段文字、多句话等元素构成的，即页面包含模块，模块包含段落，段落包含语句。

针对一段复杂的文字，首先应将其按照“最小单元语句”进行分解。那么，什么是“最小单元语句”呢？它必须符合以下两个原则：

- 语句相对完整：拆分后的语句可以作为一个独立且完整的语句存在。
- 语句相对独立：不需要依赖其他语句的词语连接，可以作为一句独立且完整的话。

基于以上原则，将本节案例的整段文字可分解成五句最小单元语句，如图 4-10 所示。

公司未来的战略目标是：

1. 聚焦港澳、内地、国际三大市场
2. 以承建、地产为主业，培育实业、金融投资业务
3. 自然增长、联营合作增长、并购增长三种模式并举
4. 实现利润增长10%
5. 成为建筑和地产行业最具影响力和竞争力的国际化公司

图 4-10

步骤 2：化繁为简——拆解一级逻辑。

在上一步中，我们已经将整段文字拆解成了五句相对完整的语句。接下来，我们需要拆解整体逻辑，这需要运用前面提到的顶层设计思想。具体来说，我们要从顶层出发，从整体和全局的角度思考图 4-10 中的五句话可以被归类为几个模块，以及这些模块之间是如何相互串联的。模块之间的这种串联关系构成了该案例的整体逻辑。一旦我们提炼出了这个整体逻辑，就可以用一句话高度概括这段文字的核心思想。这是拆解底层逻辑中最难的一点。

请大家思考一下，你会如何用一句话高度概括这段文字的核心思想呢？以下是常见的几种答案。

- 答案 1：公司的战略目标是成为国际化公司。（点评：该句话只概括了目标结果是什么，显然，案例中的文字中除了描述目标结果，还介绍了非目标结果的内容。因此这句话比较片面）
- 答案 2：聚焦三大市场，打造成国际化公司。（点评：答案 2 比答案 1 相对好一些，但是答案 2 只提到了三大市场，还有业务、增长模式没有提到。因此这句话也不全面）
- 答案 3：通过聚焦三大市场、两大主业，培育两大业务、三种增长模式，实现国际化公司。（点评：概括信息相对完整，但这句话不够精练）

如何提炼整体逻辑呢？这需要在分解最小单元语句的基础上进行。具体来说，就是在拆解语句的基础上，按模块进行结构化分解，尽可能将内容分解成最少的模块数量，并用逻辑主线将这些模块串联起来。串联起来的逻辑就是高度概括的整体逻辑。那么，从拆解的角度来看，可以把以上文字分解成几大模块呢？

常见的错误做法是：将内容分解成三大模块，分别是市场、业务和增长模式。然而，

如果按照市场、业务、增长模式来分解，那么第 4 句和第 5 句又该如何归类呢？显然，这种拆解方法是有问题的。

相对较好的参考答案是：将内容分解成两大模块。前三句话构成模块一，后两句话构成模块二。其中，模块一可以抽象概括为“手段 / 措施”，模块二可以抽象概括为“目标”。它们之间是前后依赖的递进关系，可以用箭头来表示它们的关系，如图 4-11 所示。因此，这段文字的整体逻辑可以概括为“通过手段 / 措施实现目标”。当我们还原这段文字时，会发现它最终回答的是：公司的战略目标是通过哪些手段 / 措施来实现什么目标。

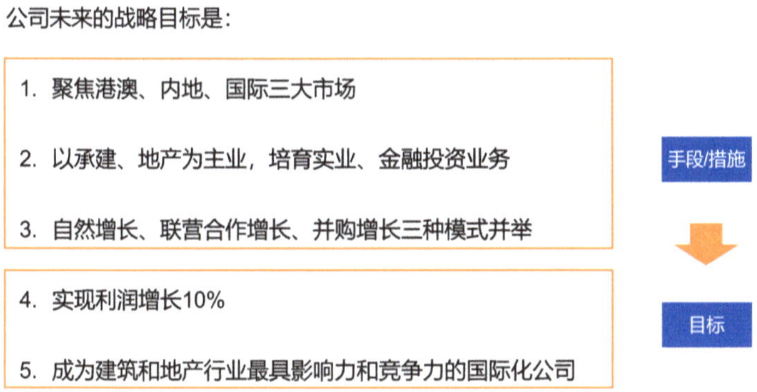

图 4-11

步骤 3：化繁为简——拆解二级逻辑。

在拆解整体逻辑的基础上，逐一对两大子模块的逻辑进行拆解分析，并用逻辑主线串起来。

1）分解模块一

先用一句话高度概括模块一的内容，你会如何做呢？针对模块一，共有三句话，第一句概括为市场，第二句概括为业务，第三句概括为增长模式。常见的答案是：市场、业务、增长模式。

- 聚焦港澳、内地、国际三大市场（市场）。
- 以承建、地产为主业，培育实业、金融投资业务（业务）。
- 自然增长、联营合作增长、并购增长三种模式并举（增长模式）。

接下来，我们将概括的语句还原到整体逻辑中，以校验逻辑的合理性。原文的整体逻辑是：公司的战略目标是通过哪些手段 / 措施来实现什么目标。模块一概括之后，还原整体逻辑为：公司的战略目标是通过市场、业务、增长模式来实现什么目标。

单独分析这句话："公司的战略目标是通过市场、业务、增长模式来实现什么目标"，细心的读者可能会发现问题。首先，"市场""业务""增长模式"这三个词语都是名词，但它们之间缺乏一条逻辑主线来串联。那么，如何找到一条逻辑主线将"市场、业务、增长模式"从逻辑上串联起来呢？换句话说，通过什么样的逻辑维度可以将它们串联起来呢？实际上，无论是市场、业务还是增长模式，它们都是实现目标的手段或措施。因此，我们需要将它们抽象化为"手段"或"措施"。通过将"市场、业务、增长模式"替换为"措施 1、措施 2、措施 3"，就可以将它们从逻辑上串联起来。这样，整体逻辑就更加清晰了。

- 聚焦港澳、内地、国际三大市场（措施 1）。
- 以承建、地产为主业，培育实业、金融投资业务（措施 2）。
- 自然增长、联营合作增长、并购增长三种模式并举（措施 3）。

对模块一进行概括之后，还原整体逻辑为：公司的战略目标是通过措施 1、措施 2、措施 3 实现什么目标（或者：公司的战略目标是通过三种措施实现什么目标）。

通过将市场、业务、增长模式分别概括为措施 1、措施 2、措施 3，我们成功地将它们的逻辑串联起来了。它们之间是并列关系，可以用加号"+"表示这种逻辑关系，如图 4-12 所示。

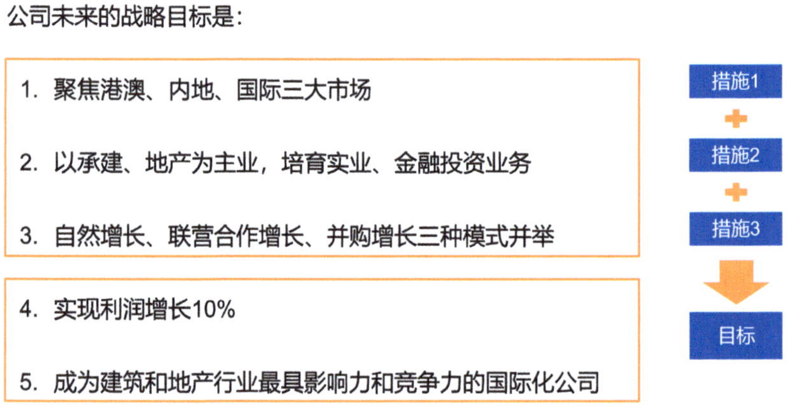

图 4-12

2）分解模块二

模块二共有两句话，分别概括为什么内容呢？常见的答案有三种。

（1）参考答案 1：目标 1 和目标 2。

- 实现利润增长 10%。（目标 1）
- 成为建筑和地产行业最具影响力和竞争力的国际化公司。（目标 2）

将参考答案 1 的内容放入原文进行验证，还原整体逻辑为：公司的战略目标是通过什么措施来实现目标 1 和目标 2。

将内容概括为目标 1 和目标 2 之后，还原到整体逻辑中似乎没有问题。然而，如果目标 1 是利润增长 10%，目标 2 是成为国际化公司，那么它们真的是并列关系吗？请大家验证一下。

（2）参考答案 2：利润目标和战略目标。

- 实现利润增长 10%。（利润目标）
- 成为建筑和地产行业最具影响力和竞争力的国际化公司。（战略目标）

将参考答案 2 的内容放入原文进行验证，还原整体逻辑为：公司的战略目标是通过什么措施实现利润目标和战略目标。

将以上内容概括为利润目标和战略目标后，整体逻辑是不是感觉有些奇怪？难道战略目标不包括利润战略吗？

（3）参考答案 3：利润目标和长期目标。

- 实现利润增长 10%。（利润目标）
- 成为建筑和地产行业最具影响力和竞争力的国际化公司。（长期目标）

将参考答案 3 的内容放入原文进行验证，还原整体逻辑为：公司的战略目标是通过什么措施实现利润目标和长期目标。

将以上内容概括为利润目标和长期目标后，整体逻辑是不是还有点奇怪？一个是从利润角度谈目标，另一个是从时间长短角度谈目标，它们的视角维度不一致，所以会导致逻辑不连贯。但是，如果把“利润目标”改成“短期目标”，从时间长短的角度就可以把它们串联起来，它们是递进关系（或者从定量 / 定性的角度，虚 / 实的角度），如图 4-13 所示。

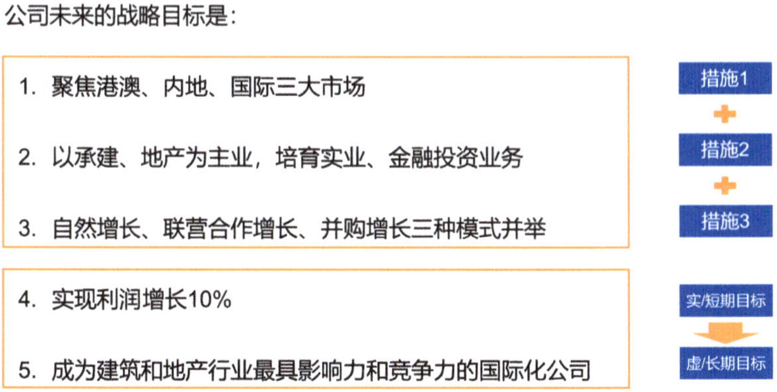

图 4-13

步骤 4：逻辑呈现——串联逻辑框架。

根据前面的逻辑拆解，该案例的逻辑框架结构是：通过措施实现目标。措施和目标之间是递进关系。手段 / 措施是支撑和基础，目标是结果和方向。从 PPT 形象表达和展示的角度来看，需要体现“支撑和结果”的关系。

大家思考一下，从内容呈现优先级的角度来看，该案例最先想告诉领导或观众的是“手段”还是“目标”？根据“结论先行”原则，在展示信息、阐述观点或进行汇报时，应先把核心结论或关键信息放在最前面呈现给受众。相信大多数人都会选择“目标”作为优先级汇报内容。因此，在设计 PPT 页面时，应该将“目标”放置在页面中上方的位置，将“措施”放置在页面中下方的位置。

措施包括措施 1、措施 2、措施 3，它们之间是并列关系，可以用加号“+”表示；目标包括短期目标和长期目标，两者是递进关系，可以用箭头表示。最终形成的整体逻辑框架如图 4-14 所示。

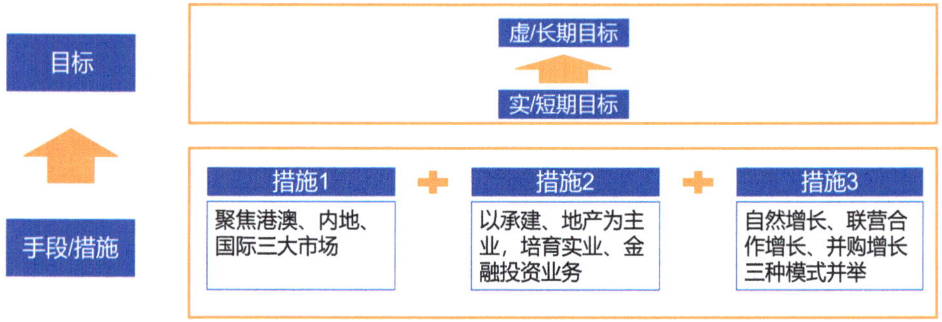

图 4-14

步骤 5：化繁为简——拆解三级逻辑。

在整体逻辑框架的基础上，进一步对单个逻辑进行拆解，直到拆解到最小单位的逻辑为止。

1）逻辑拆解

- 措施 1：港澳、内地、国际。（并列关系）
- 措施 2：主业（包括承建和地产）、培育业务（包括实业和金融投资）。（并列关系）
- 措施 3：自然增长、联营合作增长、并购增长。（并列关系）
- 短期目标：利润增长 10%。（最小逻辑单元，无须分解）
- 长期目标：国际化公司。（最小逻辑单元，无须分解）

2）对偶对齐

根据前面的步骤，三种措施分别概括为市场、业务、增长模式。结合前面介绍的“简短对偶”原则，需要将这三种措施按照对偶原则进行对齐。由于“增长模式”是四个字，而其他两种措施分别是两个字，因此需要将“市场”和“业务”补充为四个字。

对于“市场”一词，语句中有“聚焦”一词，因此可以概括为“聚焦市场”。对于“业务”一词，由于语句中没有直接相关的词语，因此需要结合工作常识来概括。大家想一想，描述公司的业务用什么动词搭配比较合适呢？“发展”和“拓展”都是与“业务”搭配比较频繁的词语。综合考虑，“发展业务”更合适。最终的参考答案如下：

- 聚焦市场：港澳、内地、国际。（并列关系）
- 发展业务：主业（承建和地产）、培育业务（实业和金融投资）。（并列关系）
- 增长模式：自然增长、联营合作增长、并购增长。（并列关系）

逻辑拆解和对偶对齐之后的逻辑框架如图 4-15 所示。

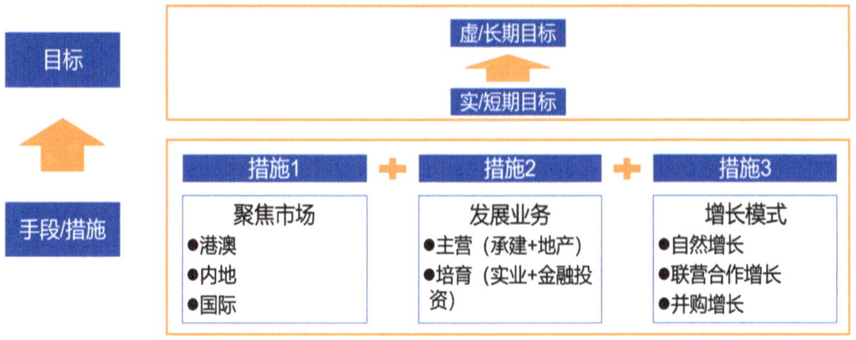

图 4-15

步骤 6：逻辑呈现——形象化表达。

前面的五个步骤构成了整个结构化解析的完整过程，通过这一过程解析出来的结果，其逻辑结构十分清晰。若要进一步提升表达效果，还需进行形象化表达。在进行形象化表达时，应尽可能采用统一的表达方式。在本案例中，两个目标相对较为简单，可能无须进行形象化表达，即可清晰呈现。而重点在于三种措施：“聚焦市场”“发展业务”“增长模式”，它们之间是并列关系，因此需要采用同一种表达方式来呈现。具体来看，“聚焦市场”涵盖三大市场，“发展业务”包含两个或四个业务，“增长模式”包含三种模式。那么，该如何对这三大措施进行形象化表达呢？有三种分析视角供参考。

- 总—分结构视角：三大措施都被抽象概括为“聚焦市场、发展业务、增长模式”，它们都是总结性的概括，而它们对应的“港澳、内地、国际”“主营业务、培育业务”“自然增长、并购增长、联营合作增长”都是对总结性概括的解释说明，即它们上下形成了“总—分”结构。基于咨询公司的图像呈现经验，“总—分”结构逻辑一般使用圆形图来形象地表达。

- 数学知识视角：通过分析“聚焦市场”，“港澳、内地、国际”构成了全球视角。言外之意，“港澳、内地、国际”都是全球视角的一部分，并且它们之间符合“不重叠、不遗漏”原则。从数据集合论的角度，它们构成了一个全集，如图 4-16 所示。
- 生活常识视角：大家知道奔驰车的 Logo 代表什么含义吗？它象征着征服陆地、海洋和天空的愿望，如图 4-17 所示。

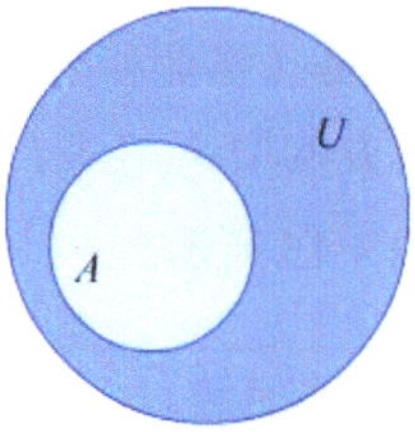

图 4-16

图 4-17

接下来用圆形图验证是否可以形象地表达其他两种措施。“发展业务”包括主营业务和培育业务，因此可以分别用半圆表示，其中主营业务包括承建和地产，在半圆的基础上，分别用 1/4 圆表示；培育业务包括实业和金融投资，在半圆的基础上分别用 1/4 圆表示，如图 4-18 所示。

“增长模式”包括自然增长、联营合作增长、并购增长，分别用 1/3 圆表示即可，如图 4-19 所示。

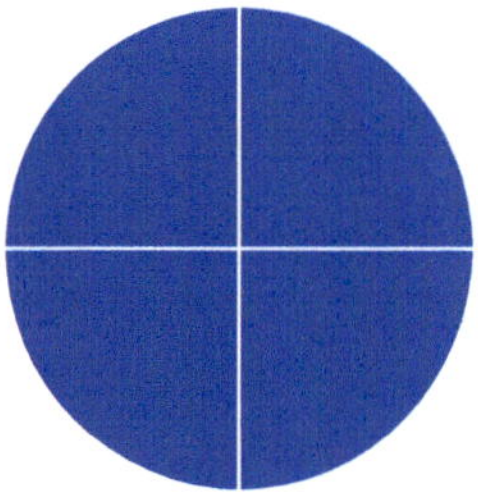

图 4-18

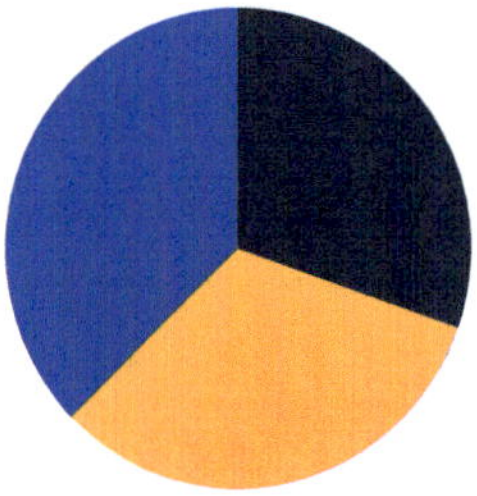

图 4-19

4. 参考答案

通过结构化分析与形象化表达后，最终得到如图 4-20 所示的答案（注：答案仅供参考）。如果从演讲的角度出发，应该如何演讲呢？以下是常用的演讲示例，供参考。

我们公司未来的战略目标是：首先要聚焦三大市场，包括港澳市场、内地市场和国际市场；在此基础上，要发展两种业务，包括主营业务和培育业务，其中主营业务又包括承建和地产，培育业务包括实业和金融投资；最后利用三种增长模式并举，包括自然增长、并购增长和联合合作增长。通过以上三种措施/手段，先实现短期目标利润增长10%，最终把公司打造成为建筑和地产行业最具影响力和竞争力的国际化公司。

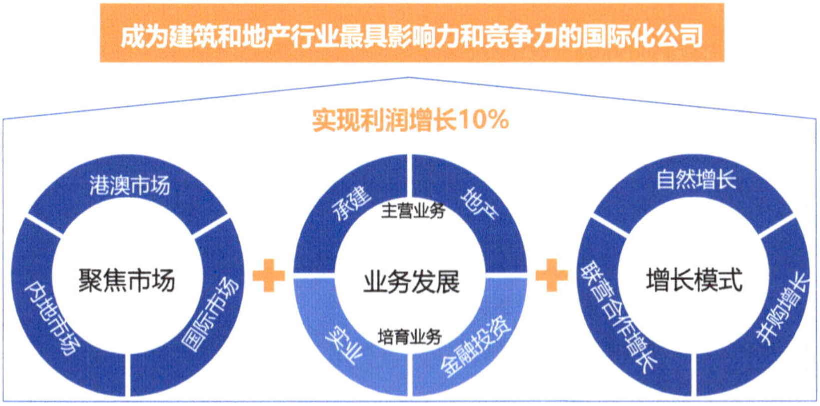

图 4-20

4.2.3　案例解析：某公司业务改善方案

1. 案例介绍

本案例是某省运营商呼叫服务热线为了提升用户对服务的感知质量，启用用户不满意专题分析，并采取的相关举措。现在需要将该专题整理并汇报给领导。以下是该专题分析的详细信息。如果要将这些信息制作成一页PPT，应该如何呈现呢？

针对热线评价不满意用户进行全量复听及回访

- 共计回访1487通
- 用户配合调研336通

员工问题

- 解答错误——挂失业务、5G风险业务、视频彩铃
- 流程执行错误——宽带故障流程、信息核实规范
- 服务意识——不耐烦、说话生硬

（各班组拟定辅导计划，将易错问题纳入业务落地过程中的整改项）

用户问题

在配合回访的用户中，22.22% 表示评价不满意，其原因是错误点击（修改评价按键顺序，已报省客服部并持续跟踪进度）

业务规则

- 未预先通知就进行违章停机
- XX 元 XX 卡达量降速后，不能办理流量包恢复速率

（已报省客服部并持续跟踪进度）

用户不满意分类：外部问题占比为 56%；内部问题占比为 7%；用户问题占比为 37%

- 7 月用户不满意率占比为 0.8%
- 8 月用户不满意率占比为 0.72%
- 9 月用户不满意率占比为 0.63%
- 10 月用户不满意率占比为 0.55%

2. 案例点评

该案例的信息量较大，既包含定量的数据分析，又包含大量定性的信息描述。如果只是简单地将这些信息从 Word 文档复制到 PPT 中，那么呈现出来的效果只能是信息的堆砌和拼凑，如图 4-21 所示。

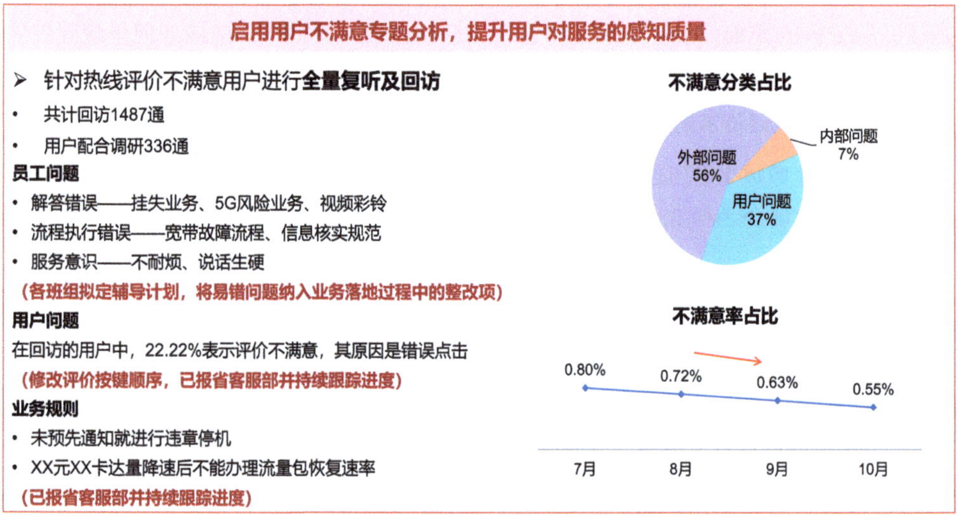

图 4-21

从内容完整性的角度来看，PPT 确实完整地展示了所有的信息，但问题在于，这些信息之间存在着怎样的关系？如何能让观众迅速理解内容之间的逻辑联系？从详细的描述中最终得出的核心结论又是什么？如何让观众快速抓住该页 PPT 中的核心观点？也就是说，内容的主线串联逻辑以及内容的核心结论，这两点关键的信息没有在 PPT 中得到清晰的呈现。这就导致了 PPT 缺乏重点和逻辑，使得观众很难把握该页 PPT 的核心意思。

3. 案例解析

接下来，我们将运用前面介绍的化繁为简的方法，以及图形化逻辑呈现的方法，详细讲解如何实现底层逻辑与呈现逻辑一致。

以上面的反例为例，我们首先可以将右边的内容删除，然后对左边的内容进行拆解，并进行抽象总结。其中，左上部分内容是描述性的总结信息，主要用于解释说明，它并不是该页 PPT 的核心信息；而左下部分内容则是针对三大问题的详细描述，其中加粗和标红部分的文字内容对应这些问题采取的三大措施，如图 4-22 所示。

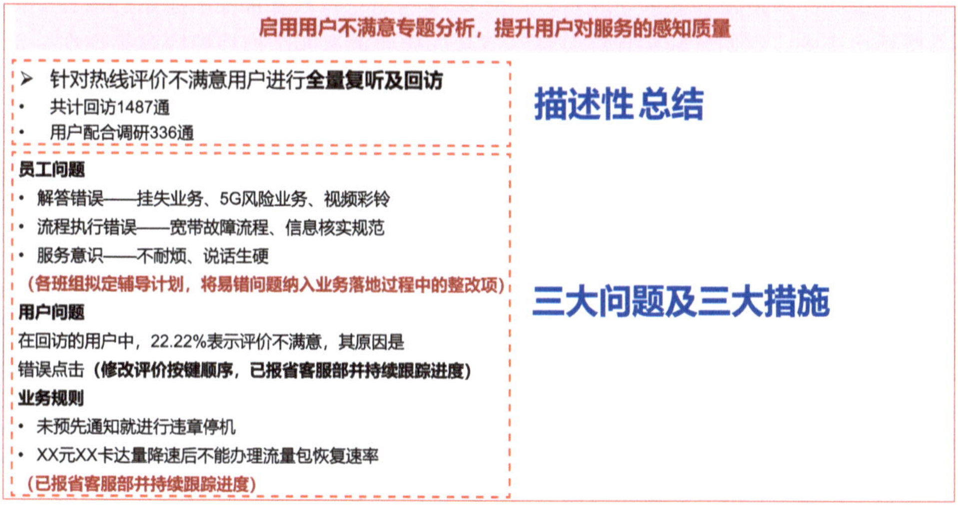

图 4-22

基于上述反例，接下来分析右边的内容。右上部分内容是对用户不满意的问题进行分类，这部分内容本身并没有提出核心观点，它同样属于描述性的信息。再看右下部分，这部分内容是从原始数据转换成数据图表而来的。其中，不满意率是一个重要的 KPI 指标，该指标的数值越低，说明表现越好。从数据图表中可以明显看出，从 7 月到 10 月，该指标呈现逐渐降低的趋势，这说明该业务的状况在不断改善。因此，这部分数据图表可以被抽象概括为“成果与成效”，如图 4-23 所示。

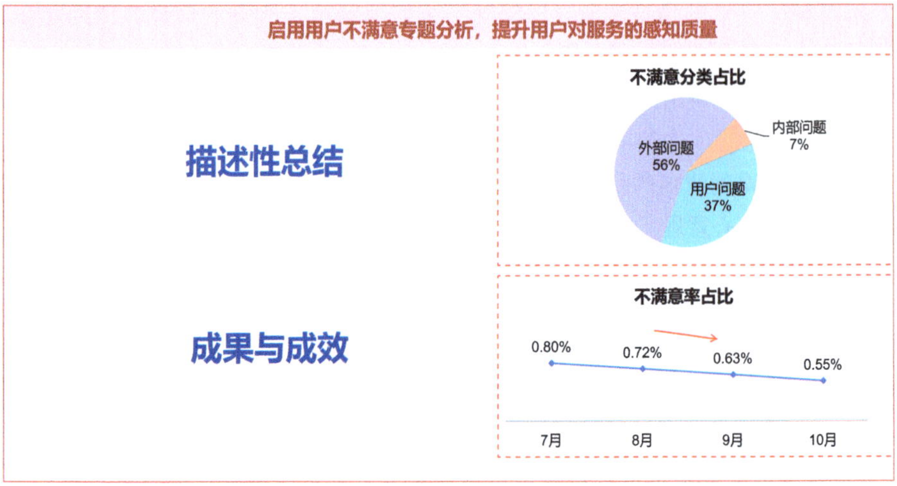

图 4-23

通过上述步骤的操作后，我们整理出该页 PPT 由四个模块构成，包括描述性总结、三大问题、三大措施和成果与成效，如图 4-24 所示。其内容都是从原始的内容中抽象概括出来的。它们之间是什么关系？或者如果要把这四个模块的内容呈现在一页 PPT 中，应该如何把它们串联起来？它们串联起来形成的逻辑就是该页 PPT 的底层逻辑。

图 4-24

根据前面介绍的逻辑呈现方法，一页 PPT 内容之间的关系只有三种，包括递进、并列、包含。“描述性总结”是对整页 PPT 的概括，和其他三个模块的内容形成类似“总—分”的结构，因此可以把“描述性总结”放在其他三个模块上面。由“三大问题”推导出“三大措施”，因此“三大问题”与“三大措施”形成递进关系，用箭头表示将它们联系起来。同理，由“三大措施”推导出“成果与成效”，因此，“三大措施”与“成果与成效”也形成了递进关系，用箭头将它们联系起来。最后形成的底层逻辑如图 4-25 所示。

图 4-25

以上的底层逻辑是该案例的一级颗粒度逻辑，接下来继续拆解二级颗粒度逻辑。其中“三大问题”的问题1、问题2和问题3之间是并列关系；“三大措施”的措施1、措施2、措施3之间也是并列关系；问题1与措施1、问题2与措施2、问题3与措施3分别形成了递进关系；“三大措施”形成合力，共同推导出“成果与成效”。最后形成的二级颗粒度底层逻辑如图4-26所示。

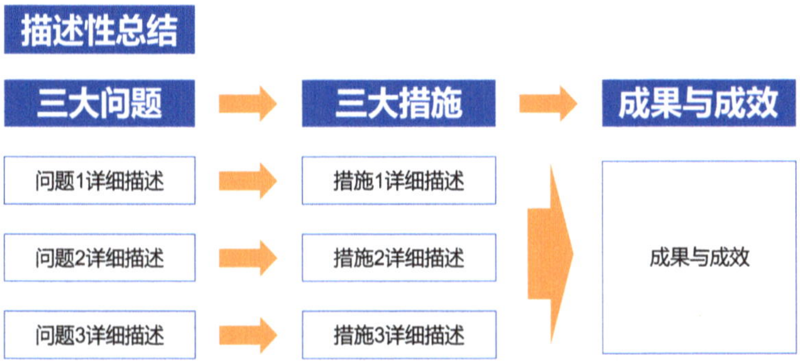

图 4-26

4. 参考答案

接下来，我们将对这一页PPT的标题和结论进行归纳总结。该案例的核心结论是：通过对“三大问题”的分析以及实施“三大措施”，实现了用户不满意率的持续下降。在二级颗粒度的底层逻辑基础上，将详细内容还原到PPT页面中。其中，核心结论作为主标题呈现，其他内容则按照二级颗粒度底层逻辑的结构安排在主页面上。这一页PPT最终的逻辑呈现如图4-27所示。

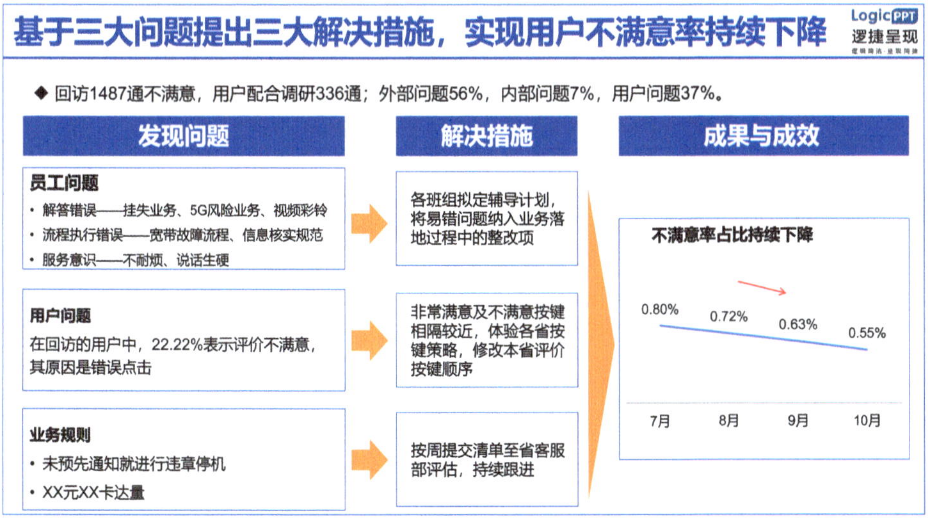

图 4-27

4.2.4 案例解析：个人年度总结概述

1. 案例介绍

在个人年度总结报告中通常需要在一页 PPT 中总结个人的成长经历。例如，下面是一个关于个人年度总结报告的 PPT 示例。大家可以思考一下，如何将这些信息有效地整合到一页 PPT 中呢？

> 个人年度总结概述：
>
> 财务管理是企业管理中不可或缺的重要组成部分。202X 年，随着中心的蓬勃发展，部门职能升级，我的工作职责也从普通的报账员向专业的财务员转型升级。无论是角色还是职能，都发生了重大变化。在部门领导的指导与帮助下，我认真学习财务技能，研究采购管理，实践商务合同，不断提升自我，提升廉洁风险防控意识，强化责任担当，最终实现了从“财务菜鸟”到“财务专员”的成长。

2. 案例点评

很多人在面对整个 PPT 页面中密密麻麻的文字内容时，常常感到无从下手，于是干脆把 Word 文字直接复制到 PPT 中，随后对关键词进行加粗和标红处理，如图 4-28 所示。这种简单粗暴的方式不仅让演讲者难以梳理清晰的演讲逻辑，往往只能逐字逐句地念，也让观众难以看到 PPT 的呈现逻辑，缺乏耐心细看 PPT，甚至懒得听演讲者照本宣科。

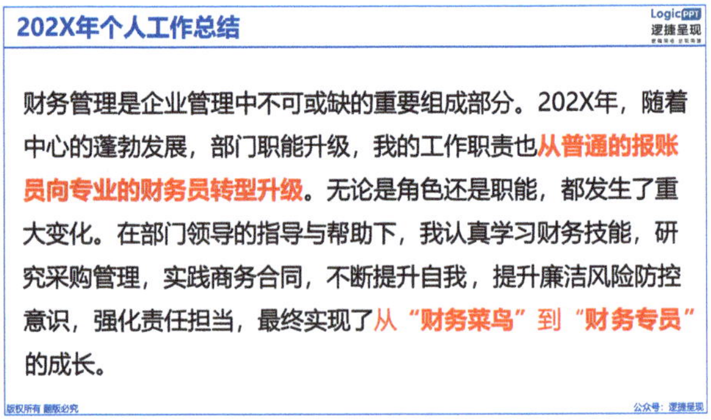

图 4-28

3. 案例解析

该案例的内容存在一些不必要的信息，导致整页 PPT 呈现出“流水账”的效果。接下来，我们将运用“底层逻辑决定呈现逻辑”的方法对其进行拆解。

步骤 1：运用顶层思维，先把整页 PPT 的内容当作一个整体，从整体视角拆解模块。通过拆解发现，该页 PPT 的内容可以分解为以下五部分（如图 4-29 所示）。

- “财务管理是企业管理中不可或缺的重要组成部分，202X 年，随着中心的蓬勃发展，部门职能升级”可以概括为解释信息。
- “我的工作职责也从普通的报账员向专业的财务员转型升级，无论是角色还是职能，都发生了重大变化”抽象概括为角色转型要求。
- “在部门领导的指导和帮助下”抽象概括为外部的实现途径或方法。
- “我认真学习财务技能，研究采购管理，实践商务合同，不断提升自我，提升廉洁风险防控意识，强化责任担当”抽象概括为内部的实现途径或方法。
- “实现了从‘财务菜鸟’到‘财务专员’的成长”抽象概括为最终的目标。

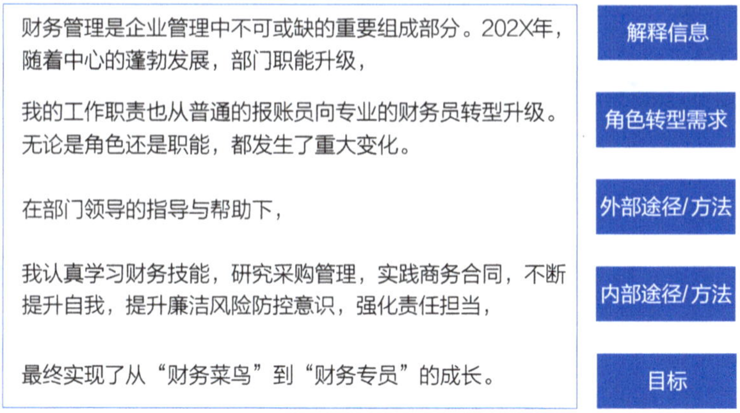

图 4-29

步骤 2：基于上面拆解的五部分，考虑如何用逻辑主线串联起来。我们先剔除“解释信息”，其余部分形成“要求—两大途径—目标”的底层逻辑主线，用一句话概括为：在什么样的需求之上采取了两种途径，实现了什么样的目标。

步骤 3：运用图形化的呈现方式表达底层逻辑。从“需求 / 要求”到“目标”是一个递进关系，用箭头表示；“两种途径 / 方法”是介于“需求 / 要求”和“目标”的，用双箭头表示，如图 4-30 所示。

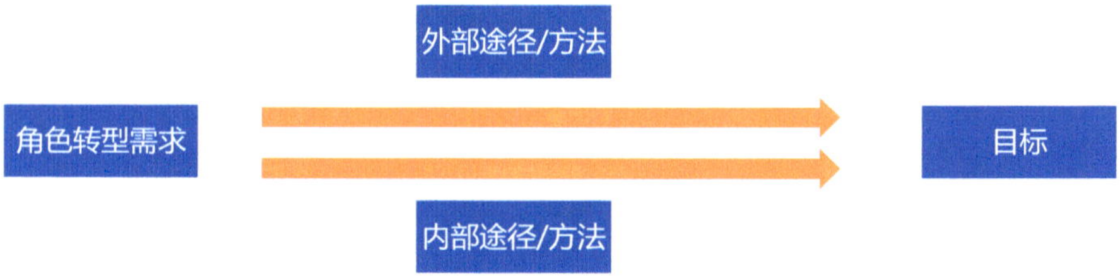

图 4-30

步骤4：进一步拆解“要求”和“目标”的底层逻辑，并运用图形化的呈现方式表达底层逻辑。其中，“要求”是普通的报账员向专业的财务员转型升级，“目标”是从“财务菜鸟”到“财务专员”的成长。它们都有一个共同的特征，都是描述从A到B的过程，并且都是递进关系。因此，可考虑用统一的表达形式，比如从下到上的一种箭头形式表达，如图4-31所示。

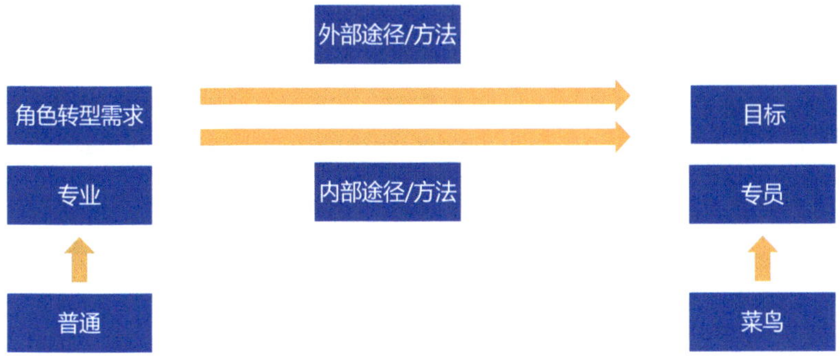

图 4-31

4. 参考答案

把详细内容、标题和结论等信息补充到逻辑图形中。标题概括总结为：202X年个人成长蜕变（从财务菜鸟到财务专员）。另外，把“外部途径/方法”概括为“外力：高人指导和帮助”；“内部途径/方法”概括为“内力：自我提升与成长”。这样能更形象地表达“内力+外力形成合力”的寓意，如图4-32所示。

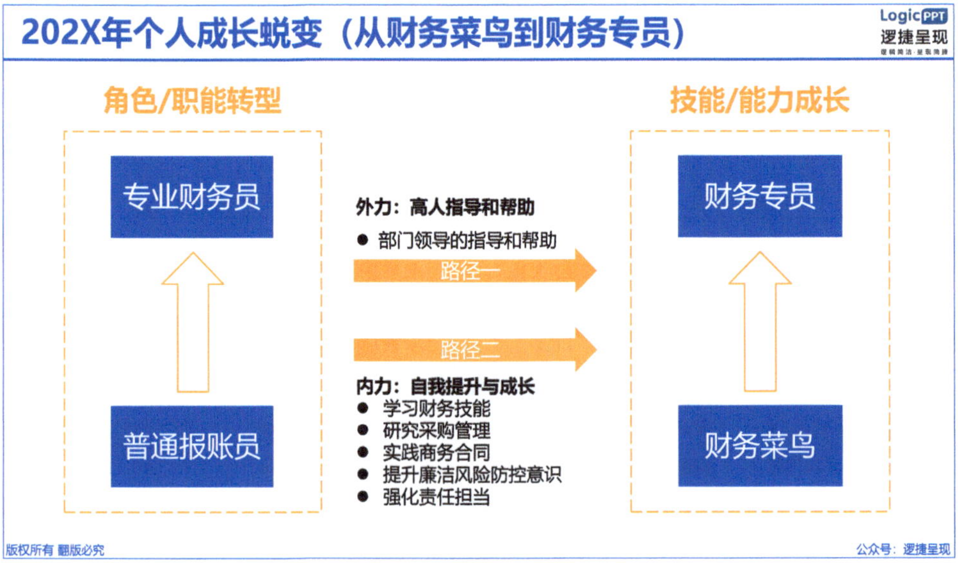

图 4-32

4.3 问题和措施型的逻辑呈现

4.3.1 问题和措施的定义

在管理和战略领域中，“问题和措施”是一种常见的分析框架，用于识别问题并制定相应的解决方案。问题是指现状与期望之间的差距，而措施则是为了解决这些问题而采取的具体行动或策略。

1. 问题的识别

问题是现状与期望之间的差距，这种差距可能表现为效率低下、成本过高、客户满意度低、市场份额下降等情况。其本质是需要克服的障碍或应对的挑战。识别问题是解决问题的第一步。通常需要通过以下方法来识别问题。

- 数据分析:通过财务数据、运营数据、客户反馈等数据来发现异常或不足之处。
- 客户反馈：通过客户投诉、市场调研等方式了解客户的需求和不满。
- 内部评估：通过员工反馈、内部审计等方式发现内部管理或流程中的问题。
- 对标分析：与行业标杆或竞争对手进行对比，找出自身存在的差距。

例如，某家电商企业发现客户流失率较高（问题），通过数据分析发现客户对配送速度不满意（问题的根源）。

2. 措施的制定

措施是为了解决问题而采取的具体行动或策略。措施必须是可执行的、具体的，并且能够直接或间接地解决识别出的问题。制定措施需要基于对问题的深入理解和分析，以确保其有效性。通常可以通过鱼骨图、5why分析等方法找出问题的根本原因，随后针对这些根本原因制定相应的措施。在制定措施时，应确保其符合SMART原则,即具体（Specific)、可衡量（Measurable)、可实现（Achievable)、相关（Relevant）且有时间限制（Time-bound)。同时,还需要考虑实施措施所需的资源（如人力、物力、财力等），以确保资源的可用性。

例如，针对客户对配送速度不满意的问题，电商企业可以采取的措施包括优化物流合作伙伴，选择更高效的物流公司；增加配送站点，缩短配送距离；提供实时物流跟踪服务，提升客户体验。

3. 措施的实施

在实施措施时还需要制订详细的实施计划，包括时间表、责任人、资源分配等，以确保措施能够按计划推进。同时，应建立监控机制，定期评估措施的实施效果。

通过数据和反馈来判断措施是否有效，是否需要调整。因为问题和措施的管理是一个持续的过程。通过 PDCA（计划、执行、检查、行动）循环，不断发现问题、采取措施、评估效果、改进优化。

例如，电商企业实施优化物流合作伙伴的措施后，通过监控配送时间和客户满意度数据，发现配送时间缩短且客户满意度提升，但成本有所增加。于是进一步调整措施，优化配送路线，最终实现了成本和效率的平衡。

总结来说，问题和措施是相辅相成的。问题的识别是解决问题的第一步，而措施的制定和实施则是解决问题的关键。在实际应用中，需要通过科学的方法识别问题，随后制定有效的措施，并通过动态调整和持续改进，确保问题得到彻底解决。

4.3.2 案例解析：某公司销售业务存在的问题及应对方法

1. 案例介绍

以下内容是某公司销售业务存在的问题及应对方法。在不删减信息的前提下，如何有逻辑地将其呈现在 PPT 中呢？

销售业务存在的问题及应对方法：

- 问题 1：未及时宣传最新业务和最新产品。应对方法：及时更新 LED 内容、海报、台卡、单页等物料，并设置功能分区专柜，让进厅咨询的用户能一目了然地找到自己需要的产品。对于新业务，及时熟悉流程，提供专业化服务，简化营业员与用户的沟通流程，确保信息传达更清晰、明了，为用户提供更便捷的服务。
- 问题 2：未挖掘用户潜在需求。应对方法：设计一句简洁的销售话术，例如，您家的宽带网络服务快到期了吗？您家的宽带速率是多少？您的手机流量不限量了吗？您的手机免费领特权用了吗？
- 问题 3：切入点未引起用户兴趣。应对方法：强调产品卖点，突出组合价值；价格对比法，强调我们宽带网络服务的价格和网速优势；有针对性地解答疑问；抓住用户占便宜心理；强调活动限时性；强调活动受欢迎程度。
- 问题 4：未带出附属产品。应对方法：推荐多资产组合的理财产品；介绍产品促销组合，引导投资者关注相关附属产品。

2. 案例点评

1）常见做法 1：纯文字版

该案例有四个问题，它们是并列关系。为了凸显问题导向，首先把四个问题作为标题加粗。应对方法放在对应问题的下面，问题和应对方法组合在一起，形成四个模块；然后找四张矢量图标放在四个问题的前面；最后把四个模块的内容平均分布在 PPT 页面中，比如上面放两个模块，下面放两个模块，如图 4-33 所示。

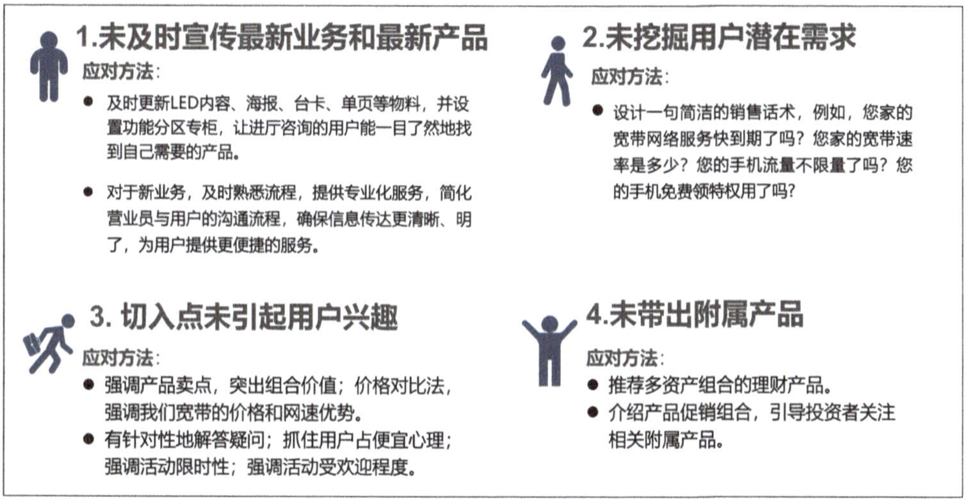

图 4-33

以上答案存在两大问题。首先，问题作为标题放在上面，应对方法放在标题下面，观众在快速浏览该页面时很容易理解为上下之间是总—分关系，而实际上问题和应对方法是递进关系，因此这样的呈现方式很容易产生歧义。其次，四个矢量图标放在这里没有任何意义，属于典型的“用无关图片来衬托空洞内涵”的做法。

2）常见做法 2：套用 SmartArt 图形

在 Office PPT 自带的智能图表（SmartArt）中，循环矩阵图可用于展示循环过程与中央观点之间的关系，如图 4-34 所示。

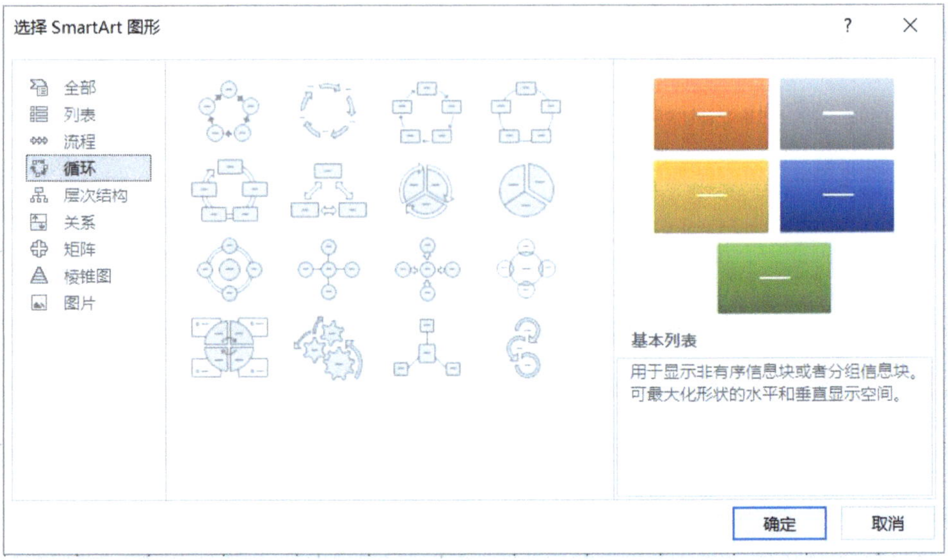

图 4-34

如图 4-35 所示，该循环矩阵的中间刚好有四个 1/4 圆形框，可分别表示四个问题；1/4 圆形框对应的外框图形分别表示四大应对方法。

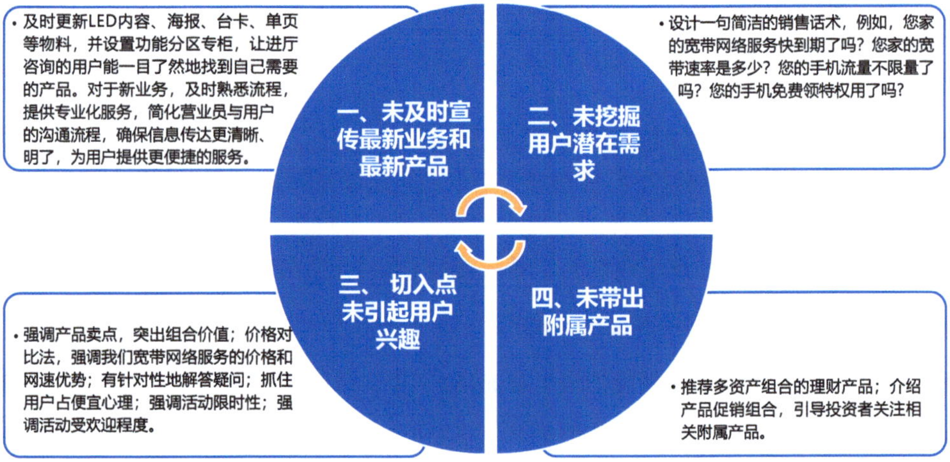

图 4-35

上述案例采用循环矩阵图后存在三个问题。首先，原文的四个问题之间的底层逻辑是并列关系，而循环矩阵图呈现出来的逻辑是 PDCA 关系，因此它们不符合底层逻辑与呈现逻辑一致性的原则。其次，每个问题与对应的应对方法是递进关系，而 1/4 圆形框与外面的长方形框属于延伸拓展或者包含关系，它们也不符合底层逻辑与呈现逻辑一致性的原则。最后，从高效制作的角度，该案例是四个问题对应四种方法，假如要新增或者合并一个问题及其对应的应对方法，该页 PPT 的版面设计就要重新制作，因为该循环矩阵图不能新增或者删减一个模块。

3）常见做法 3：用表格

表格是一种结构化工具，用于以行和列的形式组织并展示数据。它能够清晰地呈现信息，便于比较、分析和理解。通过行和列的排列，表格可以直观地对比不同的数据点，帮助观众快速理解数据之间的关系，尤其适合呈现数字、对比或分类数据，使观众一目了然地看到关键信息，如图 4-36 所示。

序号	问题	应对方法
1	未及时宣传最新业务和最新产品	● 及时更新LED内容、海报、台卡、单页等物料，并设置功能分区专柜，让进厅咨询的用户能一目了然地找到自己需要的产品。对于新业务，及时熟悉流程，提供专业化服务，简化营业员与用户的沟通流程，确保信息传达更清晰、明了，为用户提供更便捷的服务。
2	未挖掘用户潜在需求	● 设计一句简洁的销售话术，例如，您家的宽带网络服务快到期了吗？您家的宽带速率是多少？您的手机流量不限量了吗？您的手机免费领特权用了吗？
3	切入点未引起用户兴趣	● 强调产品卖点，突出组合价值；价格对比法，强调我们宽带网络服务的价格和网速优势；有针对性地解答疑问；抓住用户占便宜心理；强调活动限时性；强调活动受欢迎程度。
4	未带出附属产品	● 推荐多资产组合的理财产品；介绍产品促销组合，引导投资者关注相关附属产品。

图 4-36

然而，表格并不适合展示非线性信息。在需要讲故事或强调逻辑关系的场景中，表格的呈现效果不佳。相比之下，逻辑化图形（如流程图、思维导图等）更适合展示复杂逻辑关系和叙事性内容。

4）常见做法 4：图形化表达

如图 4-37 所示的图形化表达方式清晰地呈现了问题和应对方法之间的递进关系，但是四个问题与四种应对方法之间没有呈现出一一对应的逻辑关系，导致观众需要做“连连看”，因为现实中存在着“一对多”的逻辑关系。

3. 案例解析

首先，从顶层逻辑视角进行拆解，该案例的一级逻辑是问题和应对方法；其次，从二级逻辑视角进行拆解，四个问题分别对应四种应对方法。其中，四个问题之间属于并列关系；四种应对方法也属于并列关系；问题和应对方法属于一一对应的递进关系。

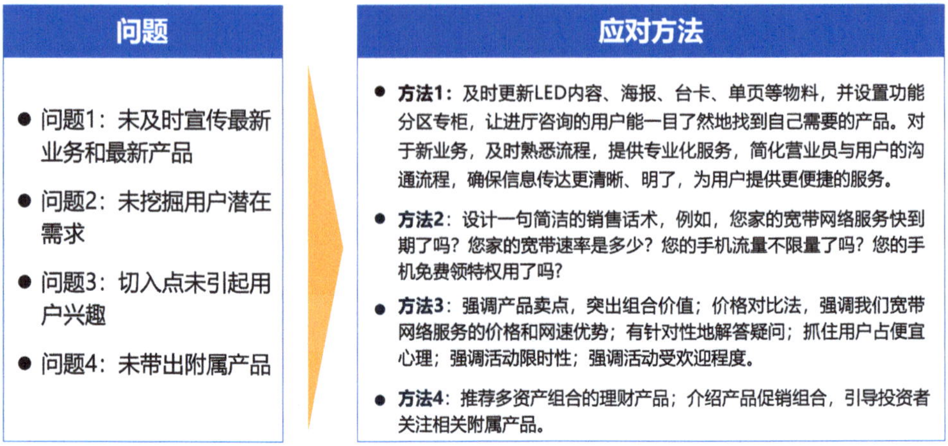

图 4-37

4. 参考答案

在本节介绍的常见做法 4 的基础上，进一步拆解四个问题和四种应对方法，它们形成一一对应的关系。最终形成的 PPT 如图 4-38 所示。另一种逻辑图形变体如图 4-39 所示。

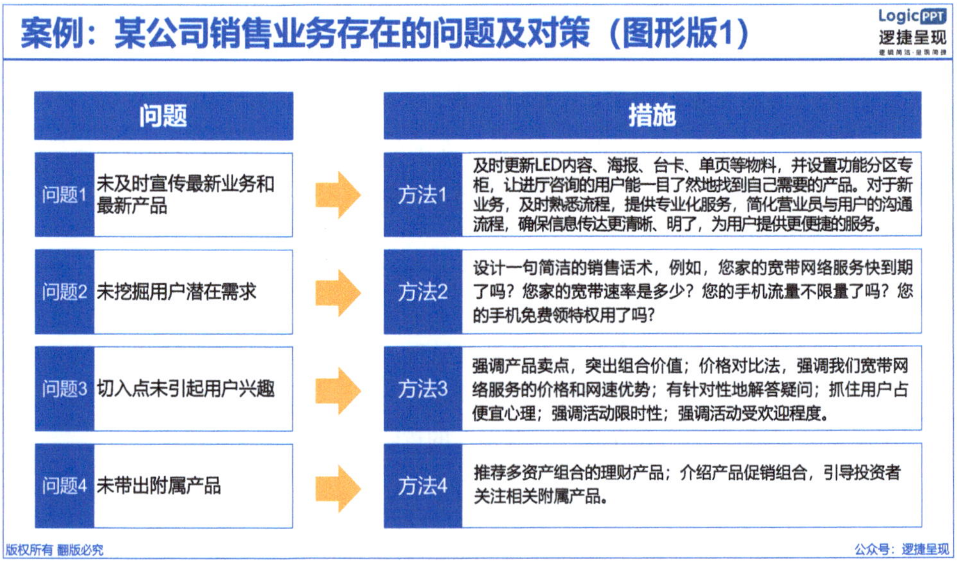

图 4-38

图 4-39

4.3.3　案例解析：某公司人力资源管理面临的挑战

1. 案例介绍

以下案例介绍了某公司人力资源管理面临的挑战，以及相应的应对要求。在不删减信息的前提下，如何有逻辑地将其呈现在 PPT 中呢？

> 当前人力资源管理工作面临以下三个外部挑战：
>
> - 来自市场竞争环境：5G 牌照即将发放，竞争环境加剧，人才保留、激励和能力提升的压力加大。
> - 来自主管部门：国有企业保值和增值的要求；现代企业制度的建立与科学的管理体系建设要求。
> - 来自资本市场：资本市场要求企业不断通过规范化管理、风险管控、人力资源管理等支撑手段加速企业价值创造与价值增值。
>
> 以上挑战对人力资源管理工作提出了更高的要求，包括建立更有利于人才能力培养和发展的机制；建立更有效的人才激励机制和保留体系；优化公司人力资源管理制度的合理性和公平性。

2. 案例点评

该案例的逻辑相对比较简单，它有三个挑战和一个要求。为了突出显示“要求”，有读者可能会找一个圆形图形放在 PPT 页面的中间，先把“要求”的内容放在圆形图形中，再在圆形图形边上画三个圆形，分别放三个“挑战”的详细内容，效果如图 4-40 所示。

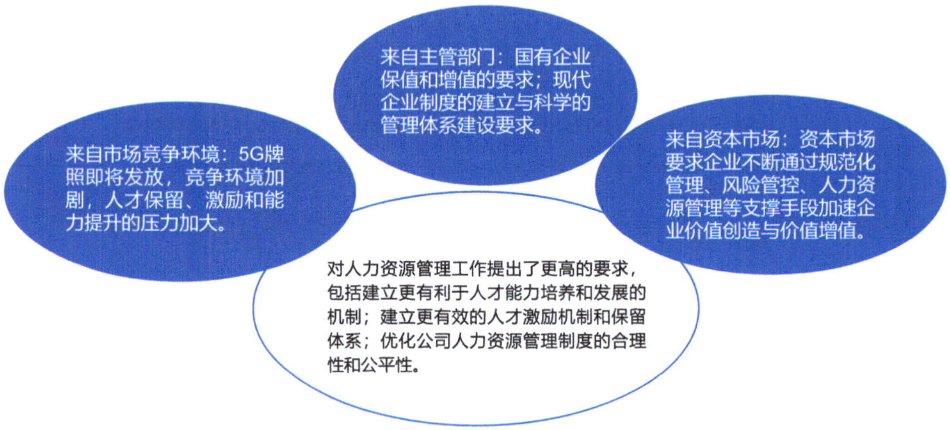

图 4-40

大家思考一下：这样的呈现效果有什么问题吗？一个圆形外挂三个圆形，很容易让人认为它们是包含关系，而原文中三个“挑战”和一个“要求”是递进关系。因此，其表达逻辑与内容的底层逻辑是不一致的。

3. 案例解析

下面运用“底层逻辑决定呈现逻辑”的方法进行拆解。

首先，拆解大逻辑。从整体角度看，该案例由两大模块构成，上面是“挑战”，下面是“要求”，它们是递进关系。其次，拆解子逻辑。挑战由三部分构成，它们之间是并列关系。最后，串联底层逻辑，最终效果如图 4-41 所示。用一句话概括：三大外部挑战对公司提出了更高的要求。

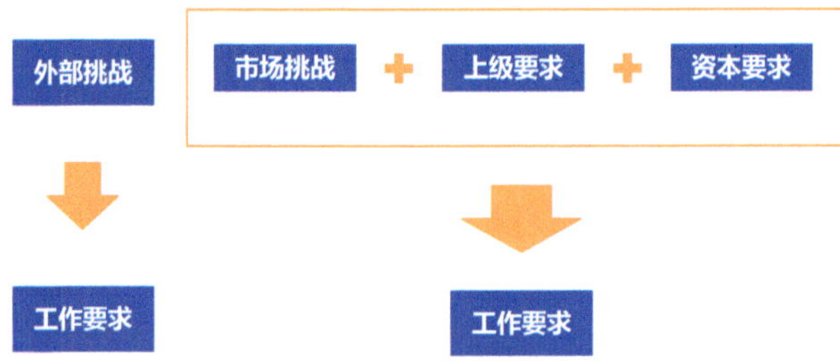

图 4-41

4. 参考答案

在底层逻辑的基础上，运用图形化的方式进行呈现。将详细内容填入图形中，最终形成的页面如图 4-42 所示。

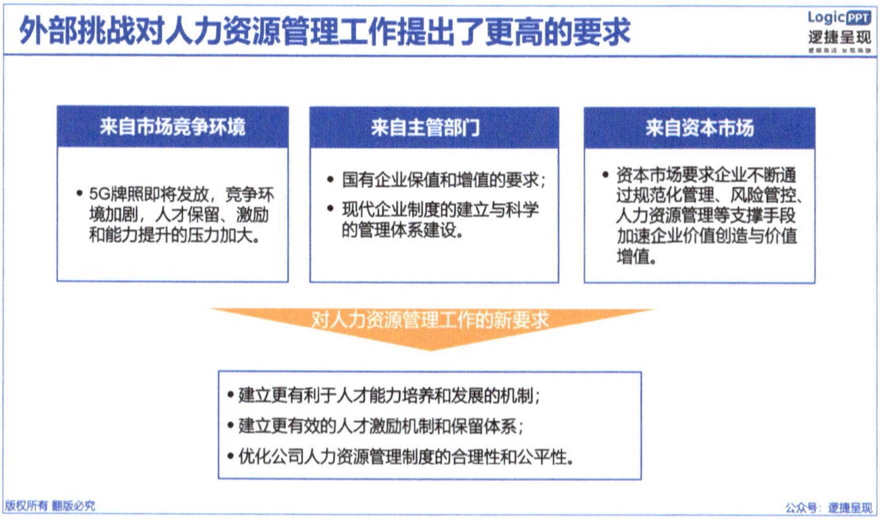

图 4-42

在符合底层逻辑的基础上，会形成不同的呈现逻辑。比如，上述参考答案给出的页面是纵向的表达形式，还有一种横向表达形式，如图 4-43 所示。可能会有读者感到好奇：到底哪一种表达形式更好？其实每个人的审美标准是不一样的，很难定义哪一种表达形式更好。我们只需要记住：不管哪一种表达形式，它都要符合底层逻辑。

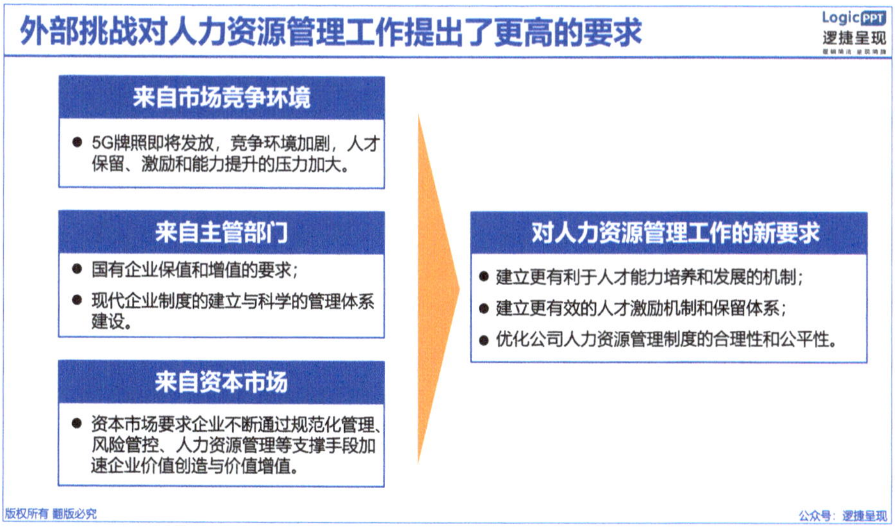

图 4-43

4.4 战略屋型的逻辑呈现

4.4.1 战略屋的定义

战略屋（House of Strategy，又称战略图或体系屋）是企业用于定义、描述和管理企业战略的图形化框架工具。它广泛应用于企业的战略规划和管理中，帮助企业明确未来的发展方向和目标，制定有效的战略措施，确保企业的持续发展和竞争优势。此外，战略屋也适用于个人的职业规划和发展，帮助个人明确职业目标，制定有效的职业发展规划。

1. 战略屋的构成

战略屋通常包括战略定位、战略目标、战略布局、关键策略、保障机制（包括组织战略和人才战略），如图 4-44 所示。

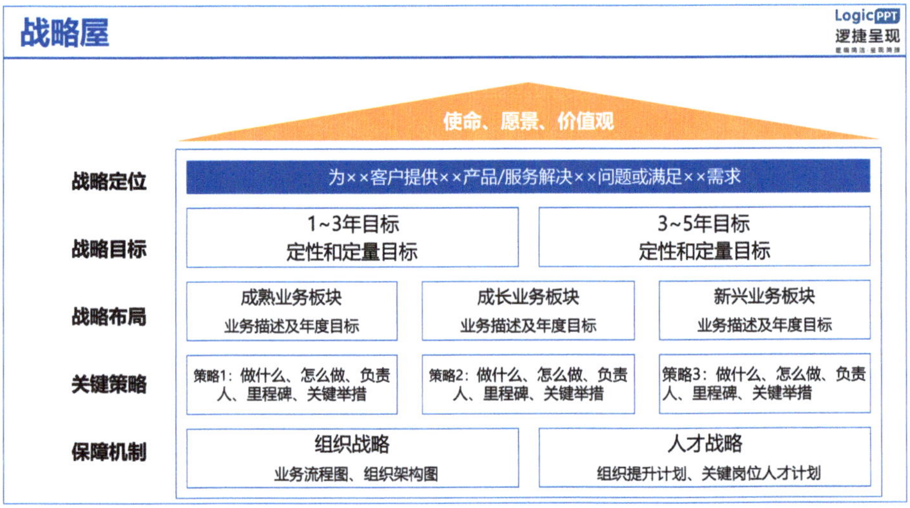

图 4-44

- 战略定位：也即使命与愿景。使命是企业存在的价值，定义企业想做什么，回答企业为什么而存在；愿景是企业长期的战略目标，定义企业想成为什么，回答企业长远目标是什么。
- 战略目标：明确接下来的 1~3 年甚至更长时间的定性和定量目标，涵盖地域、产品、目标客户群和业务活动范围等核心要素。
- 战略布局：可以划分为成熟业务、成长业务和新兴业务，以及每个业务板块的描述及年度目标。
- 关键策略：实现战略目标需要讲清楚其实现路径，每个业务要做什么事，怎么做，有哪些关键节点和里程碑，以及负责人是谁。

- 组织战略：位于战略屋的底层，包括企业的组织、流程、人才、信息建设等，需要明确内部业务划分、业务流程、汇报提醒、决策过程，保证组织协同效率足够高且快。
- 人才战略：对人的能力建设提出具体要求，确保战略的有效执行。

2. 战略屋的特点

战略屋具有以下特点。

- 层次性：战略屋自上而下层层分解，自下而上层层支撑，形成一个完整的战略体系。
- 系统性：战略屋的各个部分相互衔接，共同构成战略规划的全貌，形成一座房屋的样子。
- 可操作性：战略屋不仅提供了战略制定的框架，还提供了战略执行和评估的工具和方法，使战略能够得到有效执行。

3. 战略屋在 PPT 逻辑呈现中的应用

在 PPT 中，战略屋是一种常用的视觉化工具，用于展示企业战略的核心要素及其逻辑关系。它通过房屋结构形式，将战略的不同组成部分分层呈现，帮助观众快速理解战略框架。战略屋通常分为以下层级（可根据需要灵活调整）。

- 屋顶（目标层）：展示企业的愿景、使命或战略目标，通常用三角形或梯形表示。
- 上层墙体（战略层）：阐述核心战略或成功的关键因素（如增长战略、差异化战略等），通常用矩形或并列的柱形表示。
- 下层墙体（执行层）：列出具体举措或行动计划（如产品开发、市场拓展、技术投入等），通常用矩形或并列的柱形表示。
- 地基（基础层）：体现支撑战略的底层能力（如企业文化、组织能力、资源、技术等），通常用长方形或云状图形表示。
- 环境要素：标注外部影响因素（如市场趋势、竞争格局、政策法规等），可放在房屋两侧或底部，通常用气泡、图标或箭头表示。

4.4.2　案例解析：某公司党建工作思路

1. 案例介绍

该案例是某公司党建工作思路的总结。在不删减信息的前提下，如何将其呈现在一页 PPT 中呢？

公司党建工作思路：

为落实强化基层党建和引领治理创新的工作要求，党委工作部计划建立党建联络员制度，加强党建联络员与基层党组织的沟通联系，打造以基层党组织为基础、党委工作部全员为支撑的网络化体系，实现组织共建、活动共联、资源共享、党员共管，有效带动基层党组织和党员提升党建工作水平。

2. 案例点评

第一种简单粗暴的方式就是从网上找一个与党建相关的模板，直接把 Word 文件复制到 PPT 页面中，如图 4-45 所示。对于这种大段落的文字信息，观众基本上不会有耐心去仔细看内容。

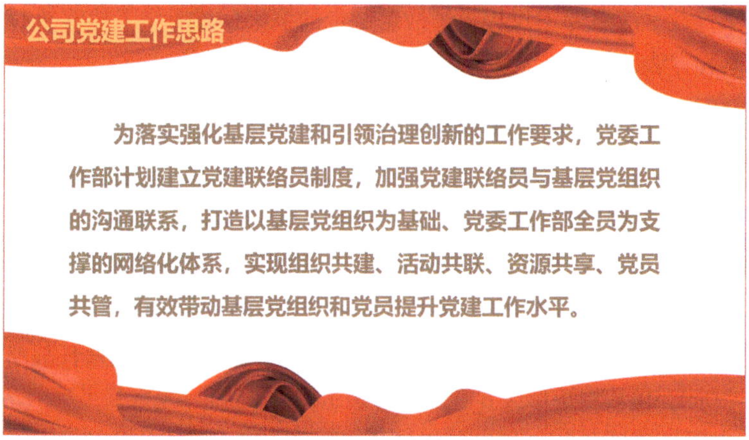

图 4-45

第二种简单粗暴的方式是找一张 PPT 软件自带的智能图形，并把内容填充进图形里，不管内容的底层逻辑与图形的呈现逻辑是否一致。比如，原文中有提到“提升党建工作水平”，看看哪个图形可以体现“提升”的含义呢？恰好在智能图形库中有一个呈阶梯式向上的图形，于是不少人可能就选择这个图形，效果如图 4-46 所示。

大家思考一下：该图形是否适合表达该页 PPT 的底层逻辑？首先，该图形呈阶梯式向上，通常用于表示逐步递进的三个阶段，但原文中并未提及三个阶段的划分。其次，前两个梯形中的内容描述的是具体的方法和举措，而最后一个梯形中的内容则是关于目标和目的的描述。它们之间并不存在阶梯式的递进关系。因此，该模板并不适合表达原文背后的底层逻辑，可以说是“牛头不对马嘴”。

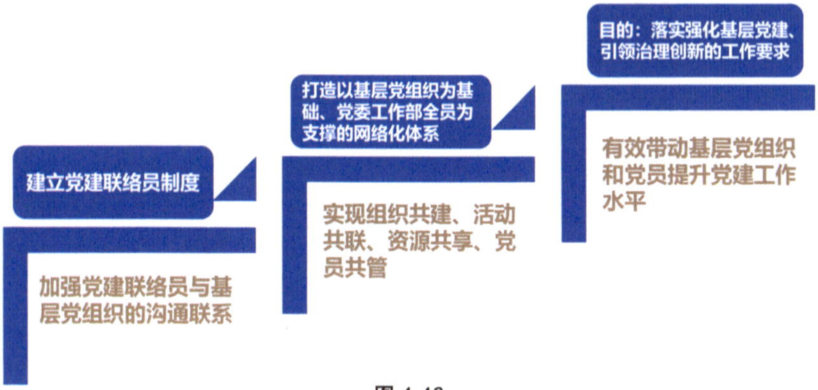

图 4-46

3. 案例解析

下面运用“底层逻辑决定呈现逻辑”的相关方法进行拆解。

步骤 1：运用顶层思维，先把 PPT 的内容当作一个整体，从整体视角拆解模块。通过拆解，发现该页 PPT 可以分解为五个模块，如图 4-47 所示，其中：

- 将“为落实强化基层党建和引领治理创新的工作要求”概括为“工作要求”。
- 将“党委工作部计划建立党建联络员制度，加强党建联络员与基层党组织的沟通联系”概括为“建制度”，但“建制度”显得太专业，我们进一步跳出专业或者技术视角，抽象概括为“工作措施 1”。
- 将“打造以基层党组织为基础、党委工作部全员为支撑的网络化体系”概括为“打造体系”，再进一步跳出专业或者技术视角，抽象概括为“工作措施 2”。
- 将“实现组织共建、活动共联、资源共享、党员共管”概括为“目标 1”。
- 将“有效带动基层党组织和党员提升党建工作水平”概括为“目标 2”。

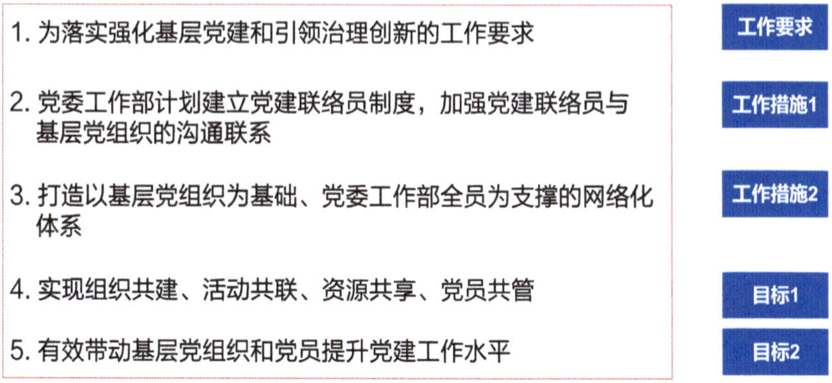

图 4-47

步骤 2：基于上面拆解的五个模块，考虑如何用逻辑主线串联起来。从“工作要求”到“工作措施”是递进关系，从“工作措施”到“目标”也是递进关系。用一句话概括为：在什么要求之下通过工作措施先实现目标 1，再实现目标 2。

步骤 3：运用图形化的方式呈现底层逻辑。常见的呈现方式有两种，一种是横向呈现，左边是“工作要求”，中间和右边分别是“目标 1”和“目标 2”；另一种是纵向呈现，“工作要求”放在最下面，在“工作要求”上面放两种工作措施，依次往上，分别放“目标 1”和“目标 2”。两种呈现方式的效果如图 4-48 所示。

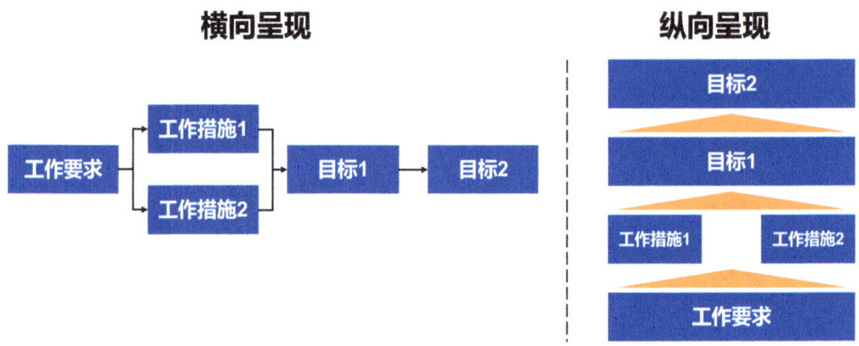

图 4-48

大家更喜欢图 4-48 中的哪种呈现方式呢？相信选择纵向呈现的人会更多。为什么？首先从结论先行的角度，这个案例最重要的是目标，所以把目标放在 PPT 页面的最上面会更加引人注目。其次，“工作要求”是基础，放在最下面能够更形象地体现它，但是用纵向呈现还不够形象。请大家思考一下：该案例的核心思路是什么？由于该案例是介绍党建工作思路的，因此，所有的工作思路都要成“体系”，否则领导就会觉得你的思路非常零散，最终会导致缺乏高度和格局。那如何体现“体系”呢？这就需要借助咨询公司常见的战略屋，比如把“目标 2”改成三角形，如图 4-49 所示。

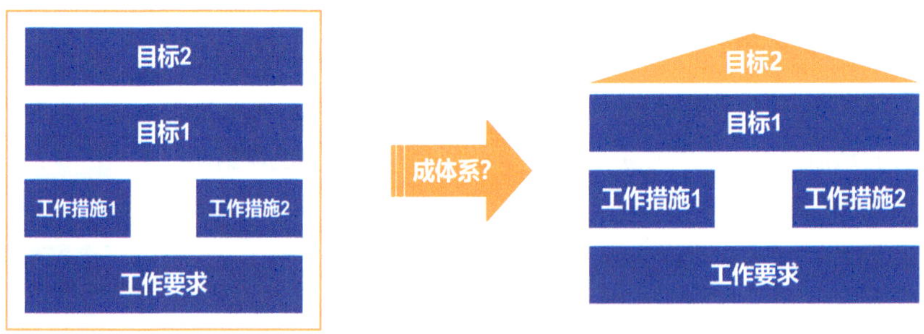

图 4-49

4. 参考答案

针对上述案例，把详细内容补充到逻辑图形中，并运用“数字＋逻辑词”方法对每一层的内容进行总结和概括。其中“要求”概括为“两大要求”，“措施”概括为“两大举措”，“目标 1”概括为“四共目标”。最终的呈现效果如图 4-50 所示。

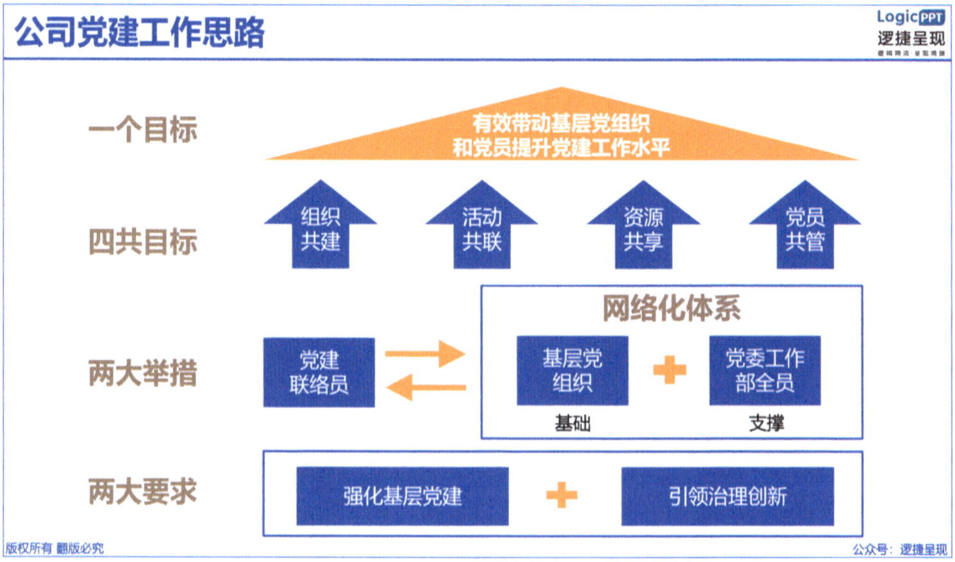

图 4-50

4.4.3　案例解析：某公司培训支撑体系建设思路

1. 案例介绍

以下案例是关于某公司培训支撑体系建设思路的描述。在不删减信息的前提下，如何运用图形化的方式呈现在一页 PPT 中？

完善“三保障、两队伍、一平台”，开展“创品牌工程”：

- 三保障：制度、课程、师资，实现品牌师资、品牌课程
  - 完善各项制度建设，从制度上保障培训工作的开展。
  - 完善分层分类的课程体系，保障“培其所需，需有所培”，打造品牌课程。
  - 完善师资体系，做到内外部资源的整合优化，建立内训师队伍，塑造内训师品牌。

- 两队伍：培训管理队伍和实施队伍，打造业内品牌团队、品牌学院
  - 加强全集团培训管理队伍建设，提升队伍专业化水平，真正实现“工作职业化、业务专家化”。
  - 加强对管理学院的指导，树立管理学院的品牌。
- 一平台：网上学习平台，建立品牌网上学院

优化网上教育系统，推广网上学习方式。为员工随时、随地、个性化的培训需求提供学习平台，逐步建立真正的学习型组织。

2. 案例点评

为了突出显示“创品牌工程”的重要性，首先找一个圆形图，把“创品牌工程”文字放在圆形的中间位置，然后把“三保障、两队伍、一平台”文字分别放在圆形周围，并用 1/3 圆形来隔开；最后分别把“三保障”“两队伍”“一平台”的详细内容放在对应的 1/3 圆形的旁边位置，如图 4-51 所示。

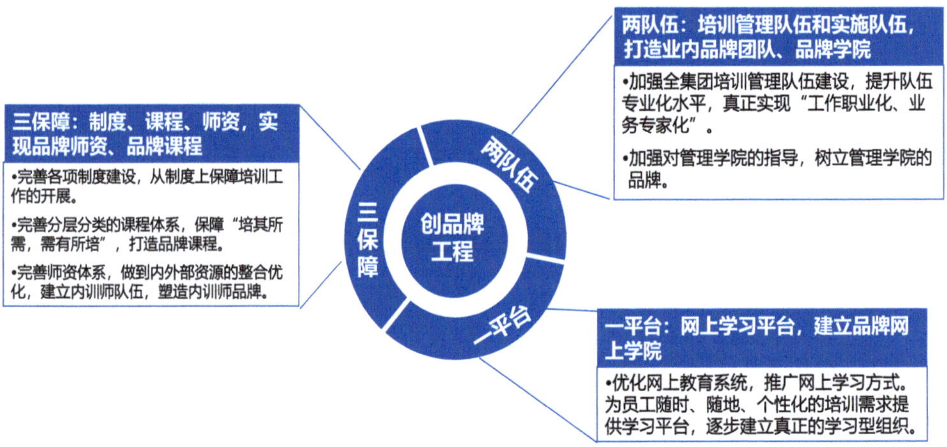

图 4-51

从“底层逻辑决定呈现逻辑”视角看，以上案例的呈现是符合底层逻辑的。该案例的标题是“公司培训支撑体系建设思路”。标题中的关键词是“支撑”、“体系”还是“思路”？接下来一一解读。

- 支撑：是一个动词，体现了动作举措。
- 思路：是一个名词，说明了该案例想阐述的工作思路。
- 体系：既可以作为名称，也可以作为形容词。不管是名词还是形容词，它都说明了工作思路是成“体系的”或者“系统的”。

通过上述分析，“体系”是该案例的关键词。上述 PPT 在体现“体系”的思想方面不够形象和准确。

3. 案例解析

该案例的文字内容较多，但最重要的是“完善‘三保障、两队伍、一平台’，开展‘创品牌工程’”这句话。其他三段文字分别用来解释三保障、两队伍和一平台是什么。在前面已经分析过，该案例的关键词是“体系”，即“三保障、两队伍、一平台”和“创品牌工程”要形成一个体系，否则它们之间就会显得零散、不系统。如果无法体现“体系”的内涵，那么该案例想表达的工作思路就会变得平淡无奇。

因此，如何体现“体系”是该案例图形化呈现最关键的地方，借助战略屋能够“一图胜千言”地表达“体系”的内涵。

4. 参考答案

在体系图顶部的三角形上放“创品牌工程”，从上到下依次放“一平台”“两队伍”“三保障”。体系图放在 PPT 页面的左边，其详细内容则单独放在体系图的右边，如图 4-52 所示。

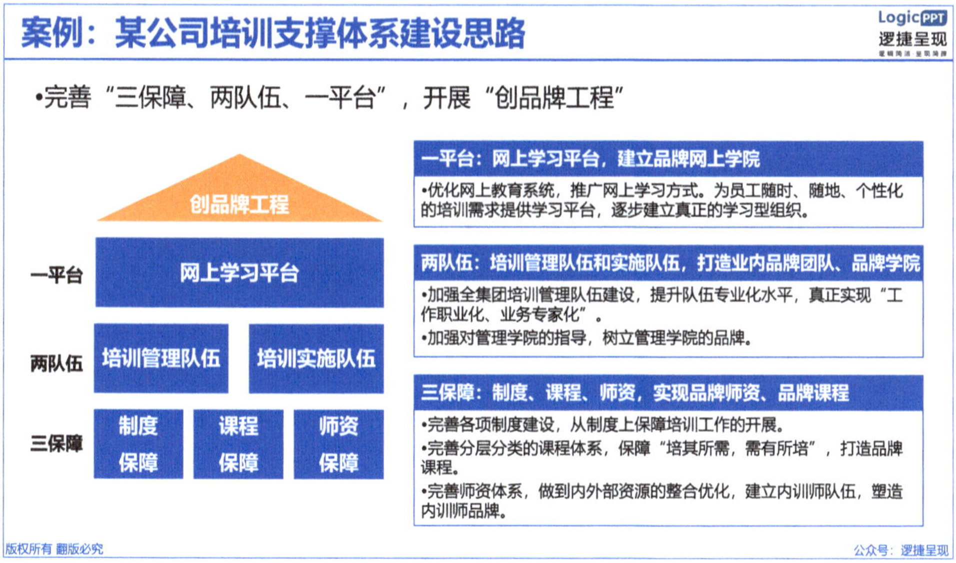

图 4-52

4.5 对比分析型的逻辑呈现

4.5.1 对比分析的定义

对比分析法是一种研究方法，通过比较不同事物或同一事物的不同方面，可以找出异同点，进而分析原因并得出结论。对比分析法广泛应用于学术研究、商业决策、市场分析和政策评估等领域，帮助人们更清晰地理解问题的本质。在实际工作中，我们常常需要对比两个或多个对象、概念、理论或方法的异同点，以便更深入地理解它们的特性和相互关系。

在做对比分析时，需要遵循以下步骤。

步骤 1：明确对比对象。对比对象可以是具体的产品、服务、方案、技术、理论、时间段、数据组等。常见的有两种，一种是横向对比，即同一时间不同对象的比较，如 A 公司与 B 公司对比；另一种是纵向对比，即同一对象不同时间的比较，如 2023 年的销售数据与 2024 年的销售数据对比。

步骤 2：确定对比维度。根据对比对象的特点和目的，选择适当的对比维度。这些维度可以是功能、性能、成本、易用性、用户体验、可靠性、可扩展性、市场占有率等。这里要特别注意，一定要确保指标具有可比性（如单位一致、时间范围相同等）。例如，在对比两家供应商的报价时，如果一家公司以人民币报价，而另一家公司以美元报价，则必须将两者转换为同一币种后再进行对比，否则就无法进行有效的比较。

步骤 3：收集信息。通过查阅相关文献、资料、用户评价、调研、实验等方式，收集关于对比对象的信息，并整理成结构化格式（如表格、图表）。

步骤 4：对比分析。在每个对比维度上，对对比的对象进行比较和分析，并指出它们的异同点。常见的分析方法有两种，一种是定量分析，即通过数值差异（如增长率、占比）判断优劣；另一种是定性分析，即通过逻辑推理解释现象（如用户偏好、政策效果、售后保障能力等）。

步骤 5：得出结论。基于对比分析的结果，得出结论，指出哪个对象在哪些方面更优秀或更适合特定需求。基于对比结果总结规律，提出改进策略或决策依据。例如：产品 A 的性价比优于产品 B，建议优先推广产品 A。

总结：对比分析法的本质是通过比较，挖掘信息价值。其关键在于明确目标、科学设计对比维度，并理性解读结果。在 PPT 中呈现对比分析时，应确保对比分析的结果清晰明了，避免模棱两可的表述。同时，应使用简单易懂的语言和图表形式展示结果，以便观众快速理解。

4.5.2 案例解析：大数据云平台与传统电商平台对比

1. 案例介绍

该案例是关于大数据云平台与传统电商平台的对比分析。在不删减信息的前提下，如何将其呈现在一页 PPT 中呢？

- 传统电商平台的用户数量较少，用户不易找到自己想要的商品，导致平台口碑下降、用户流失。大数据云平台的用户数量众多，用户能轻松找到所需商品，从而提升平台口碑，吸引潜在用户。
- 传统电商平台的商家入驻率低，平台无法实现精准推销，便利性差，无法对商家进行客观排名和优化，导致商家难以有效推销商品。而大数据云平台的商家入驻率高，不仅能够实现精准推销，便利性高，还能对商家进行客观排名和优化，帮助商家精准推销商品。
- 传统电商平台无法对商品质量进行客观把控，容易出现主观刷好评等恶意竞争现象，导致劣币驱逐良币，平台整体商品质量下降，用户满意度降低，用户流失严重，企业形象受损。相比之下，大数据云平台能够客观把控商品质量，有效避免了恶意竞争的出现，实现良币驱逐劣币，提升平台整体商品质量，提高用户满意度，增加平台用户数量，提升企业形象。

2. 案例解析

在该案例中，第一段文字主要从用户视角对比分析了传统电商平台和大数据云平台的差异，其中，传统电商平台的特点是用户少，而大数据云平台的特点是用户多。

第二段文字主要从商家视角对比分析了传统电商平台和大数据云平台的差异，其中，传统电商平台的特点是营销不便，而大数据云平台的特点是营销精准。

第三段文字主要从商家形象视角对比分析了传统电商平台和大数据云平台的差异，其中，传统电商平台的特点是商家形象恶化，而大数据云平台的特点是商家形象良好。

基于上述分析，可以得出总的结论，即：与传统电商平台对比，大数据云平台具有多方面的优势。

3. 参考答案

基于上述分析，采用图形化的表达方式呈现本案例的文字内容，最终的 PPT 如图 4-53 所示。

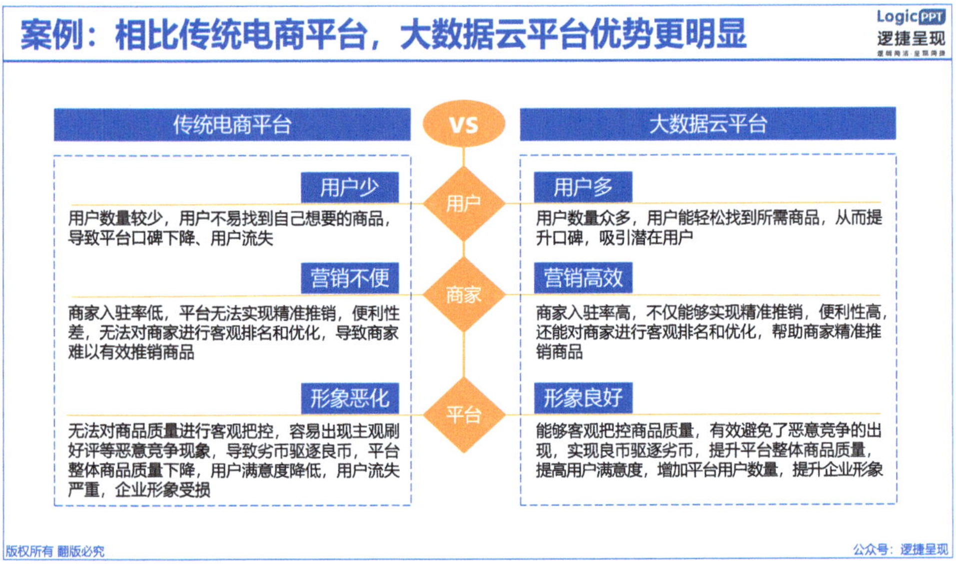

图 4-53

为了凸显对比维度上的优势和劣势，在上述 PPT 页面的基础上对优势部分加上“+”符号，对劣势部分加上“-”符号，效果如图 4-54 所示。

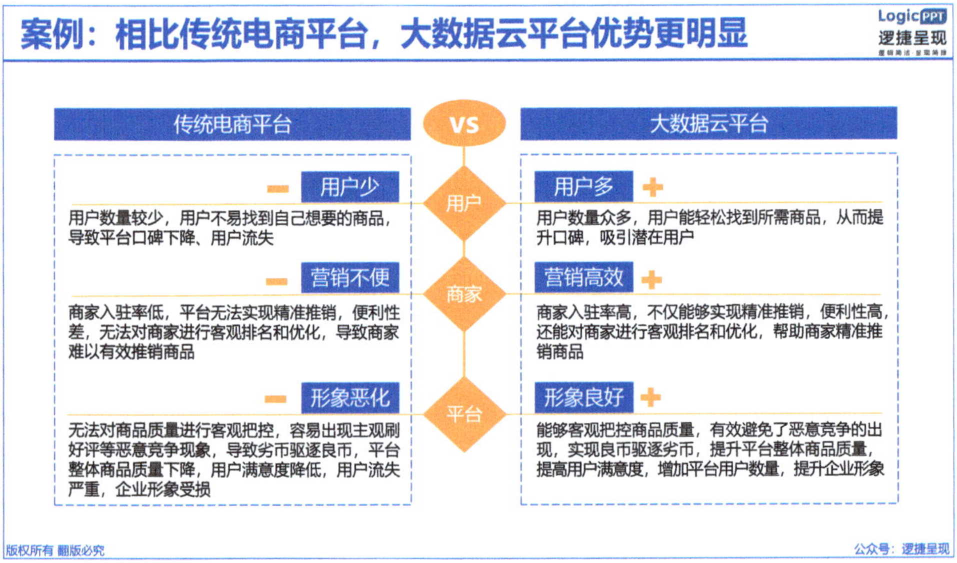

图 4-54

4.5.3 案例解析：敏捷开发方法与传统开发方法对比分析

1. 案例介绍

以下案例是关于敏捷开发和传统开发（瀑布模型）方法的对比分析。在不删减信息的前提下，如何将内容呈现在一页 PPT 中呢？

> 敏捷开发方法与传统开发（瀑布模型）方法的对比分析：
>
> - 需求变更：敏捷开发能灵活应对需求变更，快速迭代，变更成本较低；而传统开发的需求在前期确定后，变更困难，一旦发生需求变更，其变更成本较高。
> - 开发周期：敏捷开发具有较短的迭代周期，一旦开发完成，即可快速交付给用户；而传统开发具有较长的开发周期，且一次性交付，强调项目开发周期的时效性。
> - 团队协作：敏捷开发强调跨职能团队协作，团队间沟通频繁，沟通比较顺畅；而传统开发的项目团队职能分工明确，团队间沟通较少，一般按周、月频次沟通。
> - 文档要求：敏捷开发精简文档，注重实际代码和成果，主要时间和精力用在开发代码上；而传统开发有详细的文档和计划要求，编写文档和计划需要占用大量的时间和精力。
> - 风险应对：敏捷开发能够在早期识别和应对风险，可快速灵活地调整以应对风险，成本较低；而传统开发的风险在项目后期才暴露，应对风险比较被动，调整比较困难，成本较高。
> - 用户参与：敏捷开发的用户在项目早期参与，持续深度反馈需求，便于快速迭代升级和优化；而传统开发的用户在项目晚期才参与，且反馈信息有限，很难推动迭代升级和优化。

2. 案例解析

上述案例属于典型的对比分析型。原文已整理出六大对比分析维度：需求变更、开发周期、团队协作、文档要求、风险应对、用户参与。接下来需要总结提炼敏捷开发方法与传统开发方法在这些维度上的特征。总结时应遵循简短、对称、统一的原则，包括语法、结构和字数。通过对比分析，可以看出敏捷开发方法与传统开发方法在需求变更、开发周期、团队协作、文档要求、风险应对、用户参与等方面存在显著差异，具体如表 4-1 所示。

表 4-1

对比维度	敏捷开发方法	传统开发方法
需求变更	变更灵活	变更困难
开发周期	较短周期	较长周期
团队协作	沟通频繁	沟通较少
文档要求	文档精简	文档详细
风险应对	早期应对	后期应对
用户参与	持续反馈	反馈有限

3. 参考答案

在总结提炼敏捷开发方法与传统开发方法在每个维度的特征后，进一步对整页 PPT 的核心结论进行归纳总结：敏捷开发方法相较于传统开发方法，在多个方面具有显著优势。最后，采用图形化的方式呈现这些结论，如图 4-55 所示。

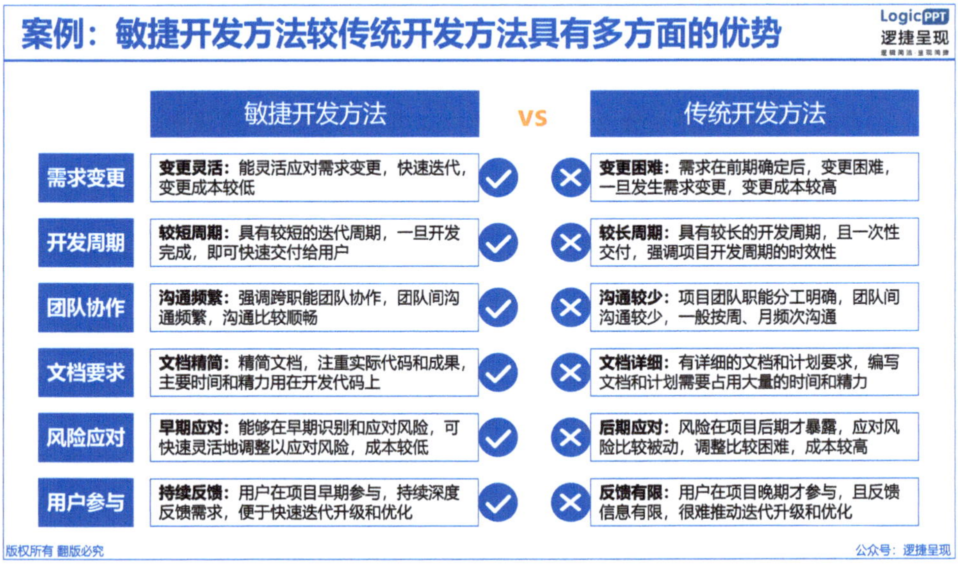

图 4-55

4.6　象限分析型的逻辑呈现

4.6.1　象限分析法的定义

象限分析法也被称为二维象限分析法或四象限分析法，是一种基于两个重要属性对事物进行分类分析的方法。通过将事物的两个属性作为坐标轴，形成四个象限，从而对事物进行分类和分析。作为一种简单而有效的分析工具，象限分析法能够帮助企业和管理者快速识别问题并制定策略，从而提高决策效率和管理效率。它广泛应用于企业管理、市场分析、客户管理、时间管理等多个领域。

在管理学中，波士顿矩阵（又名BCG矩阵、BCG Matrix）是一个非常著名的应用案例。该方法由美国大型商业咨询公司波士顿咨询集团（Boston Consulting Group）首创，主要用于规划企业的产品组合。它通过分析产品的市场增长率和相对市场份额两个维度，将产品分为明星产品、金牛产品、瘦狗产品和问题产品，如图4-56所示。

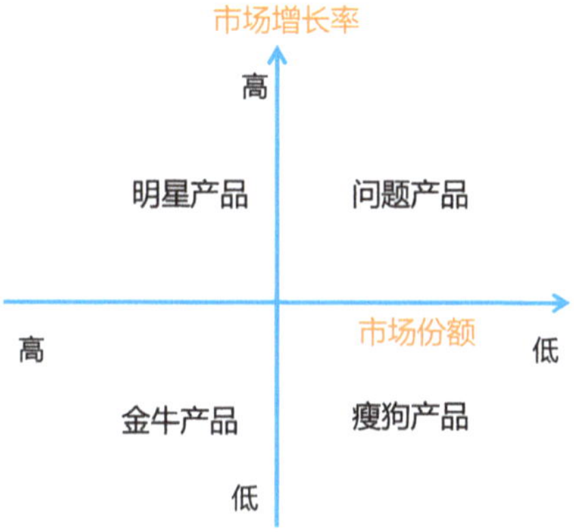

图4-56

在《高效能人士的七个习惯》中，美国管理学家史蒂芬·柯维提出了一种重要的时间管理理论，即时间“四象限”法。该方法将工作按照重要性和紧急性两个维度分为四个象限：重要紧急（如客户投诉、即将到期的任务、财务危机等）、重要不紧急（如建立人际关系、人员培训、制定防范措施等）、紧急不重要（如电话铃声、不速之客等）、不紧急不重要（如上网、闲谈、查看邮件、发微信朋友圈等），如图4-57所示。

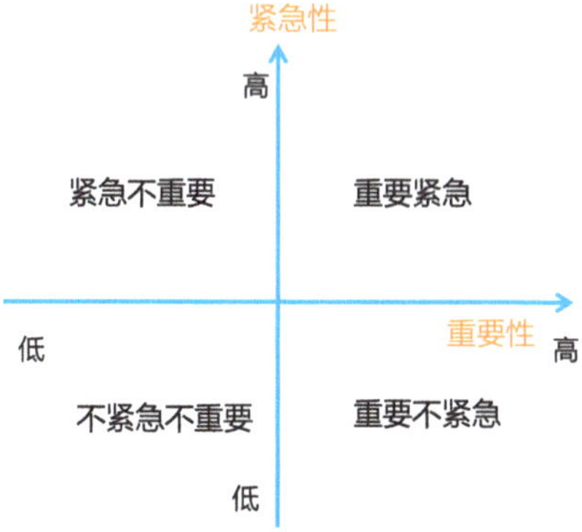

图4-57

构建象限分析法主要涉及以下步骤：确定关键指标、构建二维矩阵图、划分象限和制定策略，具体如下。

1）确定关键指标

象限分析法的核心在于通过两个关键指标来划分数据或事物。这两个指标的选择通常取决于分析对象的特点和目的。例如，在企业管理中，常用的指标包括市场增长率、市场份额、盈利能力、风险水平等；在营销活动分析中，可能选择点击率、转化率、参与率等指标。选择恰当的指标是构建象限分析法的关键一步，它们将直接影响后续象限的划分和策略的制定。

2）构建二维矩阵图

在确定关键指标之后，下一步是构建二维矩阵图。该矩阵图由两个坐标轴组成，分别代表两个关键指标。例如，在企业管理中，可以将市场增长率作为横轴（X轴），将市场份额作为纵轴（Y轴），从而构建一个二维矩阵图。在营销活动分析中，则可以将点击率作为横轴，将转化率作为纵轴。通过这种方式，可以将分析对象在二维空间中进行可视化展示，为后续的象限划分和分析提供基础。

3）划分象限

根据二维矩阵图，可将数据或事物划分为四个象限，每个象限代表不同的状态或类别。以企业管理为例，产品可划分为：明星产品（高增长、高市场份额）、金牛产品（低增长、高市场份额）、问题产品（高增长、低市场份额）和瘦狗产品（低增长、低市场份额）。在营销活动分析中，营销活动则可划分为高点击高转化、高转化低点击、低点击低转化和高点击低转化这四个象限。

4）制定策略

针对不同象限的数据或事物，需要制定有针对性的策略。特别提醒大家，任何分析都只是手段，而非目的，分析之后的策略才是关键所在。因此，必须在象限分析结果的基础上，给出相应的策略。例如，在企业管理中：

- 对明星产品，企业可以加大投资力度，推动其快速增长。
- 对金牛产品，则可以保持现状，稳定收益。
- 对问题产品，需要仔细分析其原因，寻找突破点。
- 对瘦狗产品，则可以考虑淘汰或重组。

在营销活动分析中：

- 对高点击高转化的活动，可以提炼出有效的推广渠道与推广策略。
- 对高转化低点击的活动，则需要提升投放创意。

- 对低点击低转化的活动，则需要优化营销方案，提高曝光和吸引力。
- 对高点击低转化的活动，则需要调整渠道策略，提高转化率。

总结：象限分析法的优势在于其简洁明了、易于理解和操作。通过构建二维矩阵图，决策者可以直观地看到问题的全貌以及各部分之间的关系，从而快速做出决策。然而，象限分析法也存在一定的局限性，它依赖于两个关键指标的选择和划分，如果指标选择不当或划分不准确，则可能影响分析结果的准确性。此外，象限分析法是一种静态的分析方法，它只能反映当前的状态或情况，无法预测未来的变化。

尽管如此，象限分析法仍是一种重要的决策支持工具，能够帮助决策者更好地理解和应对复杂问题。在使用象限分析法时，建议结合其他分析方法和工具进行综合分析，以确保决策的准确性和有效性。

4.6.2 案例解析：客户管理策略分析

1. 案例介绍

以下内容是关于客户管理策略的分析，分别从客户满意度和忠诚度进行分析。如何将这些内容用图形化的方式呈现在一页 PPT 中呢？

> 为了提升客户的忠诚度和客户体验，针对不同客户群体的特点，制定如下客户管理策略：
>
> - 高满意度、高忠诚度：忠诚拥护者，需维护并激励其进行口碑传播。
> - 高满意度、低忠诚度：潜在流失客户，需增强互动或引入奖励机制。
> - 低满意度、高忠诚度：被动满意客户，如习惯性购买，需改进产品或服务。
> - 低满意度、低忠诚度：低价值客户，可能流失，需评估保留成本。

2. 案例点评

针对上述案例，有读者可能会用复杂的逻辑树来表达，如图 4-58 所示。第一层逻辑分为高满意度和低满意度；第二层逻辑分为高忠诚度和低忠诚度。

这种表达方式有一个不足之处，就是观众必须看完四条信息才能全部理解。还有更好的表达方式吗？答案是肯定的，接着往下看。

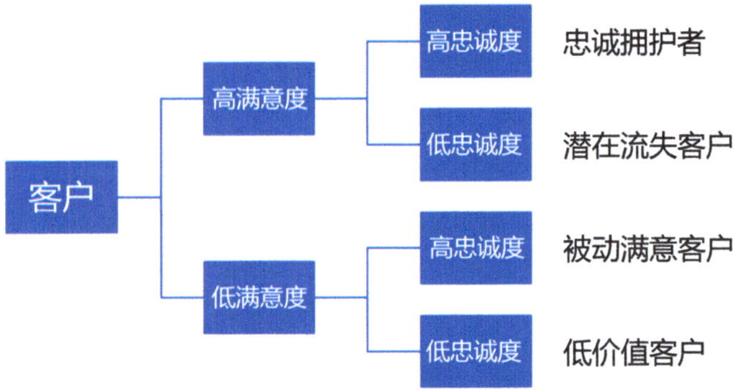

图 4-58

3. 参考答案

该案例是象限分析法的典型应用。比如，横轴表示满意度的高低，纵轴表示忠诚度的高低，四个象限分别对应四种类型及其应对策略，如图 4-59 所示。

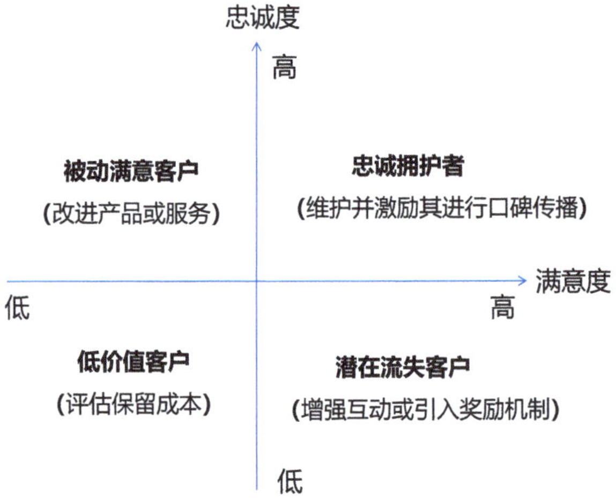

图 4-59

4.6.3 案例解析：产品功能优先级管理策略

1. 案例介绍

以下内容从用户需求价值和技术开发难度两个维度，分析某公司互联网 App 功能优先级管理策略。如何将这些内容用图形化的方式呈现在一页 PPT 中呢？

为实现用户价值最大化，合理分配开发资源，制定以下产品功能优先级管理策略：

- 高价值——易开发：优先开发（快速提升用户体验）
- 高价值——难开发：规划长期投入（如核心技术升级）
- 低价值——易开发：选择性开发（低成本试错）
- 低价值——难开发：暂缓或放弃（避免资源浪费）

2. 参考答案

该案例的两个维度分别是用户需求价值和技术开发难度。采用象限分析法表示，其中横轴表示技术开发难度的高低，纵轴表示用户需求价值的高低，四个象限分别对应着四种策略，如图 4-60 所示。

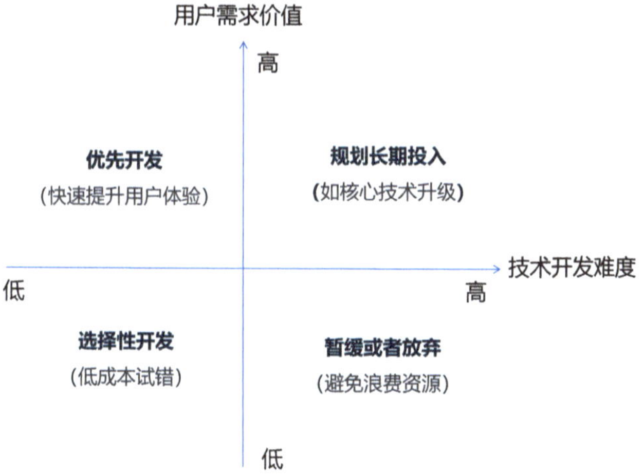

图 4-60

4.7 阶段流程型的逻辑呈现

4.7.1 阶段流程的定义

阶段流程是一种将整个过程划分为多个有序的阶段，并在每个阶段执行特定任务或活动的模型。它有助于更好地组织和管理复杂过程，确保每个步骤都能得到充分关注和执行。其流程一般由以下五大要素构成。

- 输入：流程的起点，包括资源、信息、需求等。例如，在项目立项流程中，输入可能包括项目提案、市场调研报告、客户需求痛点或期望等。

- 活动：为了完成目标而进行的具体任务或操作。活动是有顺序的，通常按照一定的逻辑关系排列。例如，在项目立项中，活动包括可行性分析、编写立项申请书、评审等。
- 输出：流程的结果或产出，通常是某种产品、服务或决策。在项目立项流程中，输出可能是立项批准通知或拒绝决定。
- 规则：在流程中需要遵循的标准或约束条件。例如，在项目立项流程中可能规定了审批权限、时间限制、预算要求等。
- 参与者：参与流程的人员或角色，包括执行者、审批者、监督者等。在项目立项流程中，参与者可能涉及项目经理、技术专家、财务人员、管理层等。

企业所有的运作都是按流程进行的，因此流程在各个领域和场景中都有广泛的应用，例如项目管理、生产制造、行政管理、服务行业、人力资源管理等，包括但不限于以下流程。

- 项目立项流程：一般包括项目识别与定义、项目可行性分析、立项申请与评审、项目评估与决策、项目计划制订、项目启动等。整个项目立项流程需要各环节紧密配合，确保项目的可行性和成功实施。
- 项目管理：将项目分解为多个阶段，如启动、规划、执行、监督与控制、收尾等，以确保项目顺利进行。
- 产品开发：从概念提出到设计、开发、测试、发布等各个阶段，都有明确的流程和要求。
- 采购流程：一般包括需求确定、供应商选择、采购谈判、订单下达、订单跟踪、货物验收、货款支付和采购评估等环节。
- 生产流程：在制造业中，将生产过程分解为多个阶段，如原材料准备、加工、装配、检验等，以确保产品质量和生产效率。
- 销售流程：通常包括客户接待、需求分析、产品介绍、谈判签约、售后服务等多个阶段，这些阶段共同构成了销售的全过程，有助于销售团队规范销售流程，提高销售效率和客户满意度。
- 客服流程：在客服行业中，客服流程也被划分为多个阶段，如客户咨询、问题记录、问题处理、反馈跟踪等，有助于客服团队提供高质量的客户服务。
- 招聘流程：在人力资源管理中，招聘流程一般划分为招聘需求确定、信息发布、简历筛选、面试选拔、背景调查与录用、试用期管理与转正等，这些核心步骤共同构成了招聘的流程，确保了组织能够有序、高效地招聘到合适的人才。

4.7.2 案例解析：竞品分析方法

1. 案例介绍

以下是关于竞品分析方法的描述，从六大步骤描述了竞品分析的方法和技巧。如何将这些内容用图形化的方式呈现在一页 PPT 中呢？

- 第 1 步：清晰确定竞品分析的目标，例如，是为了新产品的功能规划、制定市场定价策略，还是为了优化现有产品的用户体验等。不同的目标会引导分析朝不同的方向和重点进行。
- 第 2 步：明确分析所涉及的产品或服务范围，包括产品的功能模块、服务覆盖的区域等。同时确定分析所关注的市场领域、目标用户群体等。
- 第 3 步：选择那些在功能、目标用户、市场定位等方面高度相似，且能直接争夺市场份额的产品。同时，也需要考虑那些具有进入该市场潜力和可能性的产品或企业。
- 第 4 步：通过公司官网、社交媒体平台、行业报告、新闻资讯、应用商店等渠道收集竞品的基本信息、功能特点、用户评价、市场推广活动等数据；也可通过调研方式收集用户对竞品的使用体验、满意度、痛点等方面的反馈。
- 第 5 步：对比竞品与自身产品的功能模块、特性、性能等，分析各自的优势和不足，找出功能上的差异点和创新点。研究竞品的市场定位、目标用户群体、定价策略、营销渠道、促销活动等，分析其市场竞争策略的优势和可借鉴之处。
- 第 6 步：将分析过程和结果以清晰、有条理的方式撰写成报告。根据分析结果，总结竞品的优势和劣势，以及对自身产品的启示。结合自身产品的目标和现状，提出针对性的建议和改进措施，为产品决策、市场策略调整等提供依据。

2. 案例点评

该案例阐述了竞品分析的六大步骤，因此一些读者可能会找到具有六大模块的 PPT 模板，如图 4-61 所示。

图 4-61

上述参考答案有一个亮点，即对长文本内容进行了归纳总结，在其中融入了简洁的方法。但是该案例提炼的语句结构没有统一，其中“竞品目的”和“竞品范围”都是名词，而原文阐述的是竞品分析流程或者步骤，应该采取“动词＋名词”结构才符合流程或者步骤的表达。比如把“竞品目的”改成“明确目的”，把“竞品范围”改成“界定范围”。

上述参考答案的另一个比较大的问题是逻辑问题。原文阐述的是六大步骤，它们之间是递进关系。而在上述参考答案中，六大步骤之间更像是并列关系，尽管页面中用了数字，但是数字不一定代表顺序，它可能只代表一个标签。因此上述表达会有歧义。

3. 参考答案

该案例的六大步骤属于阶段性的流程关系。因此采用阶段流程图表示，对每个步骤的详细内容进行归纳总结，把提炼的核心词语放在流程图中，同时把每个步骤的详细内容放在对应步骤的下面，如图 4-62 所示。

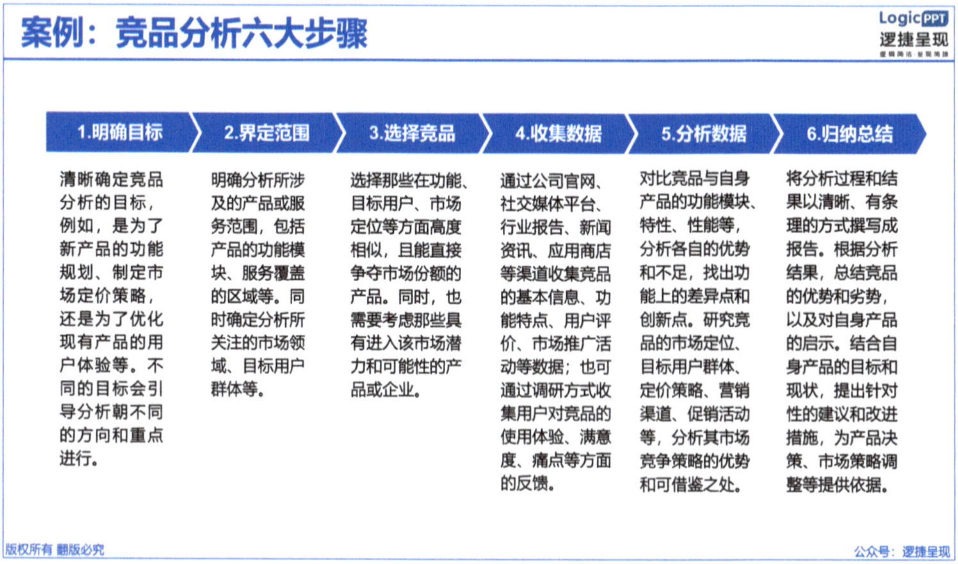

图 4-62

4.7.3　案例解析：某公司大型项目售前支撑优化步骤

1. 案例介绍

以下案例是关于某公司大型项目售前支撑优化步骤的描述。在不删减信息的前提下，如何将这些内容呈现在一页 PPT 中呢？

> 落实大型项目售前支撑优化的步骤如下：
>
> - 步骤 1：客户画像。选取分公司的重点客户进行调研分析，挖掘潜在商机，并完成客户画像。
> - 步骤 2：优化支撑。①团队资源配置。安排售前方案人员进入分公司，组建联合拓展团队，形成“结对子”式的人员支撑体系。②产品优化。优化现有产品，赋能分公司提升市场的产品竞争力。
> - 步骤 3：支撑后评价。构建支撑体系评价机制，定期对支撑体系的效果进行评价；基于评价结果完善和优化支撑体系，形成闭环管理机制。

2. 案例点评

1）做法 1：采用表格

上述案例中有典型的关键词“步骤”，因此读者很容易理解这段文字的底层逻辑是递进关系，其中步骤 2 中又分为两步。最简单的一种表达方式就是采用表格形式，如图 4-63 所示。

	1. 客户画像	2. 优化支撑	3. 支撑后评价
关键活动	选取分公司的重点客户进行调研分析，挖掘潜在商机，并完成客户画像	团队资源配置：安排售前方案人员进入分公司，组建联合拓展团队，形成“结对子”式的人员支撑体系 产品优化：优化现有产品，赋能分公司提升市场的产品竞争力	构建支撑体系评价机制，定期对支撑体系的效果进行评价；基于评价结果完善和优化支撑体系，形成闭环管理机制

图 4-63

如果对图 4-63 中的表达方式进行评分，那么它只能勉强达到 60 分（满分为 100 分），处于及格水平。表格作为一种结构化工具，虽然能够通过二维视角（横向和纵向）将内容进行结构化展示，但它的缺点在于没有体现流程性，尤其无法形象地体现步骤与步骤之间的前后递进关系。

2）做法 2：采用线性流程图

该案例主要分三个步骤进行阐述，因此，另一种常见的答案是采用流程图的方式表示，如图 4-64 所示。

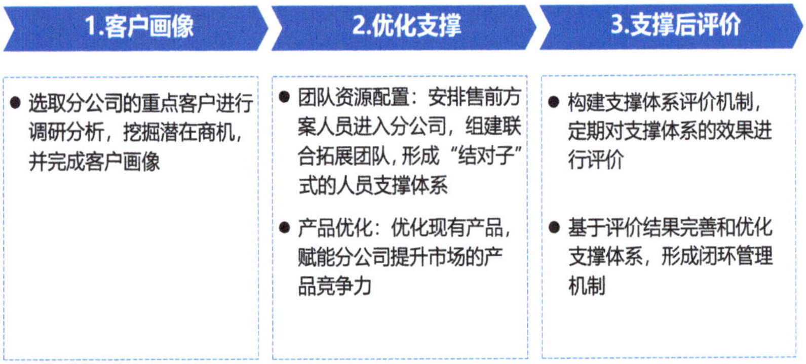

图 4-64

与表格的表达方式相比，线性流程图更形象，能够清晰地展示步骤之间的前后关系。无论是演讲者还是观众，看到流程图时都能迅速理解其内容。因此，它是一种相对较好的表达方式。然而，是否还有其他更优的表达方式呢？

3. 参考答案

上述线性流程图的优点在于能够形象地表达整体步骤的前后关系，但对于大步骤下的小步骤，却没有形象地表达出来。因此，在上述线性流程图的基础上，进一步完善和优化小步骤，可以得到更好的表达方式，如图 4-65 所示。

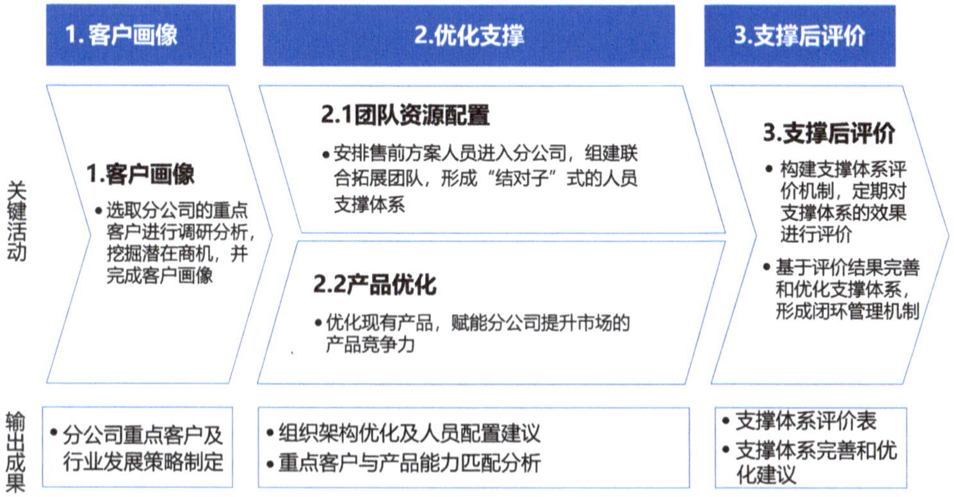

图 4-65

上述表达方式有三个显著优势。首先，在呈现上，它不仅涵盖了支撑优化的关键活动，还明确了每个步骤的输入和输出，从而将“方法”提升到了“方法论”的高度。其次，与传统的线性流程图相比，鱼骨式的递进结构更加形象地体现了逻辑关系。最后，该图可以作为总—分结构的导航图，串联整个 PPT 的故事线。例如，保持步骤 1 的颜色不变，而将步骤 2 和步骤 3 的颜色改为灰色，即可表示当前的详细内容是针对步骤 1 展开的，如图 4-66 所示。

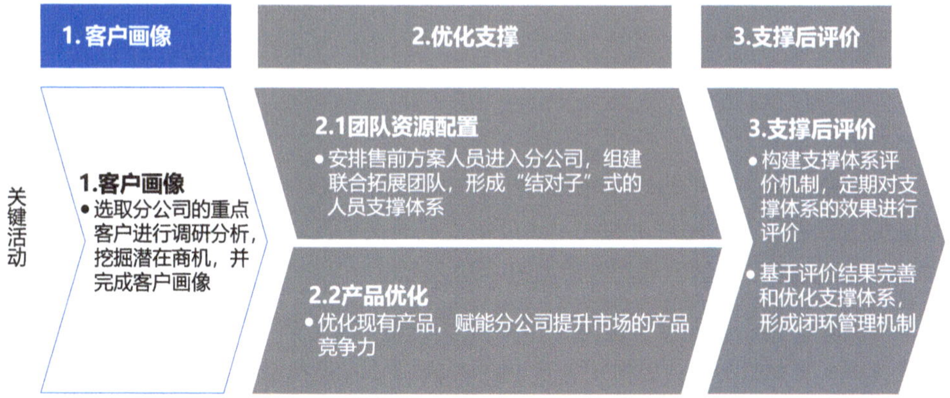

图 4-66

4.8 综合组合型的逻辑呈现

前面介绍了常见的逻辑呈现类型，而在实际的 PPT 报告中，还可能存在着多种类型的内容组合。例如，在一页 PPT 中可能同时包含问题与措施的描述、对比分析、阶段流程和成果与成效等内容。无论是哪种类型的逻辑呈现，都应遵循“底层逻辑决定呈现逻辑”的原则。

4.8.1 案例解析：关于问题解决的方法或策略

1. 案例介绍

以下案例是关于问题解决方案的名言分享。在不删减信息的前提下，如何将这些内容呈现在一页 PPT 中呢？

> 关于问题解决方案的名言分享：彼得·圣吉在《第五项修炼》中提到，问题的解决方案既有“根本解”，也有“症状解”。“症状解”能够迅速消除问题的症状，但这种作用只是暂时的，并且往往会带来副作用，进而加深问题，使其更难得到根本解决。“根本解”则是从根本上解决问题，只有通过系统思考，看到问题的整体，才能发现“根本解”。
>
> 我们在处理问题时，若能拨开重重迷雾，系统思考，追本溯源，总揽整体，抓住事物的本质，则往往能够收到“四两拨千斤”的效果。
>
> 5why 法的关键在于：鼓励解决问题的人努力避开主观或自负的假设和逻辑陷阱，从结果出发，沿着因果关系链条“顺藤摸瓜”，直至找出原有问题的根本原因。只有正确运用 5why 法，才能标本兼治。

2. 案例点评

常见做法 1：首先通过互联网或者 AI 工具找到一张与“问题解决”相关的图片，以体现这页 PPT 与问题解决相关；然后把所有的文字复制到图片的另一边；最后对关键词进行加粗和标红处理。效果如图 4-67 所示。

常见做法 2：首先通过互联网或者 AI 工具找到《第五项修炼》这本书的封面图片，或者彼得·圣吉的头像，以体现这页 PPT 的内容来自经典图书或者名人；然后把所有文字放在图片的另一边；最后对关键词进行加粗和标红处理。

以上两种方法都是典型“重形式、轻内涵”的做法。大家想一想，不管是“解决问题”的图片，还是图书封面、名人头像，它们是这页 PPT 核心的思想或观点吗？我们要思考的是如何通过提炼重点、梳理逻辑、呈现逻辑等方式，快速高效地传递给观众，让观众易于接受和理解。

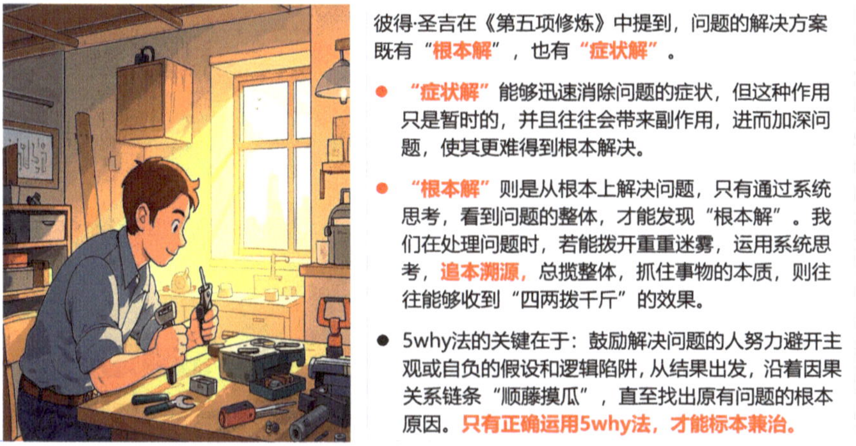

图 4-67

3. 案例解析

下面运用“底层逻辑决定呈现逻辑”的相关方法进行拆解。

步骤 1：运用顶层思维，先把整页 PPT 的内容当作一个整体，从整体视角拆解模块。通过拆解发现，该页 PPT 的内容可以分解为五大模块，其中：

- “彼得 · 圣吉在《第五项修炼》中提到”这一句是解释来源或者出处说明的，它不是最重要的信息，只是一个补充性的信息。
- “问题的解决方案既有‘根本解’，也有‘症状解’”这一句属于总概括，该页 PPT 是按总—分结构展开的，后面部分都是在“总”的基础上分别展开的。
- “‘症状解’能够迅速消除问题的症状，但这种作用只是暂时的，并且往往会带来副作用，进而加深问题，使其更难得到根本解决。”是“症状解”的详细描述，是在前面“总概括”的基础上进行“分”的详细展开。
- “‘根本解’则是从根本上解决问题，只有通过系统思考，看到问题的整体，才能发现‘根本解’。我们在处理问题时，若能拨开重重迷雾，系统思考，追本溯源，总揽整体，抓住事物的本质，则往往能够收到‘四两拨千斤’的效果。”是“根本解”的详细描述，也是在前面“总概括”的基础上进行“分”的详细展开。
- “5why 法的关键在于：鼓励解决问题的人努力避开主观或自负的假设和逻辑陷阱，从结果出发，沿着因果关系链条‘顺藤摸瓜’，直至找出原有问题的根本原因。只有正确运用 5why 法，才能标本兼治。”是 5why 法的描述，它隶属于“根本解”的范畴，但它是在“根本解”的基础上进一步延伸出来的。

基于上面的拆解过程，该页 PPT 最终由“解释”“总概况”“症状解”“根本解”“5why”五大模块构成，如图 4-68 所示。

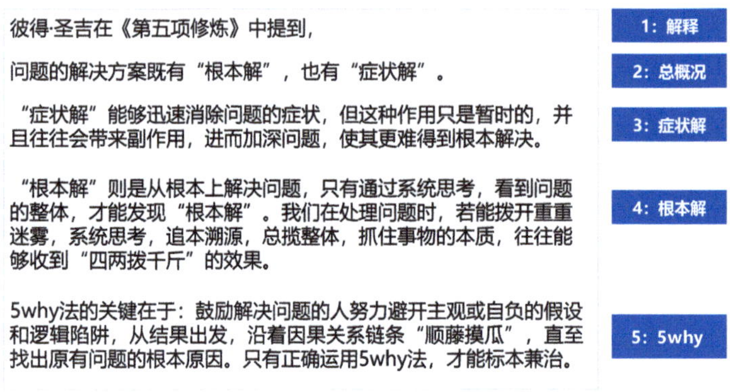

图 4-68

步骤 2：基于上面拆解的五大模块，考虑如何用逻辑主线串联起来。“解释”先剔除，“总概况”、“症状解”及“根本解”形成了总—分关系；而“根本解”和“5why”法是延伸的关系。用一句话概括为：问题的解决方案有两种，一种是 A，另一种是 B，C 是从 B 延伸出来的。

步骤 3：运用图形化的呈现方式体现底层逻辑。总—分关系可以用树状结构表示，延伸关系可以用箭头表示。“解释”信息放在 PPT 页面的左下角，如图 4-69 所示。

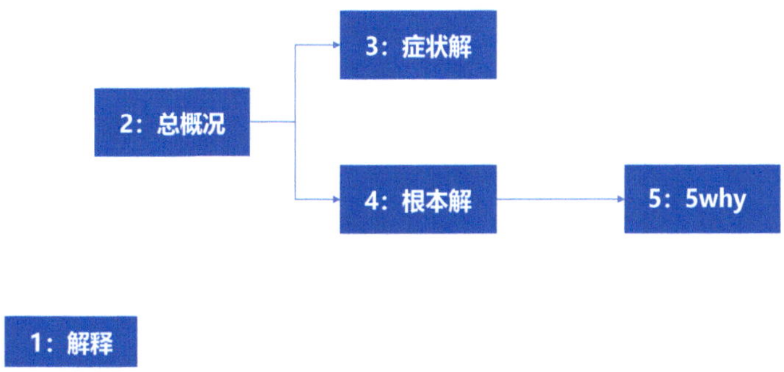

图 4-69

4. 参考答案

在底层逻辑的基础上，把详细内容补充到逻辑图形中。用树状结构表示总—分关系，同时把“症状解”、“根本解”和“5why”的详细内容分别放在对应位置的后面，效果如图 4-70 所示。

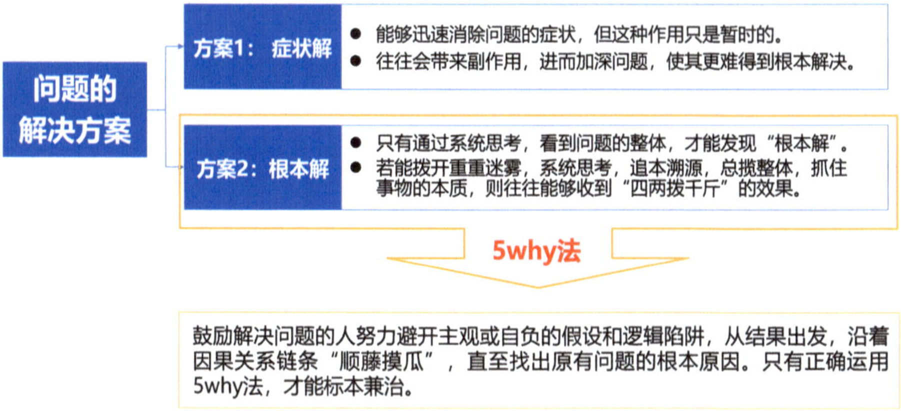

图 4-70

大家想一下，这页 PPT 做到这里就制作完成了吗？没有！为什么？因为没有重点。在前面章节中提到，任何复杂的长文本信息都要提炼重点，否则制作的 PPT 就是失败的。如果想快速告诉观众，“症状解”和“根本解”最大的特征是什么，那么我们就需要在 PPT 页面中用精练的语言总结它们的区别，并用高亮显示的方式表达出来。另外，“症状解”、“根本解”和“5why 法”后面都有非常详细的长文本信息描述，我们还需要进一步提炼核心观点。因此，接下来我们需要进一步提炼重点。

首先，提炼“症状解”和“根本解”最大的区别。通过原文发现“标本兼治”可以充分概括“根本解”的核心特征，对应“症状解”的核心特征是“治标不治本”。把“标本兼治”放在“根本解”的下面；把“治标不治本”放在“症状解”的下面，这样做的好处是，观众一眼就能看到该页 PPT 的核心观点。

其次，提炼“症状解”详细内容的重点。“‘症状解’能够迅速消除问题的症状，但这种作用只是暂时的，并且往往会带来副作用，进而加深问题，使其更难得到根本解决。”该句话有三层意思：能迅速消除问题的症状，概括为“消症状”，但作用只是暂时的，概括为“时效短”；“并且往往会带来副作用，进而加深问题，使其更难得到根本解决。”概括为“副作用”。

第三，提炼“根本解”详细内容的重点。“‘根本解’则是从根本上解决问题，只有通过系统思考，看到问题的整体，才能发现‘根本解’。”概括为“抓根源”；“我们在处理问题时，若能拨开重重迷雾，系统思考，追本溯源，总揽整体，抓住事物的本质，则往往能够收到‘四两拨千斤’的功效”概括为“强功效”。

第四，提炼“5why 法”详细内容的重点。“鼓励解决问题的人要努力避开主观或自负的假设和逻辑陷阱”概括为“客观公正”；“从结果着手，沿着因果关系链条‘顺藤摸瓜’，直至找出原有问题的根本原因。”概括为“结果导向”；“只有正确运用5why法，才能标本兼治”概括为“标本兼治”。

将上述提炼的重点内容放在对应的位置，最终形成的PPT如图4-71所示。

图4-71

4.8.2 案例解析：某项目运作模式成功经验总结

1. 案例介绍

以下案例是关于某项目运作模式成功经验的总结。请大家思考一下，如何将这些内容呈现在一页PPT中呢？（注：该案例内容已经过精简，假设每句话都是一个模块）

> 某项目成功经验总结：在有良好的客户关系的基础上，以核心系统作为切入点，依靠强大的项目团队、强大的技术支撑、高质量的交付成果、深度捆绑业务，以及垄断数据平台，逐渐做大做强。

2. 案例点评

在处理长文本信息时，我们通常会面临以下挑战：第一，难以把握整段文字的整体逻辑；第二，不清楚每句话之间的逻辑关系；第三，不确定哪种形象化的图形展示最合适。这些挑战最终会反映在 PPT 的呈现效果上。

该案例原文提到了“以核心系统作为切入点”，因此很多读者可能会重点关注“核心系统”中的“核心”一词。为了进一步凸显和强调“核心”的寓意，在设计 PPT 时，可以将“核心”置于页面中间，并用椭圆形来表示；然后在椭圆形周边放置其他相关元素；最后，将“良好的客户关系”放在页面底部，而将“做大做强”这一终极目标放在页面顶部，最终效果如图 4-72 所示。

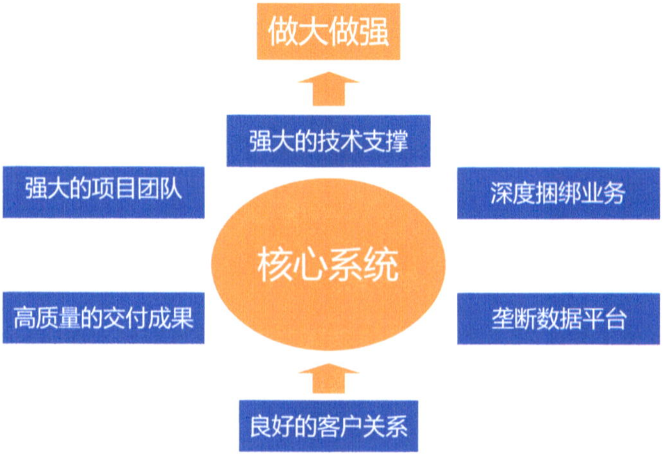

图 4-72

请大家思考一下：上述答案存在什么问题吗？以下问题供大家思考。

- 核心系统与强大的项目团队、强大的技术支撑、高质量的交付成果、深度捆绑业务相结合，它们之间分别是什么关系？从展示的效果来看，似乎是一种包含关系。然而，它们并不是包含关系。因此，这种表达方式可能会引起歧义。
- 核心系统在整段文字中充当什么角色？它在整体逻辑中处于什么地位？从图 4-72 的展示效果来看，“核心系统”充当着核心的角色，而原文提到的是“以核心系统作为切入点”，通过这个切入点告诉我们，核心系统只是一个切入方向，而不是实现“做大做强”的核心内容。

3. 案例解析

接下来详细讲解分析的过程，具体步骤如下。

步骤 1：化繁为简——拆解最小单元语句。

在拆解最小单元语句的过程中，需要注意拆解的颗粒度。如何把握这个度呢？颗粒度指的是“最小单元的完整语句”。“最小单元”并不意味着“最简短”，最小单元的完整语句可能是一句很长的话，尤其是当句子中包含连接词时，需要将连接词之后的语句视为一个完整的最小单元语句。

连接词是用于连接单字、短语或子句的词语，它们不能独立充当句子成分。在企业管理实践中，许多动词会作为连接词使用，如“利用”“凭借”“依靠”“依托”“依附”等。这些词语之后的句子通常表示一种措施、手段或方法。因此，在拆解最小单元语句时，不能将其拆分开，而应将它们合并在一起，作为最小单元的完整语句。

结合以上原则，上述案例的内容拆解如下：

- 在有良好的客户关系的基础上。
- 以核心系统作为切入点。
- 依靠强大的项目团队、强大的技术支撑、高质量的交付成果、深度捆绑业务，以及垄断数据平台。
- 逐渐做大做强。

步骤 2：化繁为简——拆解一级逻辑。

在完成整体语句的拆解之后，接下来需要提炼整体语句的逻辑。应该用一句话高度概括该段文字的核心观点。那么，采用最小模块分解的方法，应该将其分为几大模块呢？通常将其分为两大模块：其一是过程，其二是结果或目标。两者是递进关系，如图 4-73 所示。

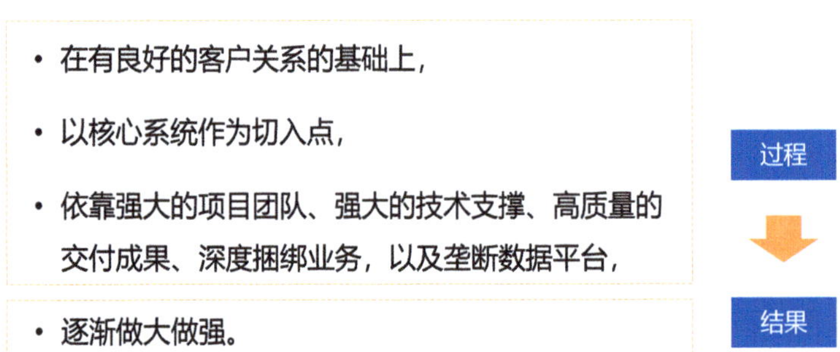

图 4-73

用一句话高度概括这段文字的核心观点为：某项目的成功经验是基于什么过程实现了一个什么结果。

步骤 3：化繁为简——拆解二级逻辑。

下面分别对两大模块进行逻辑拆解。在拆解过程中，通过提取每句话的关键词来概括其核心内容。需要注意的是，每句话的关键词并不一定直接形成概括语句，有时需要转换为其他词语，确保与其他语句的逻辑连接顺畅。例如，在本案例中，“依靠”虽然是关键词，但直接使用它与其他关键词连接时，逻辑上可能会显得不够通顺。此时，就需要考虑用其他词语进行替代。结合上下文语境，使用“措施”或“手段”作为替代词是比较合理的。

对每句话提炼关键词后的效果如图 4-74 所示。

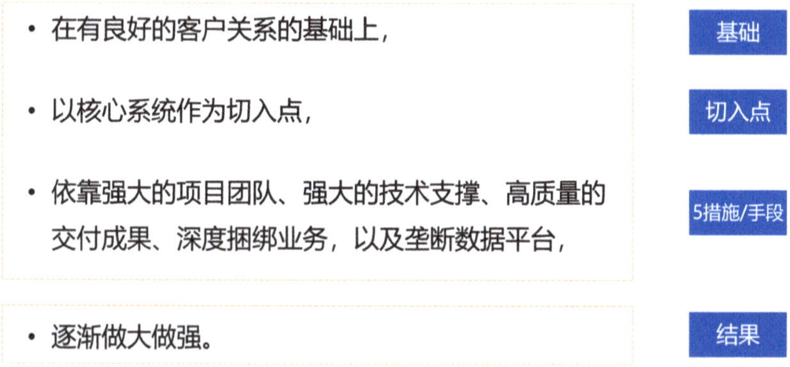

图 4-74

接下来需要考虑每句话的关键词之间是什么逻辑关系，根据上下文的理解，它们之间是递进关系，如图 4-75 所示。

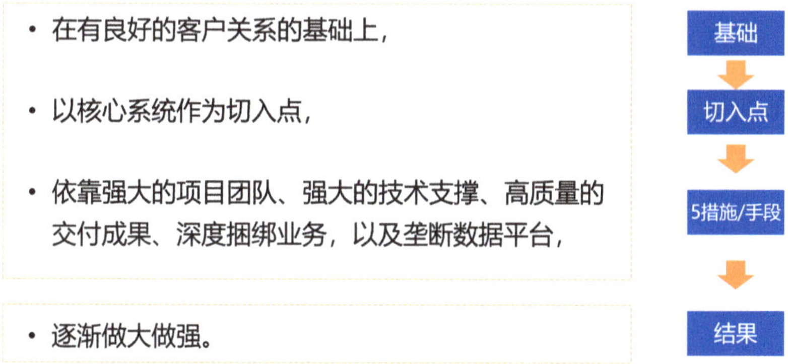

图 4-75

步骤 4：逻辑呈现——串联逻辑框架。

用逻辑关系将关键词串联起来，即可得到该案例的整体逻辑。该案例的逻辑相对比较简单，常见的串联方法有两种，一种是横向串联，另一种是纵向串联，如图 4-76 所示。

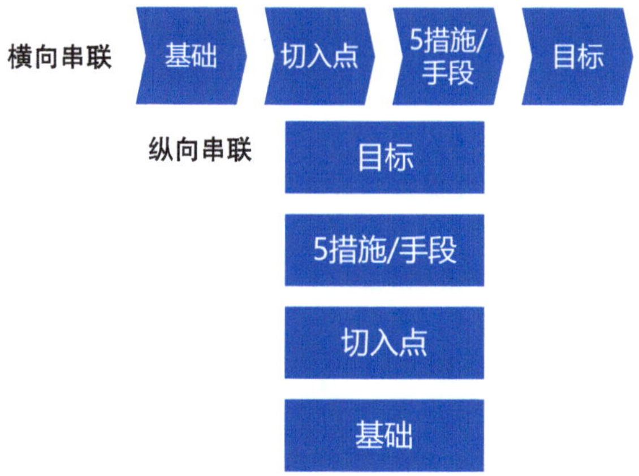

图 4-76

步骤 5：拆解单个逻辑。

在本案例中，只有“5 措施 / 手段”是一个组合逻辑，其他都是单个逻辑。“5 措施 / 手段”的逻辑拆解也比较简单，它们之间是并列关系，如图 4-77 所示。

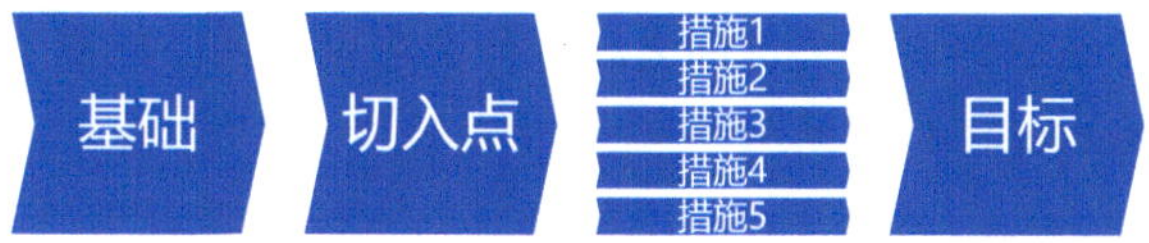

图 4-77

步骤 6：形象化呈现。

前面已经列出了两种整体逻辑框架：横向框架和纵向框架。如果用于形象化呈现，哪种框架比较合适呢？针对本案例，相对来说，横向框架似乎更合适。那么，基于横向框架，如何更形象地进行表达和呈现呢？

通过对横向框架的分析，我们可以发现，形象化的重点可以放在“切入点”上。结合上下文，我们可以得出结论：该项目的切入点是核心系统。换句话说，在开展该项目之前，公司尚未切入客户的核心系统，或者说该公司在开展该项目之前，其客户对该公司而言是陌生的。那么，如何形象地表达“切入”和“拒之门外”呢？可以通过设置障碍墙来形象地表达该寓意，效果如图 4-78 所示。

图 4-78

4.9　咨询公司经典逻辑图形

4.9.1　递进关系的逻辑图形：线性递进

从字面意思理解，“线性”通常指的是沿着一条直线的方向或具有直线的特征，在数学上常表示为一次函数关系，变量之间的变化呈现出均匀、稳定的趋势。“递进”则表示程度逐渐加深、逻辑上逐步推进、层次上依次提升等。所以“线性递进”在逻辑思维中可以理解为一种按照先后顺序、因果关系等逐步推进的思维方式。它强调从一个起点出发，按照一定的逻辑顺序逐步深入，最终达到结论的过程。例如，在进行逻辑推理时，从已知条件 A 推出结论 B，再由结论 B 推出结论 C，这种逐步推进的逻辑链就是线性递进的，如图 4-79 所示。

图 4-79

比如，在项目管理中，线性递进是指项目按照既定的阶段和步骤逐步推进，从项目的启动阶段到规划阶段，再到执行、监控和收尾阶段，每个阶段都以前一个阶段为基础，逐步推进，就像沿着一条直线前进一样，每个阶段都有明确的目标和任务，随着项目的推进，工作内容不断深入，项目逐渐完成，如图 4-80 所示。

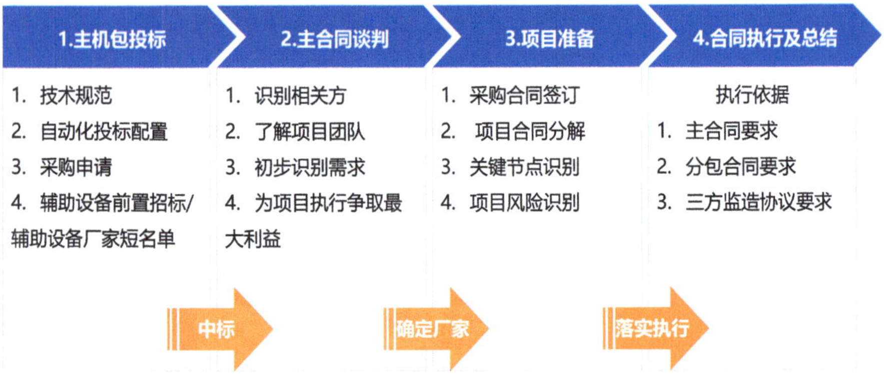

图 4-80

再如，时间序列逻辑也属于典型的线性递进的模式，在该模式下，事物随着时间的推移，在状态、程度、阶段等方面依次发展、逐步深入。它强调时间作为一个连续的、不可逆的维度，推动着各种现象、事件或过程按照先后顺序发生变化，具有明显的先后顺序性和连续性，如图 4-81 所示。

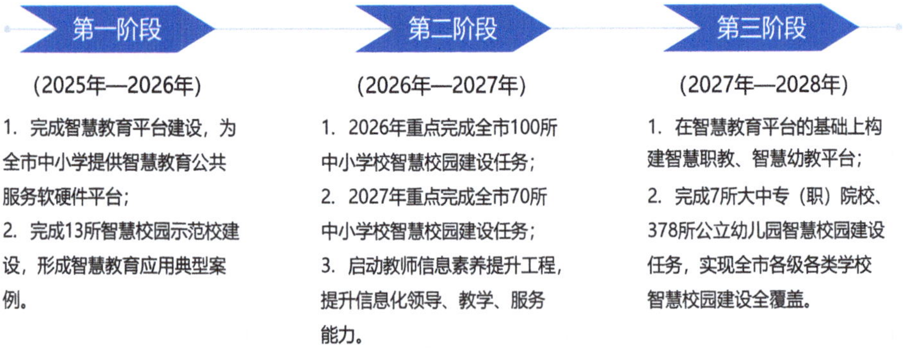

图 4-81

具有线性递进关系的逻辑图形适用于简单的时间、步骤、过程、阶段、流程等逻辑场景。如果 PPT 的内容想体现“迭代、升级、优化”等思想，那么具有线性递进关系的逻辑图形就有一定的局限性。

4.9.2 递进关系的逻辑图形：阶梯式层级递进

阶梯式层级递进是一种结构或过程的安排方式，通常按照一定的顺序和层次，逐步推进、层层深入。就像攀登阶梯一样，每一步都是在前一步的基础上向上发展，直到达到更高的层级或完成整个目标。阶梯式层级递进能够体现“迭代、升级、优化”

等内涵和"越来越好"的寓意。因此，在工作规划类报告中经常会用到阶梯式层级递进的逻辑图形，如图 4-82 所示。

图 4-82

比如，在个人职业发展规划中，需要通过不断学习、积累经验和提升能力，逐步实现更高层次的目标。这种成长过程也是按照一定的步骤或阶段逐步推进的。这种阶梯式层级递进能够帮助个人明确自己的发展方向，逐步提升自己的综合素质，最终实现个人价值的最大化。如图 4-83 所示，是某管培生关于未来 3~5 年的个人职业发展规划示例。

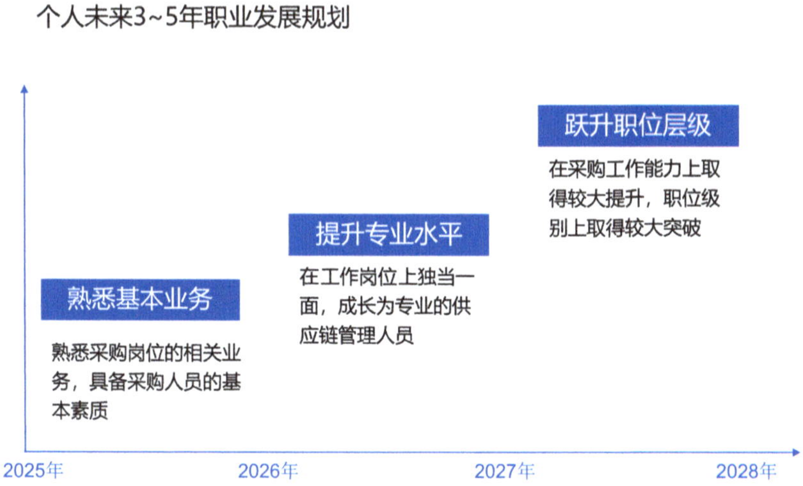

图 4-83

再如，企业为实现长期目标，会针对特定项目对其目标、任务、资源和时间做出系统性部署，确保项目顺利实施；各部门或者个人为实现组织目标而制订的具体行动计划，均可以使用阶梯式层级递进的逻辑图形来表达。如图 4-84 所示，是某市教育局关于智慧校园发展规划的一个示例。

图 4-84

如图 4-85 所示的案例（来源于平安集团 2024 年业绩发布会 PPT）采用阶梯式层级递进图形来形象地表达医养战略，分别用网络建设期、战略扩张期、高速增长期来概括三个阶段的发展路径，同时针对每个阶段又有详细描述。

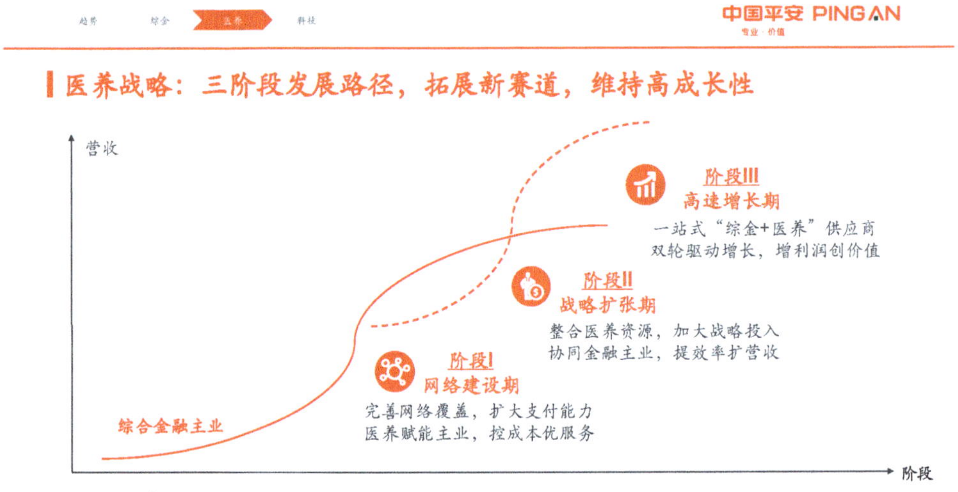

图 4-85

4.9.3 递进关系的逻辑图形：金字塔式层级递进

金字塔式层级递进是一种以三角形为基底，向上逐层收敛的图形结构。这种结构通常用于表示层级关系、组织结构、思维框架等。金字塔图形结构由多个层级组成，从底部到顶部依次上升。每个层级都表示不同的信息、概念或数据，并且上层依赖于下层；底层通常是最广泛的，包含最基本的元素；随着层级的上升，信息、概念或数据逐渐变得更加集中和抽象；顶部层级通常代表最核心的信息或结论。金字塔图形结构具有直观的视觉效果，能够清晰地展示出不同层级之间的关系；通过图形的大小、颜色等方式来突出不同层级的重要性，如图 4-86 所示。

图 4-86

比如，马斯洛需求层次理论（Maslow’s Hierarchy of Needs），它是由美国心理学家亚伯拉罕 · 马斯洛（Abraham Maslow）于 1943 年提出的，用于解释人类行为和动机的理论。马斯洛认为，人类的需求是分层次的，从低到高依次排列，只有当较低层次的需求得到满足后，人们才会追求更高层次的需求，如图 4-87 所示。这一理论被广泛应用于心理学、管理学、教育学等领域。

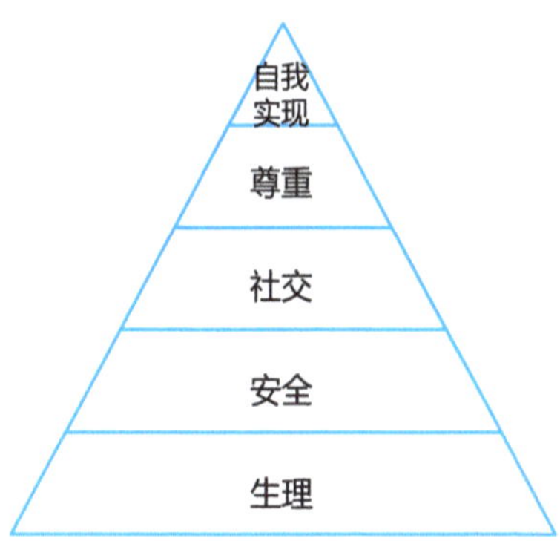

图 4-87

比如，公司的组织架构通过金字塔式结构可以清晰地展示出决策流程和权力分配，如图 4-88 所示，其中，基层员工（如销售代表、工程师、行政助理等）位于金字塔图形的底部，数量众多；中层管理者（部门经理、项目经理等）位于中间，负责管理和协调基层员工的工作；高层领导者（总经理、首席执行官等）处于金字塔图形的顶部，负责制定公司的战略规划和决策。

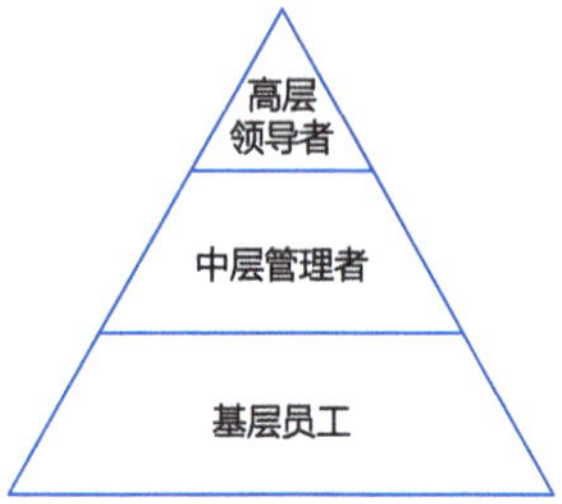

图 4-88

在使用金字塔式层级递进关系的逻辑图形时，一定要确保案例内容是分层级的，并且顶层的内容是极限或者极值。如果案例内容没有极限或者极值的含义，则不能使用该图形。

如图 4-89 所示的案例（来源于平安集团 2022 年业绩发布会 PPT）采用金字塔式层级递进关系的图形表示四种层级客户（高净值、富裕、中产、大众），同时针对每个层级客户的详细需求及对应的产品方案都进行了详细描述。

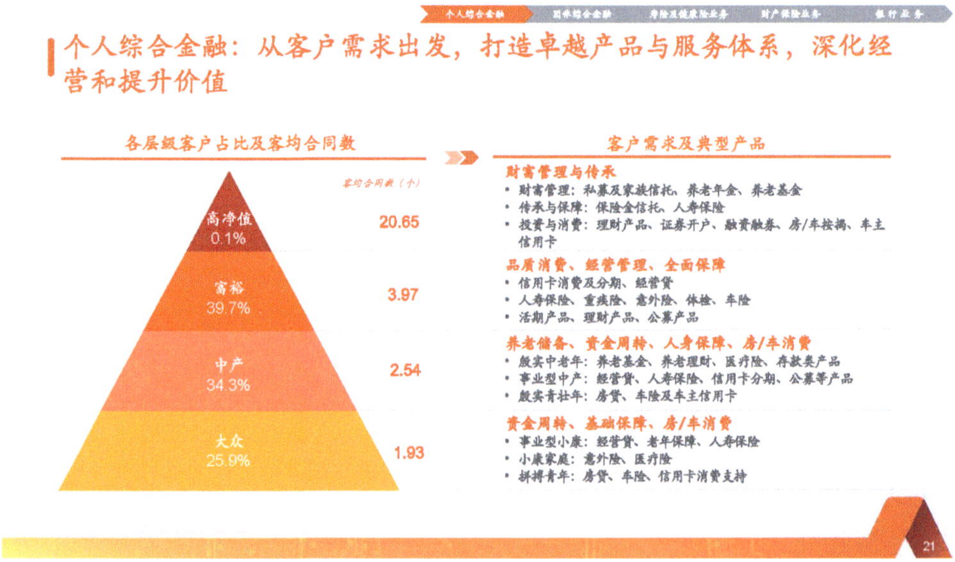

图 4-89

4.9.4 递进关系的逻辑图形：循环递进

循环递进关系是指在某一过程或系统中，各环节之间既存在循环往复的特点，又表现出逐步递进、不断提升的趋势，如图 4-90 所示。循环递进关系可以理解为一种在不断发展或提升的过程中，各环节之间形成的一种循环且递进的关系。这种关系强调在重复和积累的基础上，逐步达到更高的层次或水平。这种关系强调过程的重复性和周期性，即某一阶段或环节完成后，就会回到起点或某一关键节点，开始新的循环。同时，在循环过程中，每个环节都会在前一个环节的基础上有所提升或改进，从而逐步达到更高的层次或水平，如图 4-94 所示。

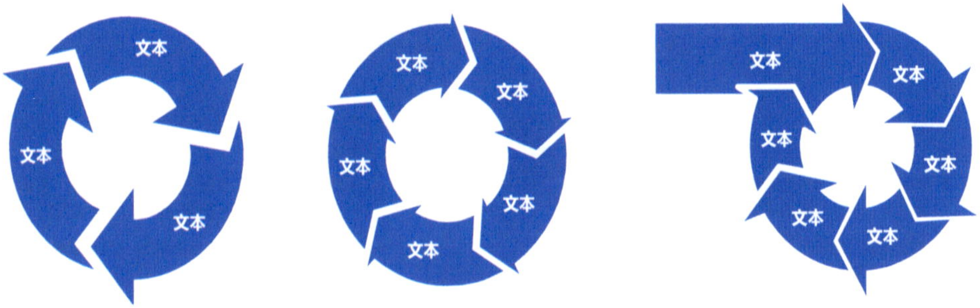

图 4-90

比如，PDCA 循环是一种广泛应用于企业管理、质量控制和个人成长的持续改进方法，其核心是通过“计划（Plan）—执行（Do）—检查（Check）—行动（Act）”四个阶段的不断循环，实现流程优化和目标达成，如图 4-91 所示。PDCA 循环的递进特性体现在每次完成一个循环后，都会根据检查阶段的反馈进行调整和改进，然后进入下一轮循环。

图 4-91

再如，互联网产品全生命周期管理体系，包括需求梳理、产品规划、设计开发、产品运营四个阶段，它们属于循环递进关系，如图 4-92 所示。

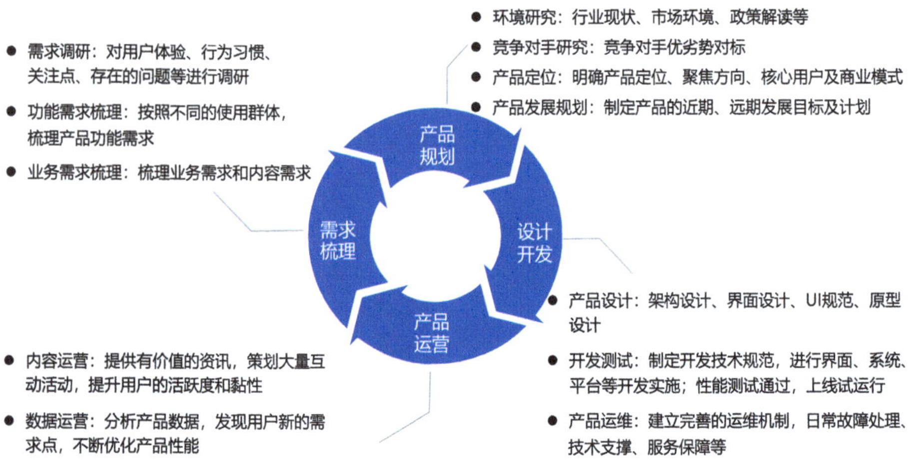

图 4-92

4.9.5 并列关系的逻辑图形

并列关系的逻辑图形是指用于展示两个或两个以上的事物在等级、重要性或顺序上平等，没有主次之分的图形。常见的具有并列关系的逻辑图形有方形并列图、三角形并列图和圆形并列图等。

方形并列图是使用正方形或长方形来呈现并列关系的图形。它可以将相关内容填写在方形内，通过行列排列来展示各个项目的并列关系，如图 4-93 所示。

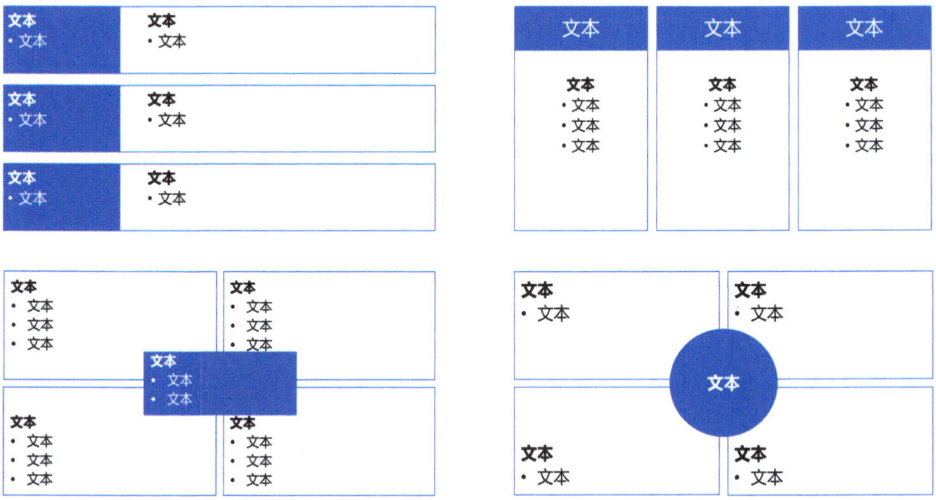

图 4-93

三角形并列图则是把并列的元素分别放在等边三角形中，如图 4-94 所示。它可以水平排列或呈金字塔式排列。

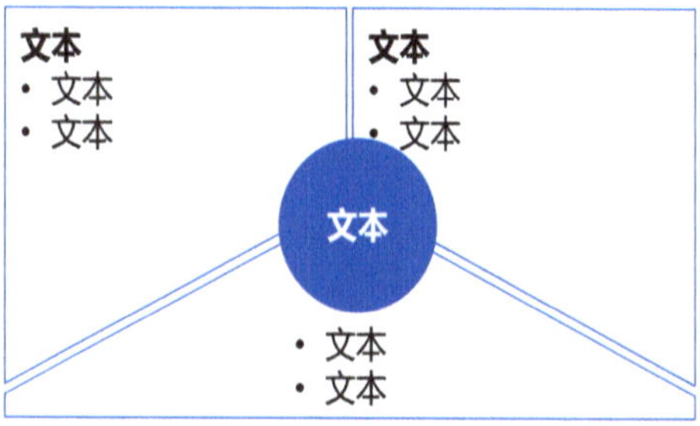

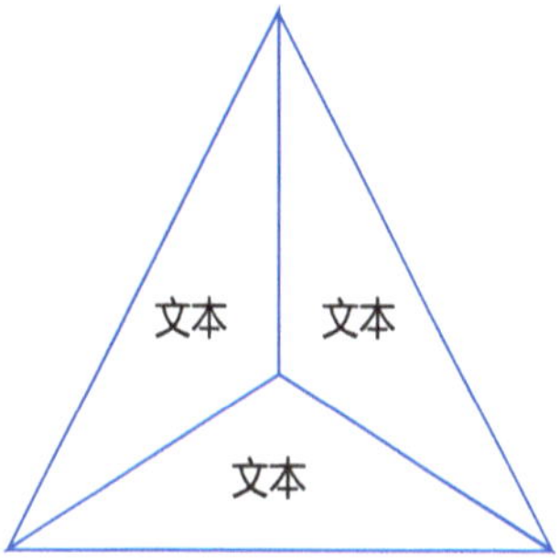

图 4-94

比如，企业在做战略分析时经常会用到 SWOT 分析法。SWOT 分析法是一种非常实用的工具，广泛应用于企业战略规划、项目管理、个人发展等领域。通过合理运用 SWOT 分析法，可以帮助组织或个人更好地认识自身的优势和劣势，把握外部机会，应对潜在风险，从而制定出更加科学合理的策略。如图 4-95 所示的案例是对某互联网产品进行 SWOT 分析，最终采用具有并列关系的逻辑图形对 SWOT 分析法的结果进行呈现。

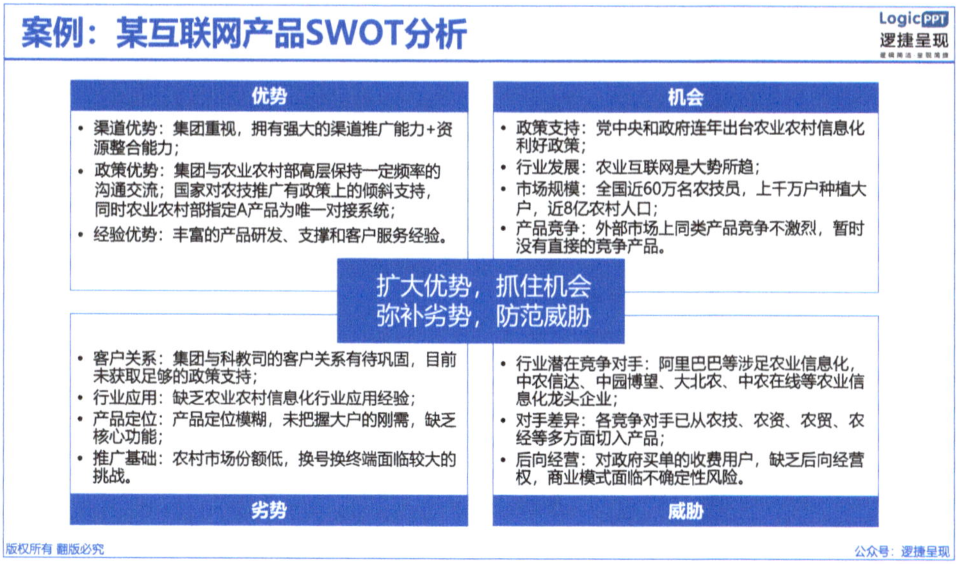

图 4-95

又如，用于分析行业竞争态势的工具——波特五力模型（Porter's Five Forces Framework），它是由美国著名的战略管理学家迈克尔·波特（Michael Porter）在

1979 年提出的，通过考核五种力量的相互作用来评估一个行业的吸引力和竞争环境，帮助企业制定相应的战略。这五种力量包括：现有竞争者的威胁、潜在进入者的威胁、替代品的威胁、供应商的议价能力、购买者的议价能力。图 4-96 是某 SN 行业竞争态势分析示例。

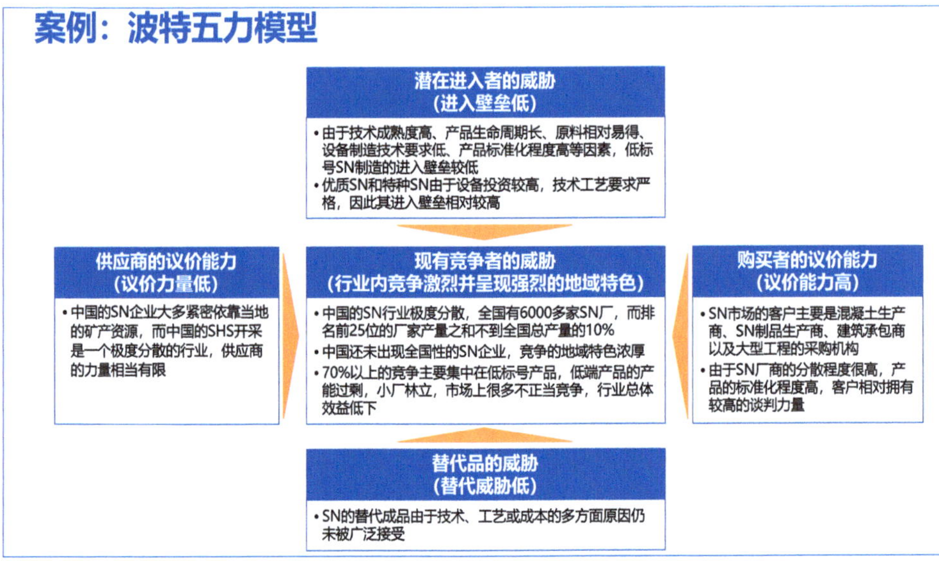

图 4-96

再如，3C 战略模型被广泛应用于企业战略规划与分析，主要涵盖顾客（Customer）、竞争者（Competitor）、公司（Company）这三个关键要素。图 4-97 是某新能源汽车公司的 3C 战略分析示例。

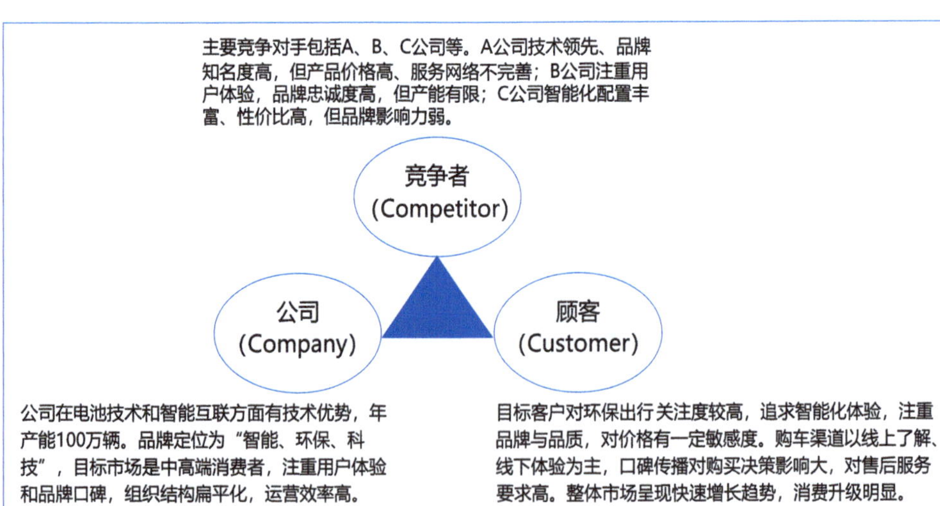

图 4-97

4.9.6　包含关系的逻辑图形：圆形

具有包含关系的逻辑图形（圆）通常用来表示两个或多个事物之间的从属或隶属关系。在数学中，特别是集合论中，包含关系是指一个集合中的所有元素都属于另一个集合。在逻辑学中，包含关系通常用来描述概念之间的从属关系，即一个概念的外延完全包含在另一个概念的外延中。

具有包含关系的逻辑图形（圆）能够清晰地表达一个主题（总）与多个子主题（分）之间的层次关系，如图 4-98 所示。

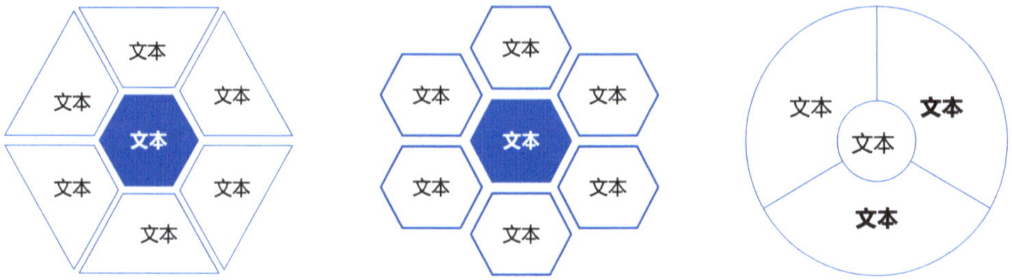

图 4-98

比如，图 4-99 所示的案例是关于项目技术性的成功要素分析，一共包含六大要素。其中，把“项目技术性的成功要素”放在图形的中间，六大要素分别放在四周。

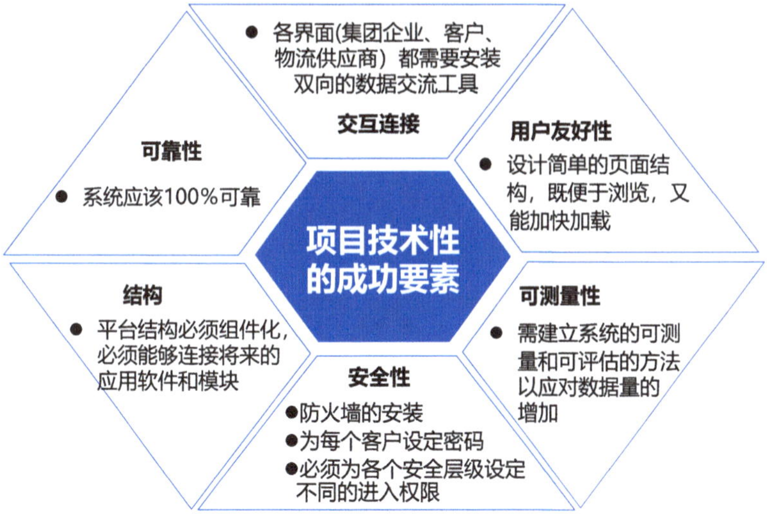

图 4-99

4.9.7 包含关系的逻辑图形：树形

树形逻辑结构是另一种层次化的具有包含关系的逻辑结构，用于展示整体与部分之间的层级关系，如图 4-100 所示。它类似于树的分支结构，从一个根节点（整体）开始，逐层展开为多个子节点（部分），每个子节点又可以进一步细分为更小的子节点。这种结构非常适合用于组织架构、项目分解、知识体系等场景。

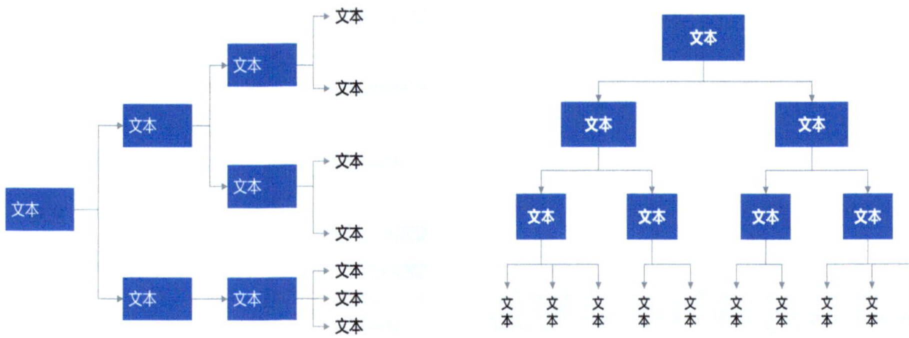

图 4-100

4.9.8 愿景目标图

愿景目标图是一种将组织或个人的愿景转化为具体、可衡量且具有关联性目标的可视化工具。它能通过图形化的方式，清晰展示愿景与各阶段目标、子目标之间的逻辑关系，指引行动方向，助力目标实现，效果如图 4-101 所示。

图 4-101

4.9.10　战略体系图

战略体系图是一种将企业战略要素进行系统梳理和可视化呈现的工具。它能够清晰展示战略目标、战略举措、实施路径和各要素间的逻辑关系，帮助企业明确方向、协调资源、推动战略落地，效果如图 4-102 所示。

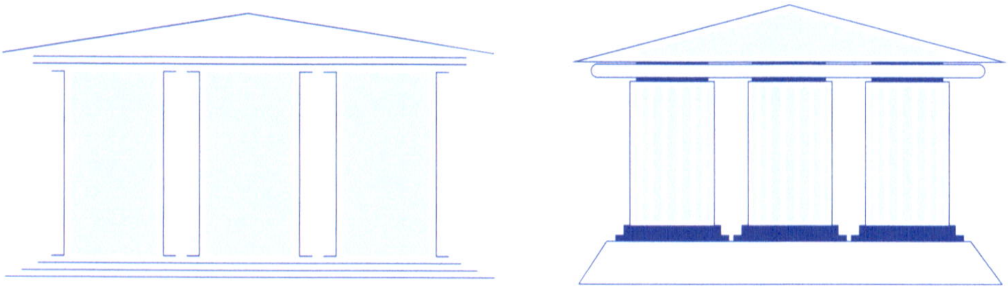

图 4-102

如图 4-103 所示的案例（来源于平安集团 2022 年中期业绩发布会 PPT）采用战略屋图形形象地表达了平安集团寿险业务改革战略，同时报告的主标题采用了“数字 + 逻辑词”方法进行概括。

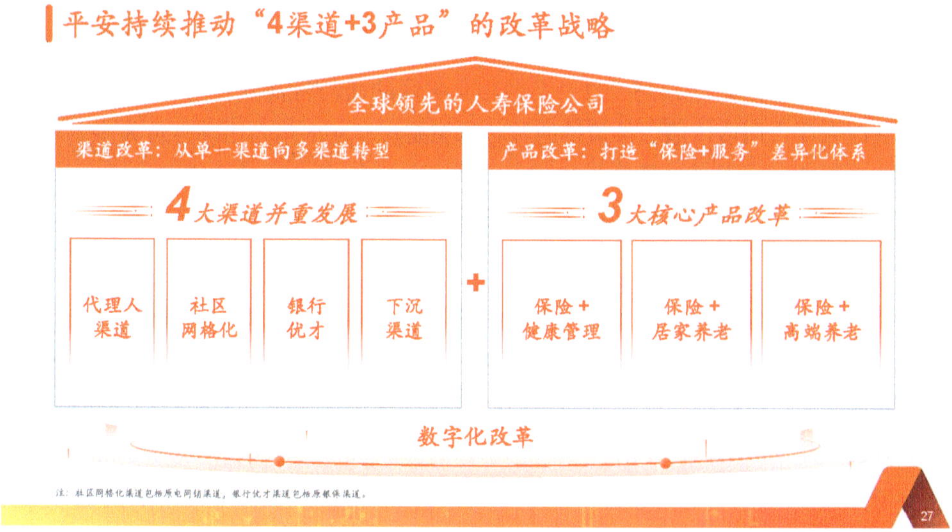

图 4-103

如图 4-104 所示的案例（来源于平安银行 2021 年业绩发布会 PPT）采用战略屋图形形象地表达了对公经营策略。战略屋的底层是 1 条生命线；中间层分别是 2 大客群、5 张王牌、3 大支柱；顶层是目标。

图 4-104

4.9.11　价值链框架模型图

企业价值链是由哈佛商学院教授迈克尔·波特（Michael Porter）于 1985 年提出的概念，用于描述企业如何通过一系列相互关联的活动将资源转化为最终产品或服务，从而为客户创造价值。价值链的核心思想是将企业的运营活动分解为多个环节，随后分析每个环节对整体价值的贡献，并识别优化机会。通过价值链分析，企业可以识别和优化各个环节，提升效率、降低成本，并增强竞争力。价值链分析不仅适用于制造业，还广泛应用于服务业、科技行业等领域。

企业价值链由主要活动和支持活动两部分构成，其中，主要活动是直接参与产品或服务创造的活动，通常包括内部物流、生产运营、外部物流、市场营销与销售、售后服务；支持活动为主要活动提供必要的资源和基础设施，包括采购、技术开发、人力资源管理、基础设施（涉及财务、法务等），如图 4-105 所示。

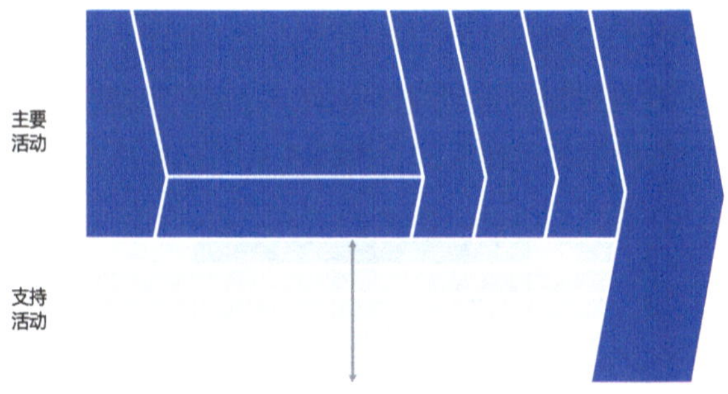

图 4-105

4.9.12　甘特图

甘特图（Gantt Chart）是一种广泛应用于项目管理的可视化工具，该图以横向条形图的形式将任务与时间轴相结合，清晰地呈现每个任务的开始时间、结束时间，以及任务之间的依赖关系。

如图 4-106 所示，甘特图是项目管理中不可或缺的工具，通过直观的条形图可以展示项目进度和各任务的依赖关系，帮助团队更好地规划、协调和跟踪项目。甘特图一般分为基本甘特图和进阶甘特图，其中基本甘特图适合小型项目，展示任务的时间安排和进度；而进阶甘特图适用于复杂项目，增加任务依赖、资源分配和里程碑等功能。选择合适的甘特图工具可以进一步提升项目管理的效率和质量。

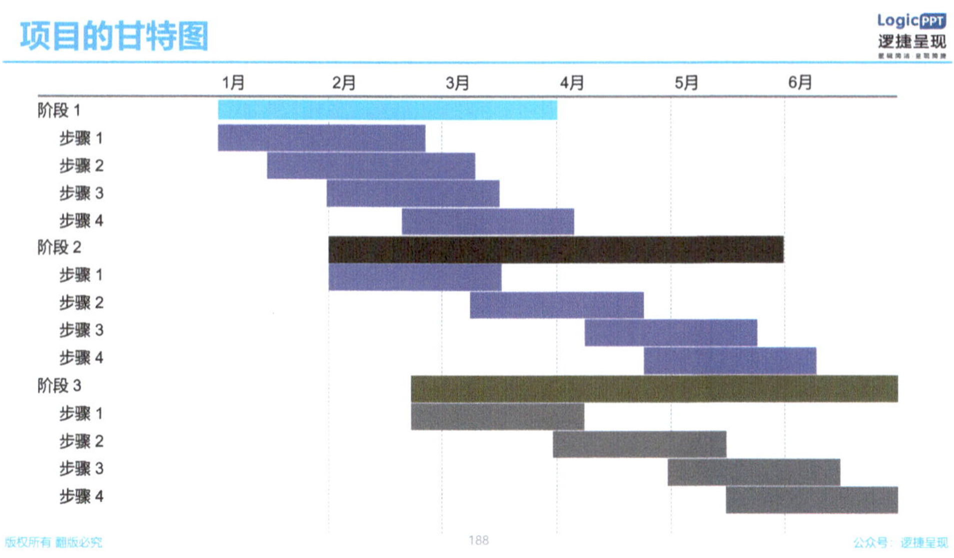

图 4-106

4.9.13 组织架构图

组织架构图是一种直观展示组织内部结构、各部门及岗位之间关系的图形工具。它能帮助人们快速了解组织的运作模式、层级关系和职责分工，如图 4-107 所示。

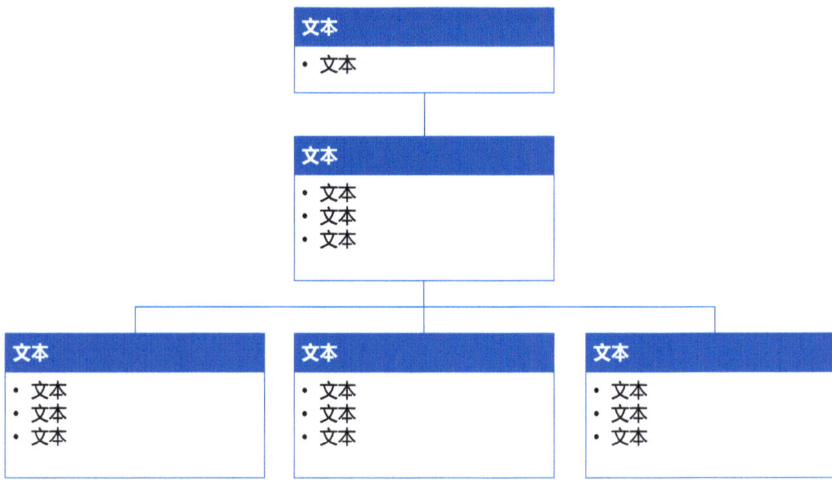

图 4-107

第5章 对标：上市公司标杆PPT案例解析

本书提到的PPT方法和技巧在咨询公司的PPT中随处可见。咨询公司风格的PPT注重逻辑架构，通过清晰的标题栏和结构化的内容编排，能够更好地梳理汇报思路，让受众在短时间内理解复杂问题。因此，参考咨询公司的PPT报告是最佳的学习方式之一。

然而，由于咨询公司的很多PPT属于客户内部保密资料，直接获取并学习这些资料是比较困难的。但我们可以找到类似的替代品：许多大型上市公司的业绩发布会PPT，其制作者往往是该公司战略部或企划部的员工，而这些员工大多数都有优秀咨询公司的从业背景。因此，他们制作的PPT在风格和逻辑架构上往往与咨询公司的PPT非常相似。

在此推荐大家学习上市公司的业绩发布会PPT。其值得学习的原因主要有以下几方面。

- 逻辑清晰：业绩发布会PPT通常遵循严谨的逻辑结构。例如，首先对公司整体业绩进行概述，接着分别从各业务板块、产品线等方面详细阐述业绩表现，然后分析业绩增长或下滑的原因，最后展望未来并提出应对措施。这种清晰的逻辑结构能够帮助投资者快速抓住重点，理解公司的经营状况和发展趋势。
- 突出重点：业绩发布会PPT会根据会议的重点议题和受众的关注点，突出展示核心数据和关键信息，如营业收入、净利润、增长率等重要指标，以及公司的重大业务突破和战略举措。通过这种方式，投资者能够迅速获取最有价值的信息，从而提高沟通效率。
- 借鉴成功经验：在长期的资本市场实践中，上市公司之间形成了一套相对成熟的业绩发布会PPT制作标准和惯例。这些标准和惯例大多源自优秀咨询公司风格的PPT制作规范。上市公司会借鉴行业内的优秀案例，学习其在内容组织、图表设计、数据呈现等方面的成功经验，从而提升自身PPT的质量。

5.1 对标学习方法及 PPT 下载方法

5.1.1 对标学习方法

对标学习是一种通过比较和分析行业内外优秀企业或组织的实践，识别自身差距并制定改进策略的管理方法。其核心目标是借鉴最佳实践，从而提升自身的竞争力。例如，华为在早期通过对标思科和爱立信，逐步发展成为通信行业的技术领导者。同理，如果大家希望提升自己的 PPT 逻辑呈现能力，也可以采用对标学习的方法，通过分析优秀的 PPT 案例来学习和借鉴其优点。下面将分享几种 PPT 对标学习的技巧。

1. 技巧 1：内部横向对标

在大型企业中，有些部门需要不断为高层领导撰写各种类型的报告，因此可以优先对标学习内部优秀同事制作的 PPT。例如，战略规划部、企业规划部、综合管理部、综合办公室、总裁办公室和市场部等类似部门，这些部门制作的 PPT 水平相对较高，值得深入学习和借鉴。

2. 技巧 2：内部向上对标

在集团型公司中，一般会设立集团总部、一级公司、二级公司、三级公司等层级。从整体上看，层级越高，对 PPT 的要求也越高。因此，下属单位的员工可向上对标学习。比如，中国移动集团既有集团总部，还有省公司、市公司、区县分公司，对于移动公司的员工来说，一定要对标学习集团总部的 PPT。

3. 技巧 3：与竞争对手或者行业标杆对标

向行业内的竞争对手或行业标杆学习也是一种非常直接且有效的方式。例如，三大电信运营商（移动、电信、联通）的业务模式较为相似，对 PPT 的要求也基本一致。通过对标学习友商的 PPT，一方面，可以学习其在逻辑呈现方面的优秀方法和技巧；另一方面，也能从中获取工作思路和方法的灵感与方向。

4. 技巧 4：跨行业对标

跨行业对标是指企业突破自身所在行业的界限，以其他行业的优秀企业为标杆，对照其在某一特定方面的卓越表现，通过深入分析和研究，将适合的先进经验、技术、管理方法等引入自身企业中。这种对标方式能够帮助企业提升管理水平、业务能力、创新能力等，最终实现超越边界、完成跨越式发展的目标。例如，许多中国企业虽然在企业性质、规模和行业特征上与华为完全不同，但这并不妨碍它们学习华为的企业文化、人力资源管理、供应链管理、产品研发管理等方面的经验和做法。

同样，跨行业对标学习也适用于 PPT 制作领域。其他行业优秀企业的 PPT 同样可以作为参考学习的对象。通过学习这些优秀案例，我们可以借鉴其在内容组织、逻辑呈现、视觉设计等方面的优势，从而进一步提升自身制作 PPT 的能力和水平。

5.1.2　上市公司业绩发布会 PPT 下载方法

前面介绍了对标学习方法的相关内容。接下来介绍如何找到可公开的高质量 PPT。大型上市公司的业绩发布会 PPT 是最好的学习素材，我们可通过以下步骤找到这些学习素材。

步骤 1：进入上市公司的官方网站。以平安集团为例，进入平安集团的官方网站。

步骤 2：在网站主页找到“投资者关系”栏目。注意，所有的上市公司都有“投资者关系”栏目，或者叫 Investor Relations（英文缩写为 IR），如图 5-1 所示。

图 5-1

步骤 3：单击“投资者关系”栏目，就会打开新页面，如图 5-2 所示。

图 5-2

步骤 4：把鼠标光标移到“投资者关系”菜单上，就会显示如图 5-3 所示的页面。

图 5-3

步骤 5：单击“投资者关系推介”选项，就会出现如图 5-4 所示的页面。

图 5-4

步骤 6：找到相应的业绩公布文件，单击“PDF”进行下载并保存到本地电脑。例如，单击下载“2024 年业绩报告”，下载的文件如图 5-5 所示。

图 5-5

5.2　平安集团业绩发布会 PPT

平安集团是国内最早引入麦肯锡咨询项目的公司之一，对咨询公司的专业方法和理念十分青睐。因此，平安集团内部的沟通汇报普遍采用咨询公司风格的 PPT。公开资料显示，平安集团的许多高管都曾在顶尖咨询公司任职；同时，平安集团下属的战略发展中心作为集团层面的战略管理和改革创新推动部门，也是高端人才的培养基地，其成员主要来自外部顶尖咨询公司的优秀人才以及内部的核心管理人员。

多年来，平安集团与众多咨询公司开展了深入合作，咨询公司为其提供了战略规划、管理咨询等多方面的专业服务。在长期合作过程中，平安集团受到咨询公司专业思维方式和工作方法的深刻影响，逐渐将咨询公司风格的 PPT 作为内部沟通和汇报的重要形式。这种形式不仅有助于保持与外部咨询资源的思维同步和工作衔接，还进一步提升了企业的战略管理水平。

此外，平安银行作为平安集团旗下的核心金融子公司，是平安集团三大核心业务（银行、保险和投资）之一，承担着集团综合金融服务中的银行业务板块。因此，平安银行的 PPT 风格与平安集团总部的 PPT 风格高度一致。

鉴于此，建议读者优先学习平安集团和平安银行的业绩发布会 PPT，以提升自身的 PPT 制作水平。

5.2.1 提炼有重点的优秀案例

案例 1：零售业务——业务稳健发展、转型换挡升级（见图 5-6）

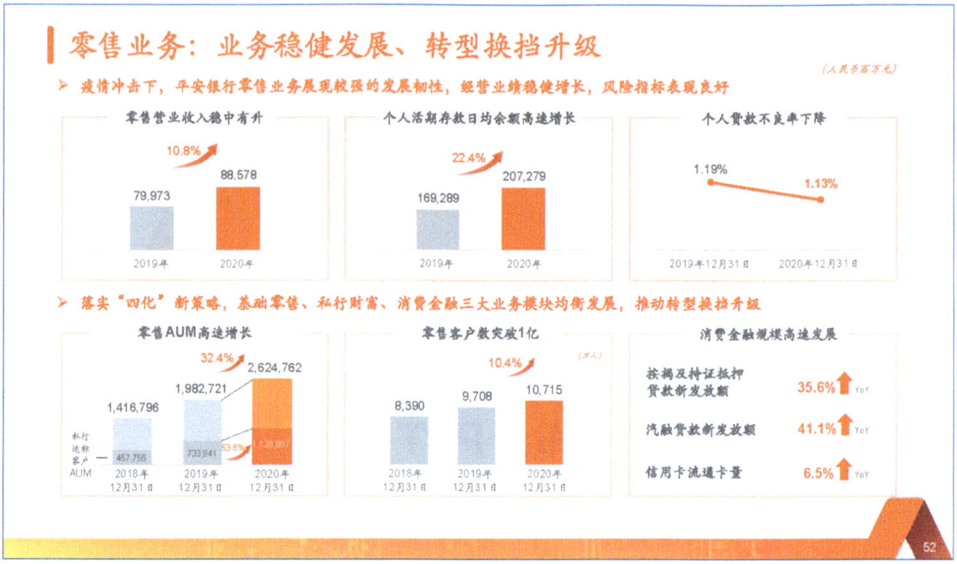

图 5-6

案例点评

首先，标题的结论非常清晰，遵循了“1 秒找到结论”的原则，直接在标题中阐述了“业务稳健发展、转型换挡升级”的核心结论。

其次，该页 PPT 分为两大模块，分别用来证明核心结论。第 1 个模块通过 3 张数据图表来证明“业务稳健发展”的结论，每一张图表都配有清晰的结论，例如，第 3 张图表证明了“个人贷款不良率下降”。第 2 个模块则通过 3 张数据图表来证明“转型换挡升级”的结论，同样，每一张图表都配有清晰的结论。

总结来说，该页 PPT 遵循了“结论先行”“1 秒找到结论”“一图一结论”等相关原则和技巧。

案例 2：人工智能技术助力主业促销售、提效率、控风险（见图 5-7）

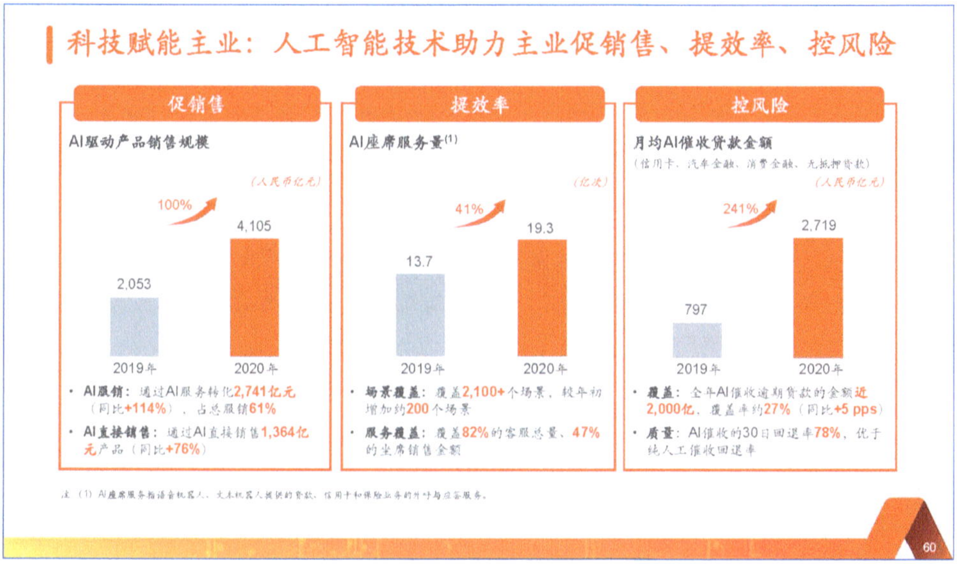

图 5-7

案例点评

首先，标题的结论清晰明了，遵循“结论先行”的原则。

其次，分别用 3 张数据图表来证明核心结论。第 1 张数据图表是从促进销售的角度进行论证的；第 2 张数据图表是从提升效率的角度进行论证的；第 3 张数据图表是从控制风险的角度进行论证的。

最后，每一张数据图表的标题上都有精准的结论，即“一图一结论”，并且结论都采用统一的 3 个字来描述，遵循简短、对称对仗的原则。

案例 3：传统寿险面临三大挑战，改革刻不容缓（见图 5-8）

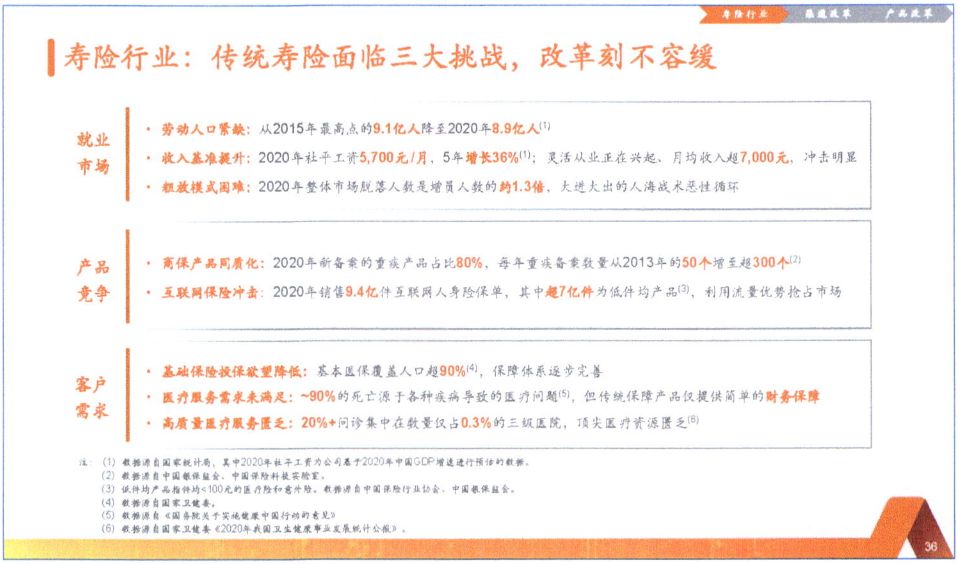

图 5-8

案例点评

首先，标题的主张非常明确。它运用了“数字+逻辑词”方法来概括三大挑战，并基于这些挑战提出了“改革刻不容缓”的行动倡议。

其次，正文从三大维度分别阐述了面临的挑战。在每一维度下，又进一步细分小点进行详细说明。同时，针对每一小点，采用了“二八法则”进行总结概括。例如，在就业市场部分，分别概括了“劳动人口紧缺”“收入基准提升”“粗放模式困难”三点；同样，对“竞品竞争”和“客户需求”也分别进行了小点的总结概括。通过这种方式，能够帮助观众高效理解和吸收信息，减轻他们的认知负担。

案例 4：四大重点工程按计划稳步推进中（见图 5-9）

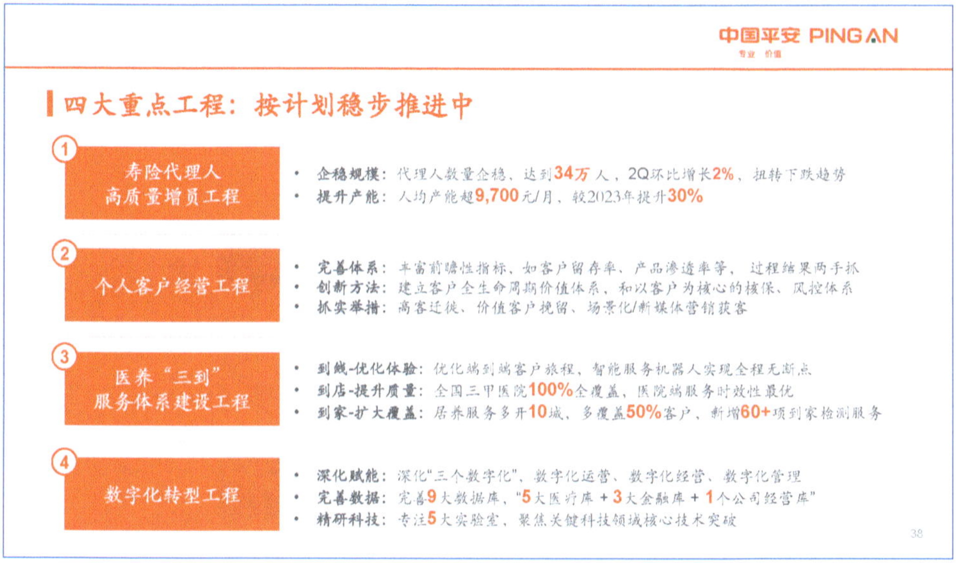

图 5-9

案例点评

首先，标题运用"数字＋逻辑词"方法，以"四大工程"精准概括了该页PPT的核心点。

其次，针对每个工程，进一步细分为小点，并运用"二八法则"进行总结概括。例如，在"个人客户经营工程"中，分别提炼出"完善体系""创新方法""抓实举措"3个关键小点。

最后，在第3个工程中，采用"三到"（到线、到店、到家）的方式进行总结概括，同样运用了"数字＋逻辑词"方法，使内容更加清晰易懂。

案例 5：居家养老——全国最大的养老服务机构，品质养老首选（见图 5-10）

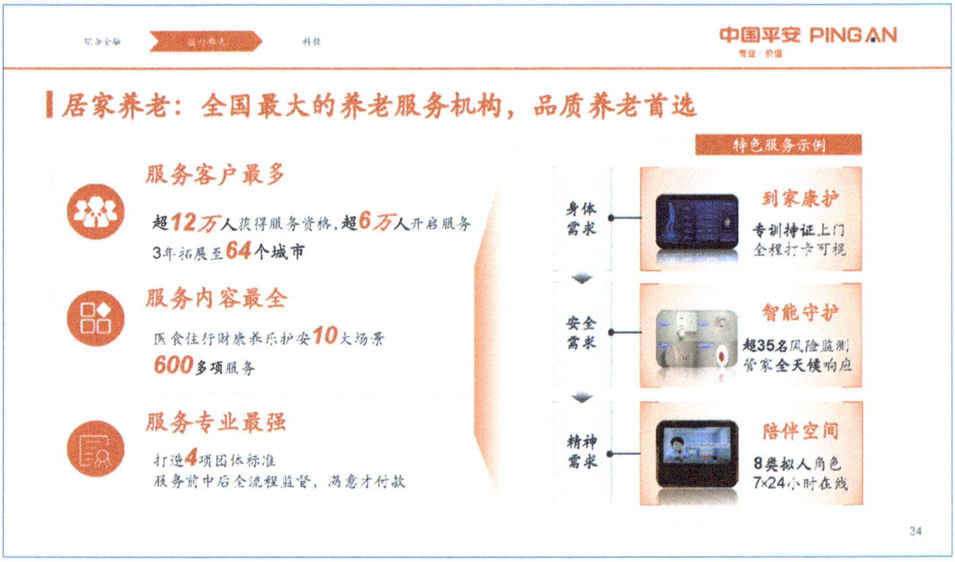

图 5-10

案例点评

首先，标题有非常清晰明确的结论，即平安的养老服务不仅是全国最大的，还是品质首选。

其次，用 3 个“最”字分别来证明标题的结论，并且采用了详细的数据做论据，提升论证的说服力。

最后，3 个“最”字的总结遵循了语法统一、对称对仗的原则，强化了记忆点。

5.2.2　呈现有逻辑的优秀案例

案例 1:平安三步走发展——构建独特、可持续的竞争优势（见图 5-11）

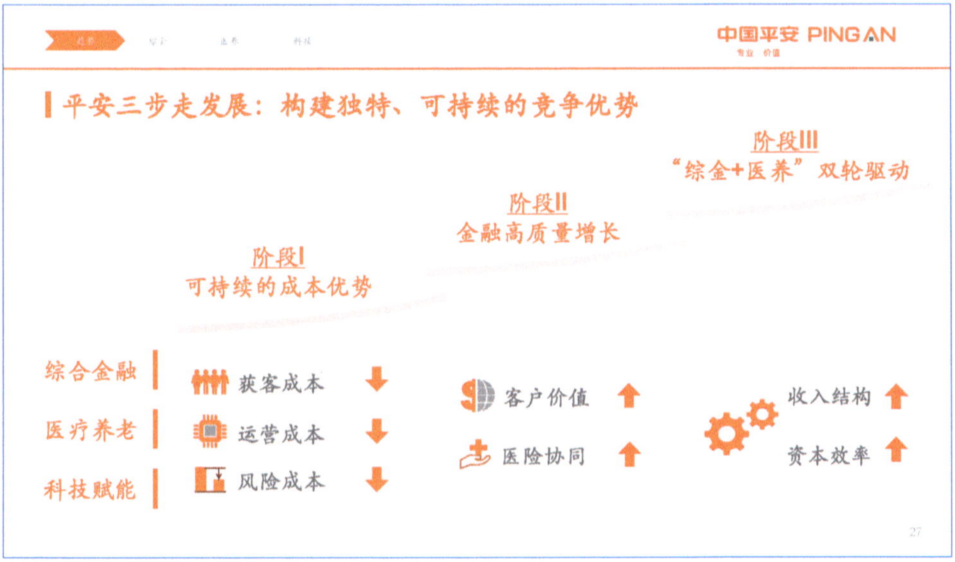

图 5-11

案例点评

首先，标题用“手段＋目标”的方式进行总结。其中的“三步走”概括了发展策略，而“构建独特、可持续的竞争优势”是清晰的目标描述。

其次，针对每一个阶段都进行了简短的总结和概括。比如，阶段Ⅰ概括为“可持续的成本优势”，阶段Ⅱ概括为“金融高质量增长”，阶段Ⅲ概括为“‘综金＋医养’双轮驱动”。

最后，通过阶梯式层级图形不仅形象地体现了 3 个阶段的递进关系，而且把 3 个阶段不断迭代、升级、优化的内涵也清晰地体现出来了。

案例 2：智慧城市——服务 115 个城市、50 万家企业、5000 万名市民（见图 5-12）

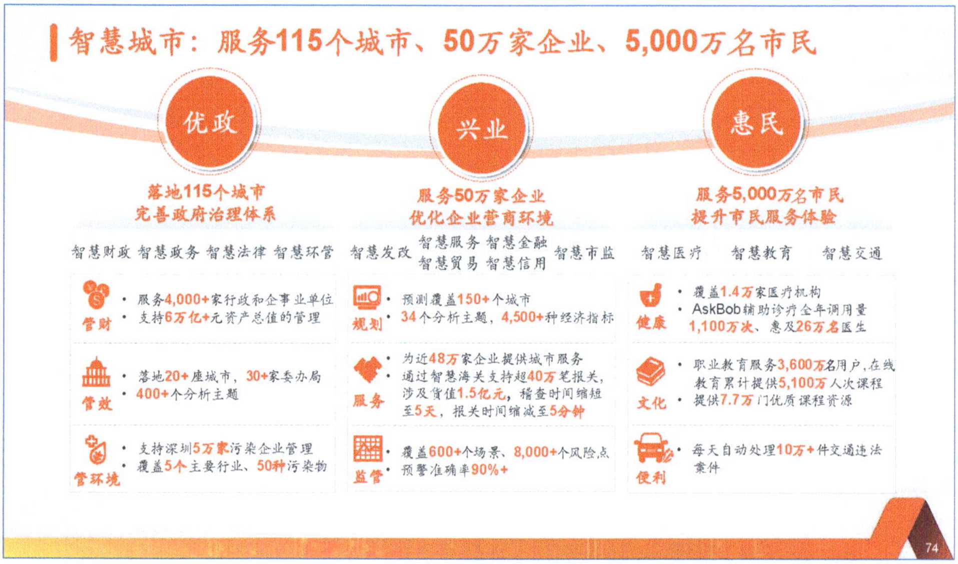

图 5-12

案例点评

第一，报告用简短的两个字总结概括了三大方向：“优政”“兴业”“惠民”，它们遵循语法统一、结构统一、字数统一的原则。

第二，“优政”“兴业”“惠民”三者是并列关系，其呈现逻辑与内容底层逻辑一致。

第三，针对“优政”“兴业”和“惠民”三大方向，又分别总结概括了核心点。比如“优政”，总结概括了“落地 115 个城市，完善政府治理体系”。

第四，针对每个方向，下面又采用了详细的信息来论证，同时对论证信息进行结构化分层分类。比如“优政”方向又划分为“管财”“管效”“管环境”3 个小类，同时对每一个小类进行详细的数据描述。

案例 3：通过医疗管理机构、用户、支付、科技，赋能医院、医生、医药（见图 5-13）

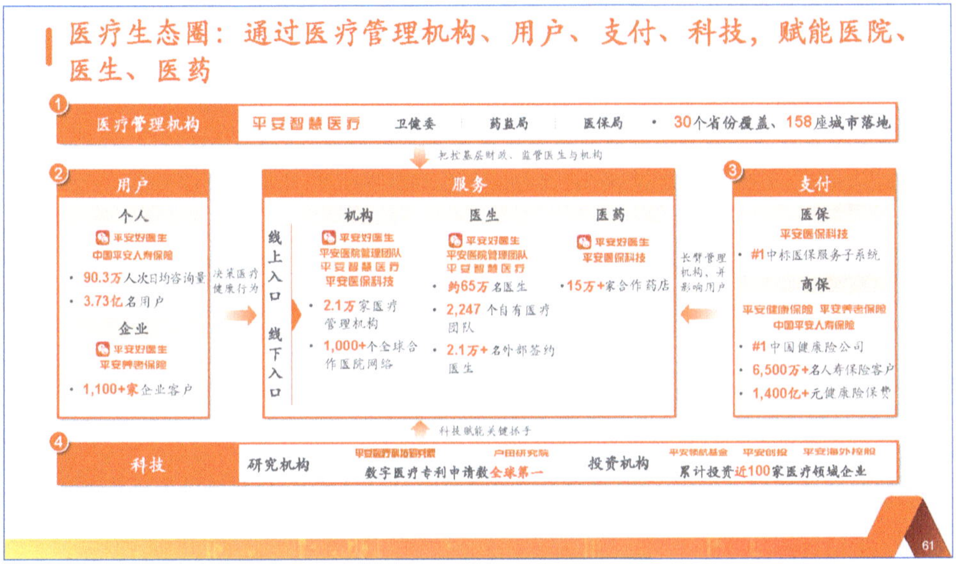

图 5-13

案例点评

首先，用“医疗生态圈”来总结概括了该页 PPT 的核心观点。

其次，针对生态圈涉及的各方，用清晰的逻辑图形表达了各方的内在底层逻辑关系。比如“科技”是赋能工具，也是基础，因此放在页面的最下面；而“医疗管理机构”是监管机构，因此放在了页面的最上面；在中间层，左边是“用户”，中间是“服务方”，右边是“支付方”。

最后，针对生态圈的每一方，都有详细的数据来论证，以提升说服力。

案例 4：代理人渠道——分层经营，推动“三高”队伍转型（见图 5-14）

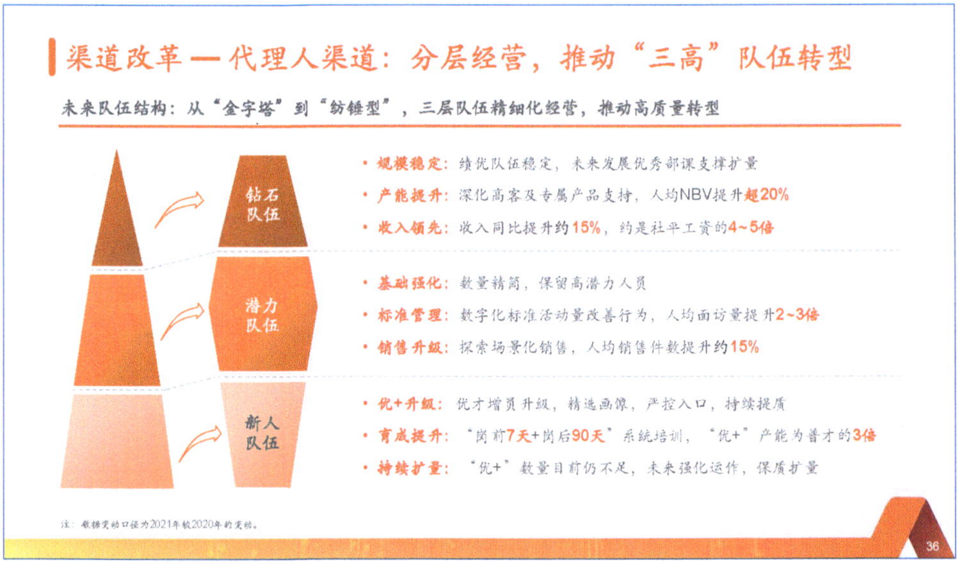

图 5-14

案例点评

首先，为体现“分层经营”的思想内涵，采用三层金字塔图形和三层纺锤形图进行形象展示；从金字塔图形到纺锤形图形的过渡，生动展现了“队伍转型”的理念，真正做到了“一图胜千言”。

其次，针对每一层级队伍，分别运用详细信息进行论证。在论证过程中，对信息进行分类梳理，并运用“二八法则”对每一分点信息进行总结概括，进一步提炼关键要点。

案例 5:全面升级新三年打法，打造更稳健、可持续的资产负债结构（见图 5-15）

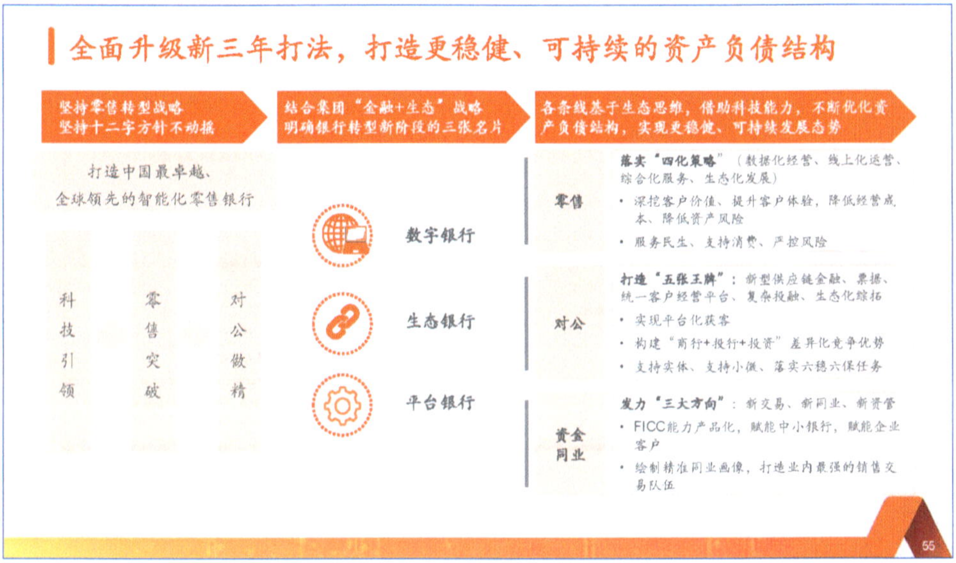

图 5-15

案例点评

首先，报告的整体逻辑是从“十二字方针”到“三张名片”，再到各条线具体的策略打法，采用线性流程递进图形来呈现这一逻辑，使页面呈现与内容的底层逻辑高度一致。

其次，报告中大量运用了“数字＋逻辑词”方法进行总结概括。例如，“三张名片”“四化策略”“五张王牌”“三大方向”等，这种表达方式能够帮助观众快速找到复杂内容的核心要点，一目了然。

案例 6：客户经营持续发力，三大模式创新突破（见图 5-16）

图 5-16

案例点评

首先，标题中的“三大模式”运用了“数字＋逻辑词”方法进行概括。

其次，通过战略屋模型体现团体综合金融业务模式。战略屋分为 3 层，分别是客户经营层、业务模式层和科技赋能层，它们共同构成了一套完整的体系。

最后，对战略屋每一层的总结概括精准到位，例如，客户经营持续发力，三大模式创新突破，科技赋能保障有力。

案例 7：对公业务经营策略（见图 5-17）

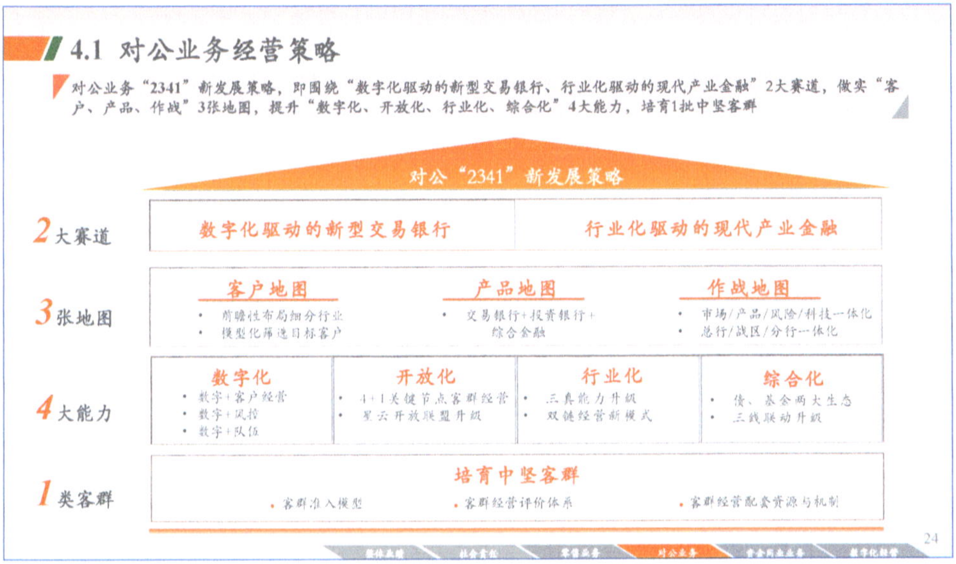

图 5-17

案例点评

首先，采用战略屋图形来形象表达对公“2341”新发展策略，使其成为一个体系化的框架。

其次，针对战略屋的每一层级，均运用了“数字+逻辑词”方法进行概括，例如，1 类客群、4 大能力、3 张地图、2 大赛道，清晰地提炼了各层级的核心点。

最后，对于“4 大能力”的描述，均采用了 3 个字且以“化”结尾，遵循了简短、对称对仗的原则，便于观众记忆。

5.3 三大电信运营商业绩发布会 PPT

5.3.1 提炼有重点的优秀案例

案例 1：战略引领，铸就经营业绩新里程碑（见图 5-18）

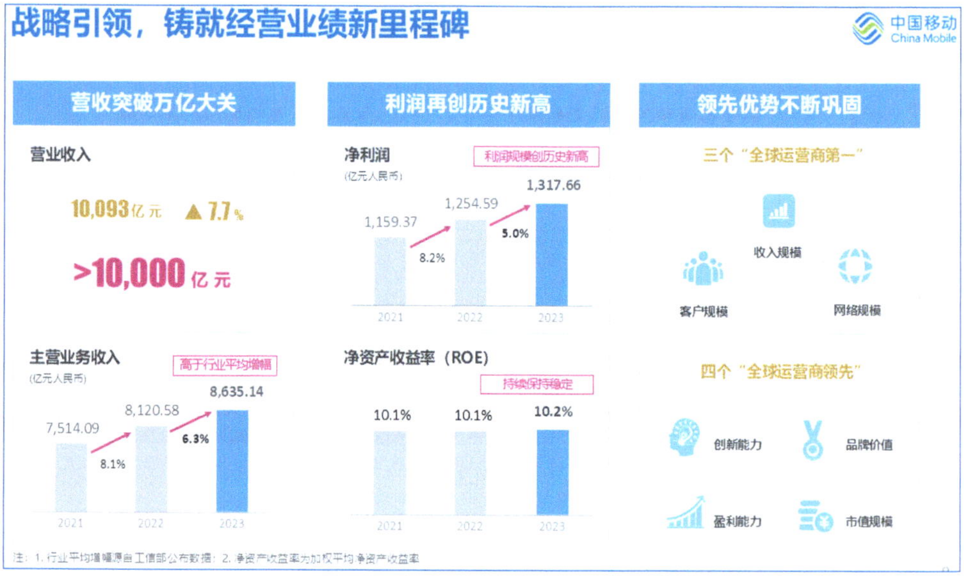

图 5-18

案例点评

首先，标题有清晰的结论，用“新里程碑”来概括经营业绩完成情况。

其次，正文分别从三大维度进行了详细的论证说明，并采用了充实的量化数据进行佐证。

最后，每一张图表都有清晰的结论，遵循了“一图一结论”的原则。比如，第 1 张数据图表中的结论是“营收破万亿大关”，直接将结论放在了数据图表的标题上，遵循了“标题即结论”的原则。

案例 2：圆满兑现 A 股发行承诺，高质量发展迈上新台阶（见图 5-19）

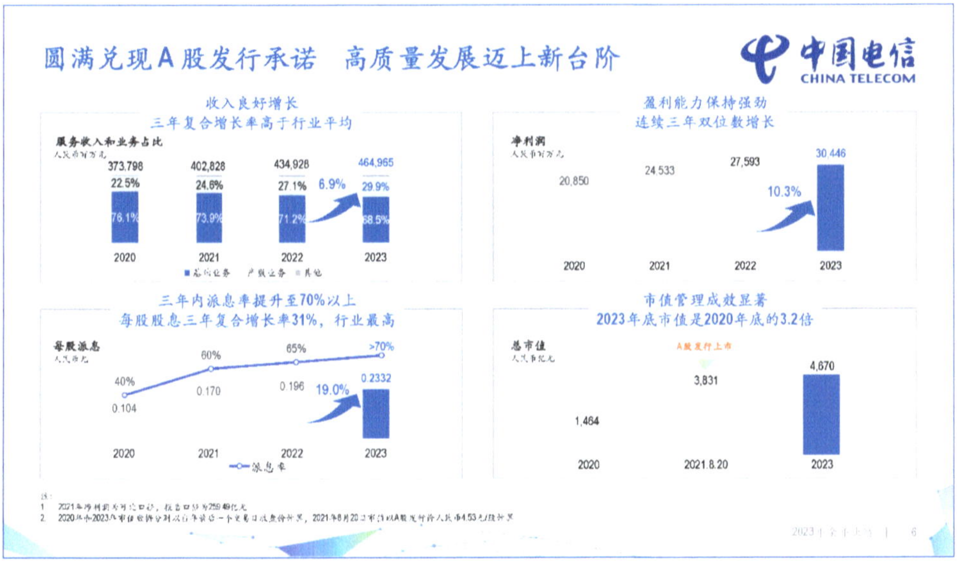

图 5-19

案例点评

首先，标题结论清晰明了，以“新台阶”精准概括了公司的业绩情况。

其次，为佐证标题结论，从 4 个维度进行了详细论证，并且每个维度都以具体数据进行有力的支撑，确保结论有据可依。

最后，每张数据图表都配有清晰结论，并将结论直接置于图表标题处，严格遵循“标题即结论”和“一图一结论”的原则。

案例3：高质量发展取得新突破（见图5-20）

图5-20

案例点评

首先，标题用“新突破”来总结概括整个PPT的核心结论。

其次，每一张数据图表都有清晰明确的结论，并且把结论放在了数据图表的标题上，遵循了“一图一结论”的原则。

5.3.2　呈现有逻辑的优秀案例

案例 1：AI 能力布局新赛道（见图 5-21）

图 5-21

案例点评

整页 PPT 分为三大模块：最下方是三大 AI 能力介绍，中间是五大 AI 应用场景，最上方是 AI 应用成效。这三大模块通过箭头连接，清晰地串联起逻辑关系，形成了完整的逻辑故事线。尽管该页 PPT 的文字内容较多、信息量较大，但页面布局和排版合理，不会让观众感到凌乱。

案例 2：战略实施行稳致远（见图 5-22）

图 5-22

案例点评

该页 PPT 从整体视角分为两大模块：上面部分是面临的外部机遇和挑战的描述，下面部分是应对机遇和挑战的战略实施思路。其中，机遇 / 挑战与战略实施思路之间是递进关系，在战略实施思路上，采用数字形式进行总结和概括，并通过分层次、分模块的图形化方式清晰呈现。

采用“数字 + 逻辑词”方法，在页面左侧边框分别标注“五大红利”“两个新型”“两大转变”“一流定位”，并确保文字与相应内容对应。

案例 3：锚定信息服务科技创新公司定位，打造世界一流企业（见图 5-23）

图 5-23

案例点评

移动公司的新战略采用战略屋图形，将其形象地比喻为一座“力量大厦”。该大厦由“顶、梁、枋、柱、台、基”6 部分构成，以“转型升级”和“改革创新”为两大支柱，推动高质量发展，助力公司迈向世界一流企业。

- “顶”对应以党建为统领，创世界一流企业，做网络强国、数字中国、智慧社会主力军的总体目标，决定了整体建筑的高度和空间大小。
- “梁”对应高质量发展主线，作为主要骨架承接屋顶力量。
- “枋”对应转型升级、改革创新两个着力点，主要是连接立柱、支撑横梁。
- “柱”对应发展关键路径，3 个立柱为融合、融通、融智，支撑打造基于规模的价值经营体系，另外 3 个立柱为能力、合力、活力，支撑构建高效协同的组织运营体系，作用是承托总体重量。
- “台”对应“5G+”计划，作为整体战略重点行动，为立柱提供落脚点。
- “基”对应做大连接规模、做强连接应用、做优连接服务，以及推动移动市场、家庭市场、集客市场、新兴市场“四轮驱动”融合发展，构成了战略大厦的坚实基石，为大厦的整体稳固提供有力保障。

5.4　其他上市公司业绩发布会 PPT

5.4.1　提炼有重点的优秀案例

案例 1：行业长期发展形势依然向好（见图 5-24）

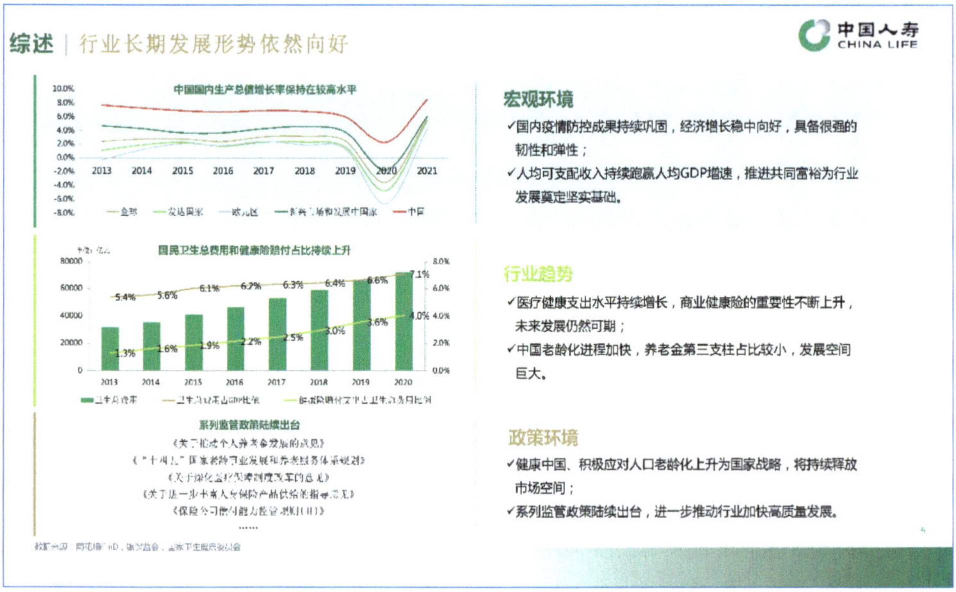

图 5-24

案例点评

首先，报告的主标题结论明确且直接，精准点出“依然向好”的核心观点。

其次，正文从宏观环境、行业趋势、政策环境三大方面展开论证。其中，宏观环境和行业趋势部分均运用了翔实的数据图表，且每张图表均将清晰的结论置于标题处，严格遵循“标题即结论”“一图一结论”的原则。

案例 2：公司经营实现稳中有进，行业领先地位持续巩固（见图 5-25）

图 5-25

案例点评

首先，报告的主标题结论清晰明了。

其次，正文分别从四大方面进行详细的论证，优先采用定量的数据进行论证，提升了报告的说服力。

案例 3：公司经营实现稳中有进，行业领先地位持续巩固（见图 5-26）

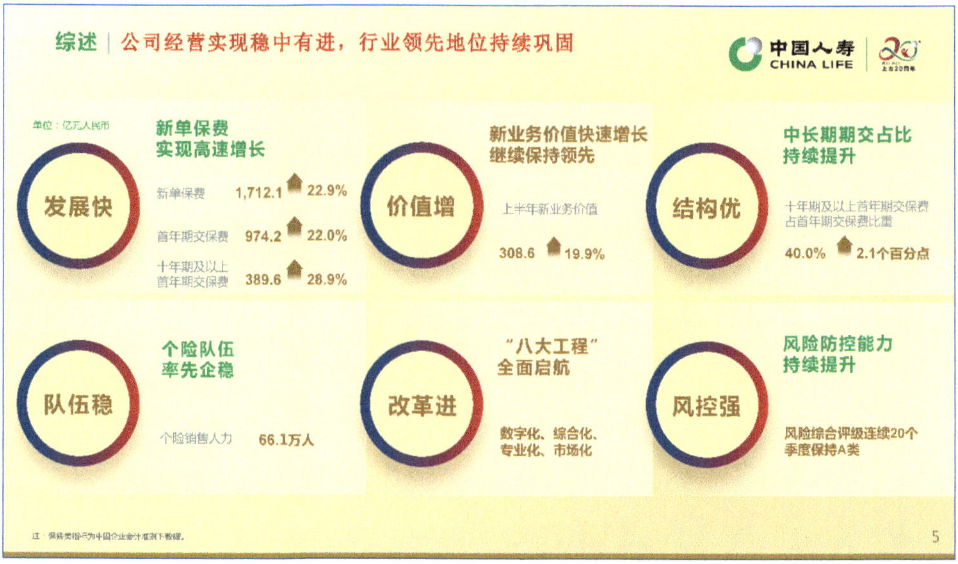

图 5-26

案例点评

首先，报告的主标题结论清晰明了。

其次，报告的正文从六大维度对核心结论进行了详细论证，且每个维度的总结均采用 3 个字，简短且对称对仗，便于记忆。

案例 4：前瞻布局智慧经营，经营效益稳步提升（见图 5-27）

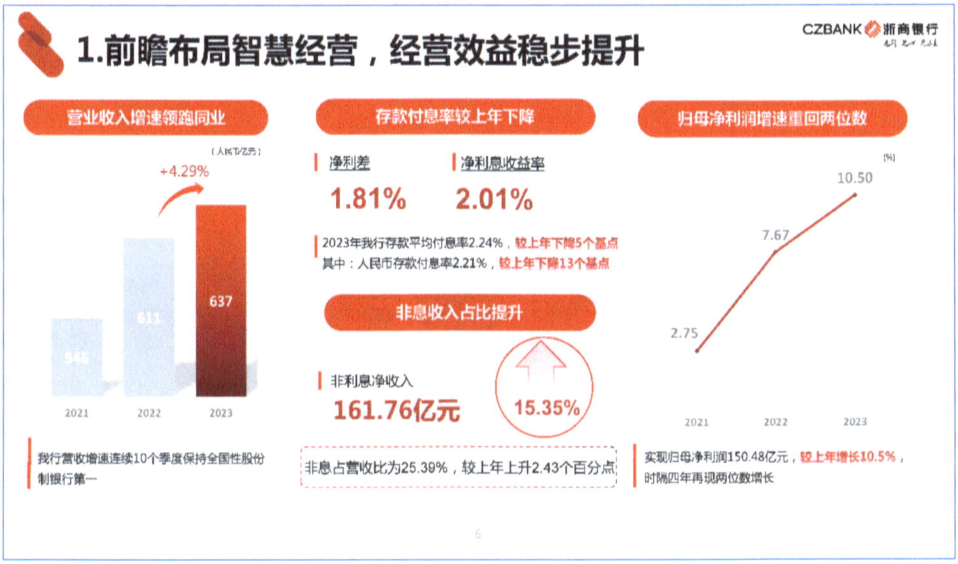

图 5-27

案例点评

首先，报告主标题结论清晰，遵循了“结论先行”和“1 秒找到结论”的原则。

其次，报告的正文分别从三大维度进行论证，并且每个维度都有清晰的结论，比如“营业收入增速领跑同行”，遵循了“一图一结论”的原则。

案例 5：2022 年主要工作（见图 5-28）

图 5-28

案例点评

报告从 6 个方面对 2022 年的主要工作进行了总结概括。每一项工作的总结均采用了统一的语法、结构和字数，确保表述规范一致。

案例 6：五项重点举措（见图 5-29）

图 5-29

案例点评

报告的主标题和正文都采用了“数字＋逻辑词”方法进行总结概括，比如，主标题概括为“五项重点举措”，这样便于观众记忆。

案例 7：金融科技生态圈——客户至上（见图 5-30）

图 5-30

案例点评

报告用 5 个“一”来总结概括了“五位一体”的客户服务体系，并且针对每一个“一”都阐述了具体的措施和成果。

案例 8：对公业务——完善协同营销“新模式”（见图 5-31）

图 5-31

案例点评

报告分别用“点”“圈”“链”“区”来总结概括联动开发客户的策略，并且针对每一个策略都有详细的阐述说明。

5.4.2 呈现有逻辑的优秀案例

案例 1：更智慧——全产业链数智化创新（见图 5-32）

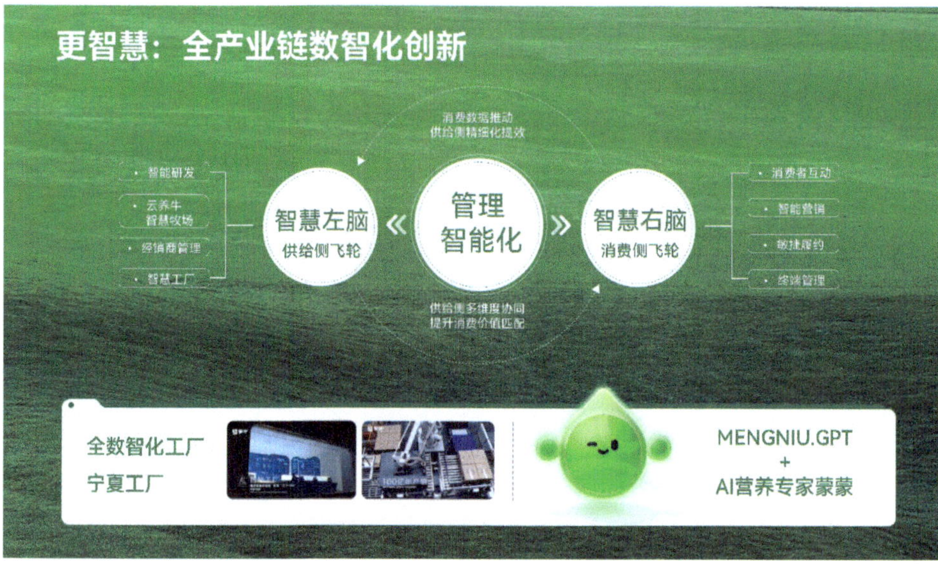

图 5-32

案例点评

报告运用“需求 - 供给”模型形象地阐述了数智化创新策略，并借助“左右脑”和“飞轮”进行生动比喻，使整体逻辑清晰易懂。

案例 2：2024 年经营策略——整体经营策略（见图 5-33）

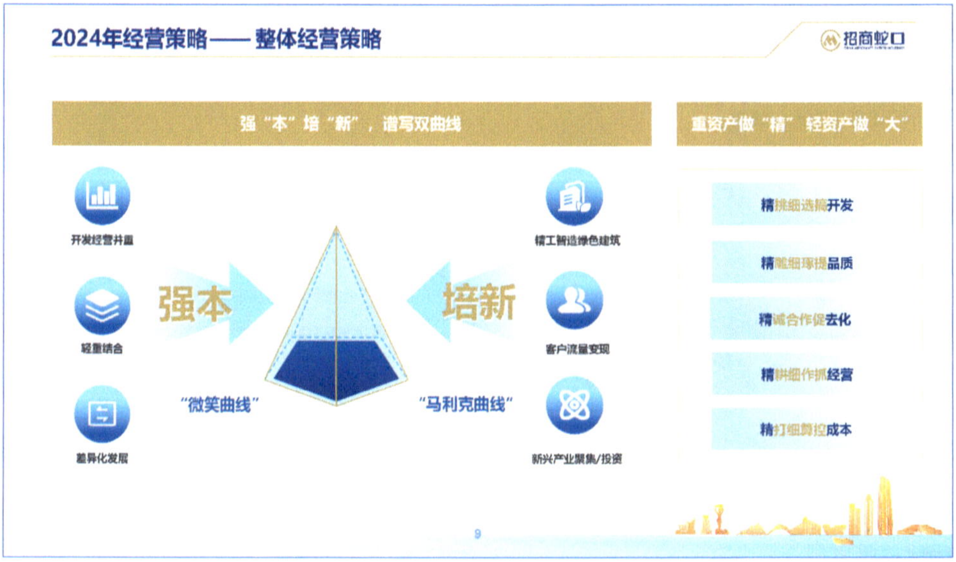

图 5-33

案例点评

该案例左边标注为"强本"，右边标注为"培新"，分别代表两大策略。页面右边分别用 6 个以"精"字开头的短语进行了总结概括。

案例 3：大力推动数智化赋能，提升制药业务质效（见图 5-34）

图 5-34

案例点评

在报告中，左侧模块聚焦于数智化技术手段与方法，右侧模块展示相应的成果与成效，二者呈现出递进关系，并通过箭头清晰标识。此外，成果和成效部分采用 3 个“最”字进行总结概括，便于观众快速抓住重点。

案例 4：搭建综合服务新零售平台（见图 5-35）

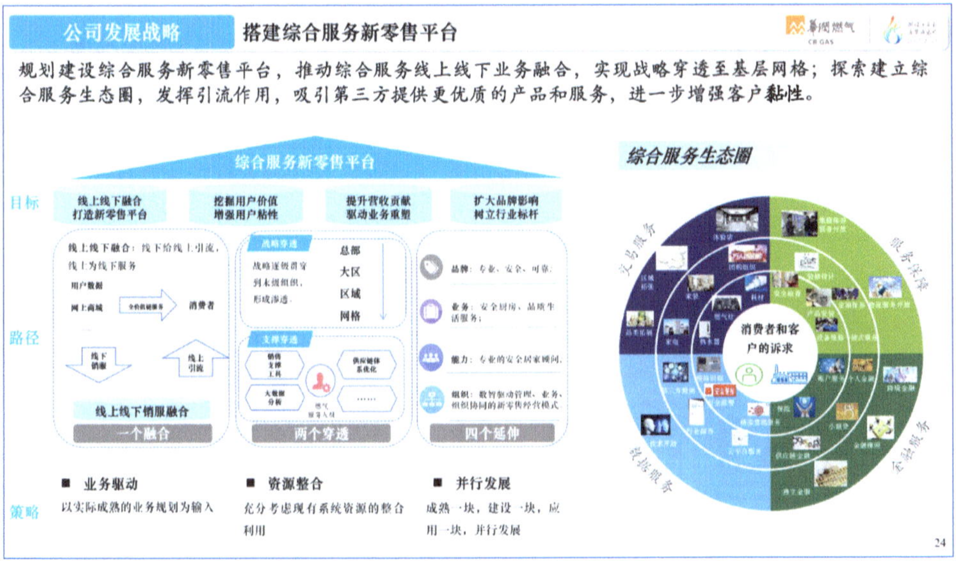

图 5-35

案例点评

报告围绕搭建综合服务新零售平台的整体思路，从“策略”“路径”“目标”3个方面展开阐述；为体现整体工作思路的体系化，采用了战略屋图形进行形象展示。

案例 5: 改革引领转型（见图 5-36）

图 5-36

案例点评

报告整体分为两大模块：左侧为整体战略，通过战略屋图形象呈现；右侧为改革措施及成效。页面布局逻辑清晰。

案例 6：战略升级（见图 5-37）

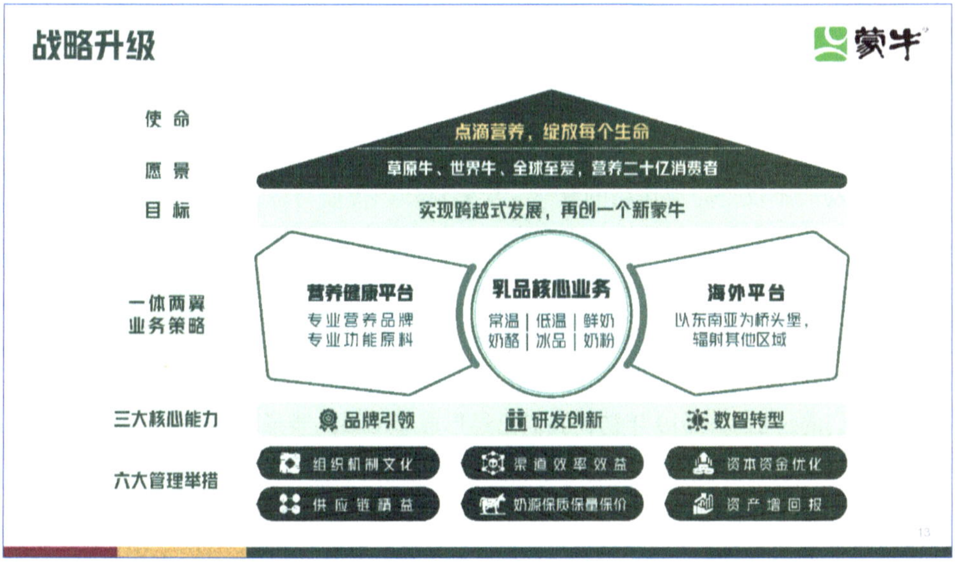

图 5-37

案例点评

报告采用战略屋图形形象地表达了蒙牛公司的整体战略；同时针对战略屋的每一层级分别采用“数字＋逻辑词”方法进行总结，比如“六大管理举措”“三大核心能力”“一体两翼”等。

后记

在书稿即将完稿之际，我内心充满感慨与感恩。回首这段跨越 8 年的创作旅程，我心中涌动的不仅是完成作品的释然，更是对知识传播与思维碰撞的无限期待。从构思框架、精选案例，到最终的文字完稿，每一页都凝聚着我对 PPT 逻辑呈现的探索与坚持。

2017 年，我从华为离职创业，投身于企业管理培训，那时便萌生了创作这本书的念头。2018 年，我邀请了前同事王晶、谢伟涛、宋余超一起参与撰写（在此也特别感谢他们的付出）。2019 年初，我们已经形成了书稿的雏形。然而，由于深受埃森哲企业文化“高绩效交付”（High Performance Delivery）的多年熏陶，我对自己的作品始终不满意，创作一度停滞。直到 2024 年底，电子工业出版社的张慧敏编辑联系我，并寄来她们出版社出版的一本书，让我重新燃起了继续创作的念头。经过重新调整思路和更新迭代案例，我几乎推翻了之前的写作框架，最终形成了当前版本的书稿。

每当看到受训学员或辅导对象运用书中的方法和技巧优化 PPT 逻辑，让汇报更具说服力、提案通过率大幅提升时，我愈发坚定了将这些经验凝结成书的决心。撰写这本书的过程，就像一场充满挑战且意义非凡的探索之旅。我深知 PPT 逻辑呈现的重要性——它不仅是信息传递的关键，更是影响受众理解与决策的重要因素。为了让读者切实掌握实用且高效的方法，我深入研究并精心挑选了众多优秀的 PPT 案例，并大量采用前后对比分析的方式，反复打磨书中的内容，力求做到深入浅出、通俗易懂。

从知识传播的角度来看，这本书承载的不仅是 PPT 逻辑呈现技巧，更是对逻辑思维与高效沟通的不懈追求。在信息爆炸的时代，如何让观点有重点、有逻辑、清晰且准确地传达给受众，已成为每个职场人士的必修课。我希望你阅读完这本书后，不仅能学到逻辑呈现的方法，还能从中获得思维升级的启发。愿这本书能够成为你探索 PPT 逻辑之美、表达之妙的“引路人”。我相信，只要大家用心学习、积极实践，就一定能制作出有逻辑、有重点、有“高度”的 PPT。

最后，我期待大家学习完本书后有所收获，也欢迎大家对本书提出宝贵的意见和建议（公众号：逻捷呈现）。让我们一起在 PPT 逻辑呈现的世界里不断探索、不断进步，完善这门“清晰表达”的艺术！